21世纪高等学校财经写作课程规划教材

财经写作训练教程

主 编 徐四海

编著者 徐四海 董农美 严 澜

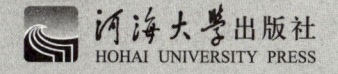

河海大学出版社
HOHAI UNIVERSITY PRESS

图书在版编目(CIP)数据

财经写作训练教程 / 徐四海主编. —南京:河海大学出版社,2012.9
ISBN 978-7-5630-3201-3

Ⅰ.①财… Ⅱ.①徐… Ⅲ.①经济—应用文—写作—高等学校—教材 Ⅳ.①H152.3

中国版本图书馆 CIP 数据核字(2012)第 274167 号

书　　名 /	财经写作训练教程
书　　号 /	ISBN 978-7-5630-3201-3/H・224
责任编辑 /	朱蝉玲
特约编辑 /	刘德友
责任校对 /	陈觉非
封面设计 /	黄　煜
出版发行 /	河海大学出版社
地　　址 /	南京市西康路 1 号(邮编:210098)
网　　址 /	http//www.hhup.com
电　　话 /	(025)83737852(总编室)
	(025)83722833(发行部)
排　　版 /	南京理工大学资产经营有限公司
印　　刷 /	南京玉河印刷厂
开　　本 /	787 毫米×1000 毫米　1/16
印　　张 /	18.75
字　　数 /	357 千字
版　　次 /	2012 年 9 月第 1 版
印　　次 /	2016 年 7 月第 3 次印刷
定　　价 /	33.80 元

前　言

　　本教材吸收了21世纪人才培养模式改革的新理念,借鉴了高等教育课程体系改革的经验,打破传统财经写作教材所谓体系性、理论性的框架,以财经职业岗位对应用文书技能的需要设定课程目标,以培养应用型、技能型高等人才为任务导向确定和编撰教学内容。主要有以下两个特点:

　　第一,精讲多练,技能为本。全书以项目为单元,讲述28个文种的写作知识,并实施写作技能训练。每个项目包括项目目标、任务导向和技能训练三个部分。全书编创和选用了53篇阅读例文,设计了50个阅读分析、分析与写作技能训练活动,为学习者提供足够的"做"的训练活动。每篇阅读例文之后都有详细的阅读例文评析,归纳每个项目的结构"套路",解除学习者阅读例文时遇到的疑惑。每一个阅读分析、分析与写作技能训练都设计了互动与交流活动,精心引导学习者自主学习和有远见地学习。互动与交流之后有详细的写作例文评析,为学习者提供学习技巧帮助,解除分析与写作训练活动中遇到的困惑。编著者尝试把要灌输的写作知识变成学习者通过参与学习活动来习得,把教师在课堂上的讲解、帮助和对学习者的关怀在教材中全部呈现给学习者。每个项目之后还设计和编撰有综合测试训练活动,其中包括21篇写作材料,目的是强化训练,切实提高学习者的写作技能。

　　第二,突出互动,导学引领。全书由任务导向项目目标,把财经写作知识与写作技能训练结合起来以问题讨论的形式呈现给学习者,在互动与交流的学习活动中启发学习者思考。阅读例文、阅读例文评析是教师和学习者之间互动;阅读分析、分析与写作、写作例文评析也是教师和学习者之间互动。编著者试图通过不同形式的学习活动,帮助学习者归纳并掌握财经文书的写作"套路",即财经文书格式化、模块化的结构特征,取得写作财经文书事半功倍之效,同时也为学习者学会学习,无师自通提供便捷的学习方法。阅读例文、阅读分析、分析与写作是学习者的活动,阅读例文评析、写作例文评析、互动与交流等活动环节是教师的导学和支持服务,亦即互动与交流后教师对学习活动信息的反馈。学习者可以与教材中的"教师"形成互动,在"教师"的引导和帮助下自主学习,在学习活动中感受"教师"的情感关怀,从而提高学习效率。综合测试引导学习者举一反三,自我测试,目的也是为了进一步强化写作技能。

  本教材由主编选定教学内容、设计编写体例、撰写项目样稿和负责统稿工作。项目一至项目九、项目十五至项目十八、项目二十二由徐四海撰稿;项目十至项目十四由董农美撰稿;项目十九至项目二十一由严澜撰稿。夏勤芬承担了收集材料、统一格式和编辑附录工作。

  本教材广泛吸收了近年来财经写作领域的最新研究成果,参考和借鉴了同行专家的有关著作和文章,在此谨致以诚挚的谢意!由于编著者水平和撰稿时间所限,书中难免有疏漏和错误之处,希望广大学习者和同行专家学者给予批评指正。

徐四海
二〇一二年七月十日

目 录

项目一　认识应用文书 …………………………………………… 1
　　一、项目目标 ………………………………………………… 1
　　二、任务导向 ………………………………………………… 1
　　三、技能训练 ………………………………………………… 8

项目二　认识行政文书 …………………………………………… 14
　　一、项目目标 ………………………………………………… 14
　　二、任务导向 ………………………………………………… 14
　　三、技能训练 ………………………………………………… 24

项目三　决定的写作 ……………………………………………… 29
　　一、项目目标 ………………………………………………… 29
　　二、任务导向 ………………………………………………… 29
　　三、技能训练 ………………………………………………… 36

项目四　通知的写作 ……………………………………………… 41
　　一、项目目标 ………………………………………………… 41
　　二、任务导向 ………………………………………………… 41
　　三、技能训练 ………………………………………………… 50

项目五　通报的写作 ……………………………………………… 55
　　一、项目目标 ………………………………………………… 55
　　二、任务导向 ………………………………………………… 55
　　三、技能训练 ………………………………………………… 61

项目六　通告的写作 ……………………………………………… 65
　　一、项目目标 ………………………………………………… 65
　　二、任务导向 ………………………………………………… 65
　　三、技能训练 ………………………………………………… 70

项目七　报告的写作 ……………………………………………… 75
　　一、项目目标 ………………………………………………… 75
　　二、任务导向 ………………………………………………… 75

目　录　1

三、技能训练 ······ 82

项目八　请示与批复的写作 ····· 89
请示的写作 ····· 89
　　一、项目目标 ····· 89
　　二、任务导向 ····· 89
批复的写作 ····· 93
　　一、项目目标 ····· 93
　　二、任务导向 ····· 94
　　三、技能训练 ····· 97

项目九　函的写作 ····· 103
　　一、项目目标 ····· 103
　　二、任务导向 ····· 103
　　三、技能训练 ····· 110

项目十　会议纪要与会议记录的写作 ····· 115
会议纪要的写作 ····· 115
　　一、项目目标 ····· 115
　　二、任务导向 ····· 115
会议记录的写作 ····· 120
　　一、项目目标 ····· 120
　　二、任务导向 ····· 120
　　三、技能训练 ····· 124

项目十一　计划的写作 ····· 130
　　一、项目目标 ····· 130
　　二、任务导向 ····· 130
　　三、技能训练 ····· 136

项目十二　总结的写作 ····· 140
　　一、项目目标 ····· 140
　　二、任务导向 ····· 140
　　三、技能训练 ····· 146

项目十三　简报的写作 ····· 152
　　一、项目目标 ····· 152
　　二、任务导向 ····· 152

三、技能训练 ··· 156

项目十四　经济合同与协议书的写作 ···································· 162
　经济合同的写作 ··· 162
　　一、项目目标 ··· 162
　　二、任务导向 ··· 162
　协议书的写作 ·· 170
　　一、项目目标 ··· 170
　　二、任务导向 ··· 171
　　三、技能训练 ··· 174

项目十五　市场调查报告的写作 ·· 179
　　一、项目目标 ··· 179
　　二、任务导向 ··· 179
　　三、技能训练 ··· 184

项目十六　经济预测报告的写作 ·· 189
　　一、项目目标 ··· 189
　　二、任务导向 ··· 189
　　三、技能训练 ··· 195

项目十七　可行性研究报告的写作 ······································· 200
　　一、项目目标 ··· 200
　　二、任务导向 ··· 200
　　三、技能训练 ··· 206

项目十八　经济活动分析报告的写作 ···································· 211
　　一、项目目标 ··· 211
　　二、任务导向 ··· 211
　　三、技能训练 ··· 217

项目十九　招标书与投标书的写作 ······································· 222
　招标书的写作 ·· 222
　　一、项目目标 ··· 222
　　二、任务导向 ··· 222
　投标书的写作 ·· 229
　　一、项目目标 ··· 229
　　二、任务导向 ··· 229

三、技能训练 …………………………………………………… 232

项目二十　经济仲裁文书的写作 …………………………………… 237
　经济仲裁申请书的写作 …………………………………………… 237
　　一、项目目标 …………………………………………………… 237
　　二、任务导向 …………………………………………………… 237
　经济仲裁答辩书的写作 …………………………………………… 241
　　一、项目目标 …………………………………………………… 241
　　二、任务导向 …………………………………………………… 241
　　三、技能训练 …………………………………………………… 244

项目二十一　经济诉讼文书的写作 ………………………………… 250
　经济纠纷起诉状的写作 …………………………………………… 250
　　一、项目目标 …………………………………………………… 250
　　二、任务导向 …………………………………………………… 250
　经济纠纷答辩状的写作 …………………………………………… 254
　　一、项目目标 …………………………………………………… 254
　　二、任务导向 …………………………………………………… 254
　经济纠纷上诉状的写作 …………………………………………… 258
　　一、项目目标 …………………………………………………… 258
　　二、任务导向 …………………………………………………… 258
　经济纠纷申诉状的写作 …………………………………………… 260
　　一、项目目标 …………………………………………………… 260
　　二、任务导向 …………………………………………………… 260
　　三、技能训练 …………………………………………………… 261

项目二十二　毕业论文的写作 ……………………………………… 265
　　一、项目目标 …………………………………………………… 265
　　二、任务导向 …………………………………………………… 265
　　三、技能训练 …………………………………………………… 277

附录
　　一、国家行政机关公文处理办法 ……………………………… 284
　　二、行政公文特定用语简表 …………………………………… 291

参考文献 ……………………………………………………………… 292

项目一　认识应用文书

项目目标

一、知识点
1. 应用文书的含义和用途
2. 应用文书的特点
3. 应用文书的分类
4. 应用文书的构成要素及其特征
5. 应用文书的表达方式

二、技能要求
1. 能够分析应用文书的构成要素和表达方式
2. 能够分析应用文书的结构模式

任务导向

一、应用文书的含义和用途

（一）应用文书的含义

应用文，又称应用文书。应用文书是党政机关、企事业单位、社会团体或个人在工作、学习以及日常生活中办理公务、交流信息或处理个人事务、表达意愿时撰写的具有某种惯用格式的应用性文章。

财经写作是应用文书写作的重要组成部分。学习财经写作，首先要学习和掌握应用文书的相关知识。

（二）应用文书的用途

1. 处理公务和有关事务。正如曹丕在《典论·论文》中所说："盖文章，经国之大业，不朽之盛事。"上级机关或单位布置、指导各项工作，下级机关或单位向上级机关或单位请示、报告工作，不相隶属的机关或单位之间处理各种公务和有关事务、签订经济合同、解决经济纠纷等，都离不开应用文书。

2. 宣传教育和组织协调。应用文书传达和宣传党和国家的方针政策,提高受文者的思想认识,组织和协调各级党政机关、企事业单位和社会团体的各项行动,指导和推动各项工作的开展。应用文书已成为促进社会和谐发展的一个重要工具。

3. 交流信息和沟通情感。应用文书是当今社会管理组织之间,组织与个人、个人与组织之间交流、沟通和互动不可或缺的重要载体和桥梁,在交流信息,协调行动,接洽工作,沟通情感,实现共同的预定目标等方面发挥着重要作用。

4. 执行凭证和工作依据。在法治社会里,各级党政机关、企事业单位和社会团体在处理公务和有关事务时,都必须遵守一定的规范或程序,而一些行政公文和事务文书事实上就成了人们工作的规范和程序。尤其是一些颁布法规、制度的应用文书更是发挥了这一功能。因此,应用文书成了处理公务和有关事务的执行凭证和工作依据。

5. 记录情况和积累资料。"文章合为时而著"(白居易《与元九书》)。应用文书反映了各级党政机关、企事业单位、社会团体和某些重要人物的种种活动,记录了各个时期政治、经济、军事和文化等方方面面的重要情况,随着时间的推移,日积月累的大量的第一手资料,为今后进行相关方面的研究提供了方便。

二、应用文书的特点

(一)读者对象的明确性

读者对象明确是应用文书最大、最本质的特点。它为处理公务和日常事务、解决具体问题或达到某种目的而写,有特定的读者对象,有明显的约束力。就是说应用文书写给谁看,谁就非看不可。例如,向上级机关或单位请求指示或批准某些事项的请示,上级机关或单位非看不可;招标书发布以后,投标者一定会去认真阅读和研究;写一篇毕业论文,指导老师也一定会认真阅读和指导。因此写作应用文书,一定要有的放矢,明确读者对象。

(二)内容的真实性

应用文书为解决实际问题而写,强调客观事实的真实,一切从实际出发,按照客观规律行文。它要求统计的数据必须准确无误,有根有据,不能有一点夸大的地方,更不能虚构。真实是对应用文书的基本要求。

(三)行文的时效性

应用文书大部分都有较强的时效性。它要求在一定的时限内完成,时限过了,它就失去了效用,转化为档案材料。例如,会议通知的对象已经开完会议,总结已过了一定阶段,经济合同已经签订,毕业论文修改定稿后已交给指导老师,也就失去了它的基本效用。如果以后出现什么问题,需要查对时,就属于文书档案了。

(四) 格式的稳固性

应用文书在漫长的使用过程中形成了相对稳定的文种规范、格式规范以及语言、数字使用规范；各个文种都有固定的适用范围，不可随意交换使用。学习写作应用文书，务必要遵守约定俗成的规范，不能随心所欲、自行其是。格式的稳固性是应用文书特有的属性之一。以行政公文为例，其正文写作结构呈现的基本模块为：开头（目的式，或根据式，或缘由式）→承启语→主体（即事项，并列式，或递进式，或混合式）→结尾（总结式，或希望式，或强调式，或祈请式，或说明式）。请阅读下面的例文：

武汉市人民政府关于
禁止营运人力三轮车上路行驶的通告

为加强城市管理，维护道路交通秩序，根据《武汉市城市道路交通管理若干规定》，现就禁止从事客运的营运人力三轮车（以下简称营运人力三轮车）上路行驶的有关事项通告如下：

一、本市江岸、江汉、汉阳、武昌、洪山、青山区以及武汉经济技术开发区、武汉东湖新技术开发区的城市道路上，禁止营运人力三轮车行驶。

二、在本通告规定范围内原领有牌证的营运人力三轮车，由公安交通管理部门注销牌证。对注销牌证的营运人力三轮车，按市人民政府的有关规定处理。

三、对注销牌证或无证营运人力三轮车上路行驶的，由公安交通管理部门依据《武汉市城市道路交通管理若干规定》第十二条第（二）项规定，没收车辆。

四、本通告自2008年7月1日起实施。

特此通告。

二〇〇八年六月九日

例文评析：

这份通告标题由发文机关、发文事项和文书种类三个要素构成。发文事项显现了该通告的主旨。正文开头前两个分句写发布通告的目的和依据，第三个分句是承启语，承上启下，引出通告主体部分的事项。第二段至第五段是通告的主体部分，包括禁行路段、注销牌证、违规处理和实施时间等事项，采用的是并列式结构。第六段以通告惯用语结尾，表示强调。正文的结构模块为：开头（目的式、根据式混用）→承启语→主体（事项，并列式）→结尾（惯用语结束，强调式）。发布通告，目的明确，告之有据，主题鲜明，内容具体，层次清晰，语言庄重。掌握了应用文书写作结构模块化的特征，写作时即可以不变应万变，取得事半功倍的效果。

三、应用文书的分类

应用文书使用范围十分广泛，种类有数百种之多，常用的应用文书也有几十种之多。按照一定的标准可以对应用文书进行分类,标准不同,分类的结果也相应不同。根据应用文书的特点、用途和使用对象的不同,我们将应用文书分为以下六大类:

(一) 行政文书

行政文书通常专指法定公文,主要有命令(令)、决定、通知、公告、通告、通报、报告、请示、批复、函、议案、意见、会议纪要等。

(二) 事务文书

事务文书主要有计划、总结、调查报告、简报、规章制度、述职报告、演讲稿、会议记录、备忘录、传真、启事等。

(三) 财经文书

财经文书主要有经济合同、协议书、市场调查报告、经济预测报告、可行性研究报告、经济活动分析报告、审计报告、招标公告、招标邀请书、招标说明书、投标书、产品说明书、广告等。

(四) 经济仲裁与经济诉讼文书

经济仲裁与经济诉讼文书主要有经济仲裁申请书、经济仲裁答辩书、经济纠纷起诉状、经济纠纷答辩状、经济纠纷上诉状、经济纠纷申诉状等。

(五) 书信类文书

书信类文书主要有一般书信、专用书信、礼仪信函、求职信函等。

(六) 科技文书

科技文书主要有工科毕业设计说明书、学术论文、毕业论文等。

本教材讲述以上六大类应用文书中与财经部门密切相关且使用频率较高的28种文书。

四、应用文书的构成要素及其特征

写作可以分为文学写作和一般文章写作。应用文书是一般文章的重要组成部分,写作应用文书属于一般文章写作。一般来说,写作包含主旨、材料、结构、语言等基本要素。应用文书不仅具有这些基本要素,而且还具有不同于一般文章的特征。

(一) 主旨单一、明确

主旨就是主题,是作者通过文章的具体材料所表达的中心思想或基本观点,是作者对客观事物的评价和态度。"以意为主,以文传意。以意为主,其旨必见"(范晔《狱中与诸甥侄书自序》)。同其他文章一样,主旨是应用文书的灵魂,它决定着文章的品位和质量。主旨单一是指一篇应用文书只能有一个中心思想,只能围绕一个主题把问题说清楚,说透彻,而不能把关系不大甚至毫无关系的问题写到一篇

应用文书中,造成多主题,多中心。"一文一事"、主旨单一是应用文书主旨明确的前提。应用文书显示主旨的方法主要有:

1. 标题显旨。即用标题概括点明应用文书的主旨。决定、通知、通告、通报、请示、批复、函等行政公文经常采用标题显旨的方法,如《滨海市交通治安管理局关于加强国庆期间交通管制的通告》。标题显旨的方法能够让受文者很快地了解应用文书的主旨,充分发挥公文的功能。

2. 开头显旨。即开宗明义,开头用一个主旨句,明白、准确地提出主旨。如《家电商品买卖合同》的第一句话"为了增强买卖双方的责任感,确保双方实现各自的经济目的,经双方充分协商,特订立本合同,以便共同遵守"就是开宗明义的写法。不少行政公文和一些财经文书常采用这类显旨方法。

3. 小标题显旨。即把应用文书的主旨分解成几个部分,每个部分用一个小标题来显示。需要注意的是,各个小标题的排序,一定要符合逻辑关系。例如:

炎黄县旅游局狠抓安全生产取得佳绩
——2011年安全生产工作总结

为保障我县旅游产业健康发展,认真贯彻市政府提出的"一主两翼"发展战略,在县委、县政府的领导下,按照年初制定的工作安排,我们全力抓好旅游安全生产工作,全年在安全生产方面无一例事故发生。具体说来,我们主要抓了以下几方面的工作。

一、加强组织领导,提高旅游安全工作的系统协调性

(略)

二、扎实落实旅游安全措施

(略)

三、全面加强旅游安全工作的督促管理

(略)

三个小标题都是围绕旅游安全生产提出的,每个小标题又各自统率其下面的文字。

4. 篇末显旨。即在应用文书的结尾点明写作主旨。如《中国人民银行上海分行关于发现变相货币的报告》最后一句:"这两个单位印制购物券发给职工,违反了国家现金管理规定,为此,我们建议应按有关规定给予处罚。"

(二) 材料真实、有力

材料是指写进应用文书的事实、依据以及相关背景。材料是应用文书写作的基础,是主旨依附的对象。材料真实可信,才能写出具有较强说服力的应用文书。

写作应用文书,要选用第一手材料,并且严格检验它与现实的一致性。在真实的基础上,还要注意材料的典型性。选用的材料能够突现主旨,就能增强应用文书的表现力。具体地说,应用文书选择材料有以下几个要求:

1. 真实。即写进应用文书里的材料必须准确无误,从大的事件到小的具体细节,甚至一句引语、一个数据,都不允许有丝毫的虚假。据事论理,材料真实是应用文书的生命。

2. 切题。即写进应用文书的材料必须有针对性,能紧扣写作主题。要求选用材料要明确、具体、典型,材料越典型,越能准确地说明观点。"以一当十"是应用文书选择材料的最高境界。

3. 精当。即材料要为主题服务。清儒方东树提出了"事多而寡用之,意多而约用之"的主张(语出《昭昧詹言》),即认为材料精当才能突现主旨。而点面结合的材料、对比强烈的材料、正反对立的材料、定性和定量相结合的材料最能突现主旨,显明应用文书的观点。

4. 新颖。即写进应用文书里的材料,一定要有时代感,能够表达客观事物的发展变化趋势,反映客观事物的新面貌,是现实生活中人们最关心的那些新人、新事、新思想、新成果和新问题。

(三) 结构严谨、固定

结构是指根据文章表达观点的需要,对材料进行处理和安排,通常称之为谋篇布局。同其他文章的结构一样,应用文书的结构是作者认识客观事物的思想脉络的外化形式,是作者写作思路的直接呈现。文章的结构总是沿着作者的思路展开主题、组织材料、谋篇布局的。结构合理、严谨,是说文章结构的安排符合客观事物的构成和发展规律。应用文书的结构多表现为一种逻辑构成,如果文章的结构不严谨,则表明作者的思路不清晰、不缜密,逻辑思维无序。

不同种类的应用文书,其结构和格式不尽相同。每一种应用文书都有其比较固定的格式,结构固定是应用文书的一个重要特点,是应用文书区别于其他文章和文学作品的显著标志。应用文书的格式是约定俗成的,例如:总结正文的基本结构是:前言(概括基本情况)→主体(概括事件的过程、主要成绩或收获、主要经验体会、存在的问题和教训)→结尾(表明态度或针对问题和教训提出改进措施和新的设想);市场调查报告正文的基本结构是:导语(也称前言,写明调查的具体情况)→主体(包括基本情况、分析结论、建议措施)→结语(即结尾);经济活动分析报告正文的基本结构是:导言(也称前言,写明分析的原因、目的、范围和时间等)→经济活动现状→经济活动分析→意见或建议→结语(即结尾);毕业论文正文的基本结构是:绪论→本论→结论。

(四) 语言简明、规整

语言是思想的外衣,信息的载体,交际的工具。应用文书的语言明显不同于文学作品的语言。文学作品的语言有丰富的审美体现,可以引人联想、发人深思,可以用比喻、夸张、拟人、双关、象征等修辞手法;而应用文书的语言特别强调准确、简明、规整、庄重。正如语文教育家叶圣陶所说:"公文不一定要好文章,可是必须写得一清二楚,十分明确,句稳词妥,通体通顺,让人家不折不扣地了解你说的是什么。"

1. 准确。指努力使语言的表达更加符合客观实际,准确无疑、确凿无误,事实、数字都必须确实可靠。遣词造句,要求语义明确,不能模棱两可。大量使用专业术语和行业词,往往会增强应用文书语言的准确性,如财经类应用文书语言准确性的特点就十分鲜明。

2. 简明。即简洁明了。应用文书的语言讲求实用,常常是单刀直入、直截了当地说出来。语言实实在在、朴实无华有利于读者对象准确理解、领会和掌握应用文书的内容。因此惜墨如金,讲究简洁明快,即所谓"文约事丰"、"字字千钧"就成了应用文书语言上的一个显著特征。

3. 规整庄重。规整,指应用文书不仅要求使用规范化的书面语言,而且对句式、标点的要求也非常严格。庄重,指应用文书少语气词,控制使用叹词、形容词,多用专用词、文言词,如"兹有"、"致以"、"恭候"、"业经"等。在长期的写作实践中,应用文书的语言已经形成了准确规范、庄重典雅、言简意赅的鲜明特色。

五、应用文书的表达方式

表达方式,指写作时所采用的表达角度和方法。叙述、议论和说明是应用文书常用的表达方式。

(一)叙述

叙述,是应用文书最基本的表达方式。叙述的方式有顺叙、倒叙、插叙等,应用文书的叙述以顺叙居多。写作报告、通报、函、总结、简报、会议记录、启事、市场调查报告、经济合同、招标书等都离不开叙述。应用文书对叙述的人称有特定的要求,写作请示、报告、总结、计划等必须采用第一人称;写作市场调查报告、可行性研究报告、毕业论文则主要使用第三人称。如"震寰钢铁有限公司是全省最大的特种钢企业,全国500家最佳经济效益企业之一。长期以来,震寰钢铁有限公司坚持'管理领先、质量为命、效益第一'的指导方针,艰苦创业,增产降耗,不断提高产品质量,生产年年持续发展,为振兴西北地方经济,发展我国钢铁工业做出了应有的贡献。"(《企业围绕市场转,产品随着效益转》,摘自震寰钢铁有限公司《情况简报》)叙述常与议论、说明结合运用,如夹叙夹议、叙事论理、叙述说明等。

(二)议论

议论,是应用文书中不可缺少的一种重要表达方式。议论有多种多样的方法,如举例论证法、因果论证法、对比论证法、引用论证法、归谬法等。议论常常和叙述结合使用,形成夹叙夹议。写作决定、通报、总结、可行性研究报告、经济诉讼文书等都要用到议论方式。如"2010年是我公司技术改造、产品升级取得重大成效的一年,也是公司抢抓机遇、加快发展,实现各项工作再上新台阶的不平凡的一年。一年来,在集团公司的大力支持下,全公司1 100名员工为了公司的发展,为了企业的效益,不计报酬,不讲条件,默默无闻,兢兢业业地工作在各自的岗位上,确保安全生产365天,公司已进入了市级安全生产先进单位行列"(《华新化工有限公司2011年工作总结》)。

(三)说明

说明,也是应用文书常用的一种表达方式。说明的方式有多种多样,如举例说明、定义说明、比较说明、分类说明、引用说明等。决定、函、批复、经济合同、经济诉讼文书等常用说明的表达方式。如"王××的受贿事实已经上城县人民检察院侦查终结,查明王××已构成受贿罪,但鉴于他在案发后,能主动坦白交代自己的罪行,并积极退赃,上城县人民检察院于二〇一〇年十二月二十一日决定,对王××免予起诉,责令其具结悔过。王××所退赃款9 000元已依法没收,上缴国库。……经研究,决定撤销王××同志销售科长职务,同时扣发其全年出勤奖金"(《上城水泥制品有限公司关于王××所犯受贿错误的处分决定》)。

技能训练

一、学会分析应用文书的构成要素和表达方式,认识应用文书的结构模式

应用文书最突出的特点之一就是结构格式化、模块化,掌握了某一种应用文书的格式,就能根据一定的材料写作该文种。学习应用文书的成功经验就是"套",记住了某种应用文书的格式,学会"套"的本领,就能运用自如地写作。当然,必要的写作知识是不可或缺的,严格的训练也是不可缺少的。著名学者朱光潜曾语重心长地说:"许多学子对写作不肯经过浅近的基本训练,以为将来一动笔就会一鸣惊人,那只是妄想,虽天才也未必能做到。"(《写作练习》)希望同学们切记。请阅读并分析下面两篇例文,认识应用文书结构格式化、模块化特点。

阅读与分析1：

江苏省委教育工委　江苏省教育厅关于
追授耿高鹏同学"江苏省舍己救人优秀大学生"
荣誉称号的决定

各市教育局、各高等学校：

　　耿高鹏同学生前系常州机电职业技术学院电气工程系电子0932班学生。2010年7月8日，他为抢救一名落水儿童，英勇牺牲，年仅21岁。

　　耿高鹏同学在人民群众生命受到严重威胁的危急关头，不顾个人安危、舍己救人的先进事迹，在广大学生中和社会各界引起了强烈反响。耿高鹏同学用满腔热血直至宝贵生命诠释了当代大学生的价值追求和崇高精神，生动展现了当代大学生崭新的精神风貌，是当代大学生的优秀代表。为表彰耿高鹏同学的先进事迹，省教育厅决定追授耿高鹏同学"江苏省舍己救人优秀大学生"荣誉称号。

　　各地教育部门和各高等学校要组织广大学生向耿高鹏同学学习，学习他临危不惧、见义勇为的传统美德，学习他奋不顾身、不怕牺牲的英雄气概，学习他富有理想、弘扬正气的崇高思想，学习他乐于奉献、甘于献身的高尚情操。要充分认识开展向耿高鹏同学学习的重要意义，加强领导，精心组织，把学习耿高鹏同学先进事迹的活动与深入学习贯彻中央16号文件精神结合起来，与深入学习全国加强和改进大学生思想政治教育工作座谈会精神结合起来，与当前基层党组织创先争优活动紧密结合起来，深入研究大学生思想政治教育工作规律和大学生成长成才规律，科学总结加强和改进大学生思想政治教育的做法、成效和经验，采取更加有力措施，进一步提高大学生思想政治教育工作的科学化水平。要充分发挥先进典型的示范作用，教育和引导广大青年学生以先进典型为榜样，把自己的前途同国家、民族的命运紧密联系在一起，牢固树立正确的世界观、人生观、价值观和荣辱观，努力学习科学文化知识，积极加强品德修养，不断提升人生境界，自觉践行社会主义核心价值体系，努力成为德智体美全面发展的中国特色社会主义合格建设者和可靠接班人。

（印章）（印章）

二〇一〇年八月十一日

互动与交流：

1. 这份决定的标题是由哪几个要素构成？决定的主旨是什么？是怎样显现的？
2. 这份决定的作用和特点表现在什么地方？各个构成要素有什么特点？
3. 正文的开头有什么特点？主体的叙述方式有什么特点？结尾有什么特点？

4. 正文的结构模块是怎样的？

例文评析：

这是一份褒奖临危不惧，为抢救落水儿童的生命而英雄牺牲的大学生耿高鹏的决定，发挥了"决定"这一应用文书宣传教育、记录情况和保存资料的作用。标题由发文机关、发文事项和文书种类三要素构成。发文事项显现了决定的主旨。主送机关表明读者对象明确，正文第一段说明受表彰者的基本情况，表明内容具有真实性，成文日期则表明时效性强（时隔仅33天，且在暑假期间），全文套用了决定文种约定俗成的格式。从应用文书构成要素看，这篇决定主旨单一、明确，标题即点明了主旨；材料真实、有力；结构严谨，套用了决定文种约定俗成的格式；语言简明、规整。

从表达方式和决定的写作结构看，正文采用递进式结构，开头第一段以叙述方式，介绍被追授荣誉称号者的身份、牺牲的时间和原因以及年龄。第二、三两段为决定的主体部分。第二段以议论方式为主，对被追授荣誉称号者不怕牺牲的英雄事迹给予赞扬和高度评价，进而提出决定的事项："追授耿高鹏同学'江苏省舍己救人优秀大学生'荣誉称号。"第三段先采用议论方式，向这份决定的读者对象发出学习被追授荣誉称号者"乐于奉献、甘于献身的高尚情操"的号召；接着采用说明方式，两个"要……"对学习被追授荣誉称号者的方法提出了指导意见。这份决定没有专门的结尾，称为秃尾文。落款处写明成文日期，联合发文的两个单位分别盖有印章，表明这份应用文书的有效性。这份决定呈现的结构模块为：标题（三要素式，标题显现主旨）→正文：开头（概述自然情况及牺牲的原因）→主体（决定事项、号召学习并提出学习方法）→落款（印章和成文日期）。

阅读与分析2：

成都市人民政府办公厅关于
部门领导同志不兼任社会团体领导职务问题的通知

各区、县人民政府，市府各部门、各直属机构：

为了贯彻政（政府）、社（社会团体）分开的原则，加快政府职能的转变，更好地发挥社会团体的独立作用，同时，为了有利于领导同志集中精力做好所负担的行政领导工作，根据国务院和省人民政府有关文件精神，经市人民政府同意，现就领导同志不兼任社会团体领导职务问题做出通知如下：

一、社会团体是民间性质的社会组织。全市性的社会团体一经市民政局登记注册，便可依照本团体章程独立自主地开展活动。各社会团体要发挥自身优势，为行业、学科的发展，为社会主义两个文明建设作出贡献，成为党和政府与人民群众之间的桥梁和纽带。

二、市人民政府及其各部门、各直属机构的领导同志(指现任市副局级以上领导同志,不得兼任社会团体的正、副会长(正、副理事长)、秘书长;已兼任社会团体领导职务的领导同志,要依照社会团体章程规定的程序,于2009年12月底之前辞去所兼任的社会团体领导职务,并由社会团体依照国务院《社会团体登记管理条例》的规定,到市民政局办理备案或变更登记手续。

三、根据国务院《社会团体登记管理条例》的规定,社会团体登记管理机关和业务主管部门,要加强对社会团体的监督管理和业务指导,使之健康发展。

本通知内容由市民政局负责解释。

(印章)

二〇〇九年七月三日

互动与交流:

1. 应用文书有哪些作用?其构成要素和表达方式各有什么特点?

从应用文书的用途、特点、类型、构成要素(主旨、材料、结构、语言)、表达方式(叙述、议论、说明)、层次结构(开头、主体、结尾)等角度对这份通知作全方位评析,感悟通知的结构特点,以加深对应用文书写作规律的认识。

2. 通知的结构具有约定俗成的格式,这份通知的结构模块是怎样的?

这份通知的结构模块为:标题(三要素式,标题显现主旨)→正文:开头(目的式)→承启语(承上启下)→主体(通知事项,并列式)→结尾(说明式)→落款(印章和成文日期)。

二、综合测试

(一)填空

1. 应用文书发挥_____和积累资料的作用,为今后进行相关方面的研究提供了方便。

2. 应用文书具有读者对象的明确性、内容的_____性、较强的_____性和格式的_____性四个特点。

3. 应用文书同其他文章一样,具有_____、_____、_____和语言等基本要素。

4. 应用文书常用的表达方式有_____、_____和_____三种方式。

(二)解释名词

1. 应用文书
2. 主旨
3. 结构

(三)简答

1. 应用文书显示主旨的方法主要有哪些?

2. 应用文书对材料的选择有哪些要求?

3. 应用文书对语言的运用有哪些要求?

(四) 阅读分析

模仿任务导向阅读例文的评析方法,对下面的通报作全面评析:

姑苏市体育局安全检查情况通报

"五一"劳动节前根据市安委会文件精神,我局就节日安全自查工作提出了要求,各直属单位按照要求进行了安全自查,发现问题及时整改。5月23日—30日,市体育局安全领导小组组织人员对局下属事业单位的安全情况进行了抽查,现将检查情况通报如下:

一、基本情况

从这次安全检查情况来看,所抽查单位对安全工作比较重视,能够结合各自实际,制定实施方案,并认真组织开展自查自纠和隐患排查整改工作。

1. 从检查情况看,各单位能结合实际,突出重点部位、关键环节,认真开展自查。

2. 所抽查的单位能认真落实"边查边改"的要求,对排查出的问题和隐患,能整改的立即整改,不具备立即整改条件的马上研究方案措施,纳入治理计划。

3. 所抽查单位中体校本部有详细的安全检查(特别是消防器材的检查)台账记录;运河公园也有安全检查台账。

4. 另外市场处(体育市场稽查支队)根据要求召开了全市游泳场所安全开放工作会议,全市90余家游泳场所负责人参加了会议,并邀请了卫生、公安、工商等相关职能部门共同参与,确保2011年游泳场所安全开放。会议布置了2011年姑苏市游泳场所安全开放工作要求,要求各游泳场所签订《2011年姑苏市游泳场所安全开放承诺书》,并部署了2011年游泳救生员、游泳教员国家职业资格复训年审和新一轮的培训鉴定工作。

二、存在不足

这次安全检查活动,各单位做了大量工作,也排查和整改了一些安全隐患,但仍然存在着一些不容忽视的问题。

1. 运动学校:水上基地安全救护措施(如救生圈、救生绳)不够,没有防护栏;枪弹库的管理没有严格按照规定执行,枪弹管理要分开;运动学校校区消防器材灭火器没有及时更换或填充。

2. 运河公园:运河公园停车场雨棚自安装以来年久失修,连接雨棚的钢丝已锈断,如遇台风存在严重安全隐患;水域警示标志不明显。

3. 体育中心:有一部分消防器材,如灭火器存在压力不足或已失效,需更换或填充。

4. 专管中心：安全检查没有台账。

三、进一步加强局系统的安全工作

针对上述存在的问题，为继续加强事故防范，全力落实安全责任、强化安全管理和安全监管工作，提出如下工作要求：

1. 全力抓好隐患的整治和跟踪。要针对本次安全检查中发现的隐患和存在的突出问题，下大力气、采取强有力措施，根除发现的隐患和解决好影响单位安全的问题，抓好隐患的整治和跟踪督查。

2. 切实抓好督查落实。各单位要针对安全检查中发现的隐患整改情况，开展一次全面的"回头看"，已整改的要进行验收性的书面检查评定，要求带队督查责任人签字认可；正在整改的要跟踪整改情况，并制定可行性措施，落实专门领导和专门工作人员，确保安全。

3. 建立健全安全组织机构网络。局属各单位要有专门的安全领导组织，明确一名分管领导具体抓好安全工作，明确一名信息联络员切实加强与局安全领导小组的沟通和联络，各单位确定人选后报组织人事处备案。

姑苏市体育局（印章）

二〇一一年六月五日

项目二　认识行政文书

项目目标

一、知识点
1. 行政文书的含义和特征
2. 行政文书的分类
3. 行政文书的格式
4. 行政文书的印装规格
5. 行政文书的制发程序

二、技能要求
1. 能够辨别不同类型的行政文书。
2. 能够根据阅读例文的结构模块,归纳行政文书的写作"套路"。

任务导向

一、行政文书的含义和特征

（一）行政文书的含义

行政文书,又称法定公文,是党政机关、企事业单位、社会团体在管理过程中所形成的具有法定效力和规范体式的应用文书,是依法行政和进行公务活动的重要工具。

行政文书也是财经部门经常使用的重要文书,因此,行政文书是财经写作课程学习的重要内容之一。

（二）行政文书的特征

行政文书除了与其他应用文书具有共同的特点之外,还具有其独特的个性特征。

1. 内容以处理公务、事务为主。行政文书内容反映的基本上是处理公务和有关事务的活动,用途十分特殊,不同于其他类型的应用文书。

2. 形式以程式化、模块化为特征。行政文书在应用文书中是程式化程度最高的文种。一份行政文书应该包括哪些要素以及这些要素应该怎样排列,都有一定的规定和要求,不可随意变化。

二、行政文书的分类

国务院 2000 年 8 月 24 日发布,2001 年 1 月 1 日起施行的《国家行政机关公文处理办法》规定了 13 种行政文书,即命令(令)、决定、公告、通告、通知、通报、议案、报告、请示、批复、意见、函、会议纪要。可以从不同的角度,按照不同的标准对行政文书进行分类:

(一)按行文关系和行文方向分

1. 上行文。指下级机关或单位向隶属的上级机关或单位呈送的行政文书,主要有报告、请示等。

2. 平行文。指向同级机关或单位或不相隶属的机关或单位送交的行政文书,主要有函、平行的通知等。

3. 下行文。指上级机关或单位向下级机关或单位发送的行政文书,主要有命令(令)、决定、通知、通报、批复、公告、意见等。

4. 泛行文。指方向不定,行文面广泛的行政文书,主要有函、通告等。

(二)按紧急情况分

行政文书分为紧急文书和普通文书两类。紧急文书又分为"特急"和"急件"两类。

(三)按有无保密要求及机密等级分

行政文书分为无保密要求的普通文书和有保密要求的文书两类。按照保密的等级不同,还可以把有保密要求的文书分为绝密、机密、秘密三类。

(四)按具体职能分

1. 法规性文书。指用来颁布法令、法律或对有关问题作出规定的行政文书,如命令(令)、通知的一部分等。

2. 指挥性文书。指直接体现上级机关或单位决策和意图,对有关事项进行处理、对有关工作起指挥或指导作用的行政文书,如决定、通知、批复等。

3. 报请性文书。指下级机关或单位向上级机关或单位汇报、请示工作的行政文书,如报告、请示等。

4. 知照性文书。指告知有关方面情况,知照有关事项的行政文书,如通告、通知的一部分等。

5. 联系性文书。指各级机关或单位之间用来联系工作的行政文书,如函等。

6. 实录性文书。指真实地记录会议情况和议定事项的行政文书,如会议纪要等。

三、行政文书的格式

一份完整的行政文书由文头、主文、文尾三个部分组成。行政文书的格式即指这几个部分的构成要素与写作规定。

(一) 文头部分

行政文书的文头部分,也称版头部分或眉首部分,包括文件名称、发文字号、签发人、紧急程度、秘密等级和文件份号等项内容。

1. 文件名称。又称文件版头,由发文机关全称或规范化简称后加"文件"二字构成,如"西流县张店乡人民政府文件"、"亿利达电机制造有限公司文件"等。文件名称一般用小标宋体字,用红色印刷,人们把行政公文称为红头文件,就是由此而来。文件名称的字号由发文机关或单位以醒目美观为原则酌定。几个机关或单位联合行文时,主办机关或单位名称排列在前,"文件"二字置于发文机关或单位名称右侧,上下居中排布。

2. 发文字号。简称文号,又称公文编号,是指某一公文在发文机关或单位同一年度内排列的实际顺序号。发文字号由发文机关代字、年份和序号三部分组成,如"宾府发〔2011〕8号"。"宾府发"是发文机关"宾思乡人民政府"的代字,"2011"是年份,"8号"是2011年度内所发文件的序号。表明这份文件是黄陵县宾思乡人民政府在2011年度内制发的第8号文件。如果某个机关或单位的文件数量较多,还可以在发文字号中加上一个类别标志,反映文件业务内容的类别或归属,如"成府函"是发文机关"成都市人民政府"的代字,其中的"函"表示这份公文属于函一类文件。

发文字号应在发文机关或单位的文件名称下方空2行处、红色反线的上方,居中排布,年份、序号要用阿拉伯数码书写;年份应标全称,"2011"不能简化为"11",年份用六角括号"〔〕"括入,不能用半圆括号"( )"。序号不编虚位,"8号"不能写成"08号"或"008号"等,序号前也不能加"第","8号"不能写成"第8号"。几个机关或单位联合行文时,只需注明主办机关或单位的发文字号。

发文字号有三个作用,一是便于登记;二是便于分类、归档;三是便于检索、查找。

3. 签发人。指批准制发文件的机关领导人。签发人用于上行文即报送上级机关或单位的行政文书中。签发人的姓名平行排布于发文字号右侧。发文字号向左移位,空1字距离,签发人姓名靠右空1字距离。"签发人"后标全角冒号,冒号后是签发人姓名。平行文、下行文、泛行文没有签发人这一项。

4. 紧急程度。指送达或办理公文的时限要求,分"特急"、"急件"两个级别。

对有紧急程度的行政文书要做紧急处理，紧急程度要标注在版心右上角第 1 行，两字之间空 1 格。不需紧急处理的公文，则没有这一项。

5. 秘密等级。简称密级，指行政文书内容涉及秘密程度的等级。密级分为"绝密"、"机密"、"秘密"三级。密级标注在版心右上角第 1 行，两字之间空 1 格。如果需要同时标注保密期限的，在密级和保密期限之间用"★"隔开。如"机密★5 年"。如果还需标注紧急程度，紧急程度排在第 2 行。没有保密要求的行政文书，则没有这一项。

6. 份号。又称份数序号，指将同一文稿印制若干份时，每份行政文书的顺序编号。如需标注行政文书份数序号，用阿拉伯数码顶格标注在版心左上角第 1 行。绝大多数行政文书没有这一项。

（二）主文部分

主文部分也称主体部分。这一部分通常由行政文书标题、主送机关或单位、行政文书正文、附件说明、行政文书生效标识、附注等项目构成。

1. 标题。是行政文书内容和作用的高度概括，透过标题即能知道发文机关或单位以及行政文书种类。发文机关或单位、发文事项和行政文书种类是构成行政文书标题的三个基本要素。根据这几个要素是否完全具备及其组合情况的不同，可将行政文书标题划分为三种形式。

第一种是发文机关或单位、发文事项和行政文书种类三要素全部具备的标题。如《居安建筑工程总公司关于抓好安全生产工作的通知》。"居安建筑工程总公司"是发文单位；"抓好安全生产工作"是发文事项，高度概括了这份行政文书的内容，事项之前一般加有介词"关于"；"通知"是行政文书种类，简称文种。这种标题能够非常清楚地说明这是哪个机关或单位为什么事项而制发的哪一文种的行政文书。

第二种是由发文事项和行政文书种类两个要素构成的标题。在冠有红色版头的文件中，这种标题比较常见。如"南海化学工业总公司文件"版头下的《关于召开 2011 年度总结表彰大会的通知》的标题，"召开 2011 年度总结表彰大会"是事项，"通知"是文种。

第三种是由发文机关或单位名称和文种两个要素构成的标题。如《南洋化学工业有限公司紧急通知》。

行政文书标题中，除去法规、规章名称等可加书名号外，一般不用标点符号。

有些法规性行政文书在标题之下还有题注一项，用以说明某项法令、规定等通过或批准的时间、程序或开始生效的时间。题注的内容要写在括号里。

2. 主送机关。又称受文机关或单位，位于正文之前的标题之下，顶格写。主送机关或单位应当使用全称或规范化简称、统称。

上行文一般只写一个主送机关或单位，如果还有其他机关或单位需要掌握有关情况,应以抄报的形式呈送。下行文有专发性和普发性两种类型,专发性行政文书是专门向一个机关或单位下发的行政文书,这种行政文书的主送机关或单位只能有一个,如批复、批准函等。普发性行政文书指内容涉及面较广,需要向多个机关或单位下发的行政文书,这种行政文书的主送机关或单位不止一个,在排列主送机关或单位名称时,要确定一个合理的顺序。有时,一份行政文书有多个主送机关或单位,为使行文简洁,可用统称统指受文机关或单位,如一份会议通知的主送单位可写为"各分公司、总公司各部门"。有的普发性行政文书,通常不写主送机关或单位,如通告、一部分通报和通知等。

3. 正文。是行政文书的核心部分,用来表述行政文书的具体内容。除个别极短的行政文书外,正文一般分为开头、主体和结尾三个部分。其主要结构模式为:开头(目的式,或根据式,或缘由式)→承启语→主体(即事项,并列式,或递进式,或混合式)→结尾(总结式,或说明式,或希望式,或强调式,或祈请式)。

(1) 开头。行政文书开头的方式有许多种,常见的有:

① 根据式,以"根据"、"按照"、"遵照"等介词开头,写明行文的依据、方针、政策、法规、规定及上级指示精神,以增加行政文书的权威性、严肃性与说服力。这种开头,多见于阐述政策、部署工作的决定类或告知类行政文书。根据式开头常常与目的式开头混合使用,如"根据……,为了……"。

② 目的式,以"为"、"为了"等介词开头,写明发文目的,以引起受文者注意。这种开头,多见于告知类、规范类行政文书。目的式开头常常与根据式开头混用,如"为……,根据……"。

③ 缘由式,也称原因式开头,即通过情况的介绍、问题的提出或意义的明确,使受文机关或单位对文件内容更加重视。这种开头,多见于部署工作的告知类或决定类行政文书。

(2) 主体。主体部分是行政文书核心中的核心,行政文书的主要事项或基本内容都要写入这一部分。写作时,要求做到材料充实,主旨突出,表意明确,层次清晰,语言简洁。行政文书的层次安排主要有以下几种形式。

① 递进式,即逐层深入推进文书内容的方式。采用递进式时各层次前后之间有着严密的逻辑关系,不能随意变换次序。"提出问题、分析问题、解决问题"的逻辑结构,就属于递进式层次安排方式,以阐述事理为主的行政文书常常采用递进式写法。

② 总分式,是主体部分在开头先做总的概括,然后进行分别叙述的方式,分别叙述的层次之间是并列结构。也可以先提出总的观点、主张,然后再具体展开论述。采用总分式时,各个分述部分要层次分明,内容不能互相包容。总分式层次安排是行政文书最常用的方式之一。

③ 并列式，即行政文书的各个层次之间是并列关系，各个层次之间互不所属。采用并列式安排层次时，要注意各个层次之间的内容不能交叉或互相包容。这种层次安排方式常见于通知、报告、通告等文种。

④ 因果式，是以事物形成和发展的原因、结果为线索安排层次的方式。可以先叙述原因，后交代结果；也可以先交代结果，后叙述原因。采用这种层次安排方式时，注意不要混淆因果关系，否则容易导致违背事实的逻辑错误。

(3) 结尾。行政文书的结尾方式有许多种，常见的有：

① 总结式，即写完主要事项后对全文内容做一个简单总结的结尾方式。目的是为了加深受文者对行政文书内容的印象。篇幅较长的行政文书常用这种结尾。

② 说明式，即在结尾处对与正文内容有关的事项再做一个交代的结尾方式，如"本通知自公布之日起生效"、"凡与本通知规定内容不一致的，以本通知的规定为准"等。

③ 祈请式，即对受文者提出明确要求的结尾方式，如请示的结尾可以写"当否，请指示"、"当否，请批准"等；报告的结尾可以写"请审阅"、"以上意见如无不妥，请批转各地执行"等。

④ 希望式或号召式，即在行政文书结尾处提出要求和希望、敦促或号召的结尾方式，目的是要求读者对象采取相应的行动。

⑤ 强调式，即对全文的中心思想或主要内容给予强调说明的结尾方式，目的是引起受文者的重视，以便贯彻执行。

还有一种特殊的结尾，即主体部分写完了，全文自然结束，没有任何附带交代，也就是不再另外写结尾。以这种形式结尾的行政文书通常称为秃尾文。

4. 附件。指随文发送的文件、报表、材料等，是对所发行政文书内容起说明和补充作用的文字材料。附件是所发行政文书的有机组成部分，有些附件甚至是反映行政文书主要内容的部分，如转发、批转类公文的附件。附件不是所有行政文书必备的要素，应根据情况而决定是否需要附件。

附件必须写所附内容的标题或名称，附件若不止一种，则应标上序号。序号用阿拉伯数码书写，如"附件：1. 瑞奇地质研究所实验大楼建设预算方案"。附件名称后不加任何标点符号。附件写在正文结束后的下一行，开头空 2 格，后加全角冒号。

5. 成文日期。指行政文书上标注的日期。行政文书上标注的日期是发文机关或单位负责人签发的日期。联合行文以最后的签发机关或单位负责人签发的日期为成文日期。成文日期要用汉字书写，不要用阿拉伯数码书写，年、月、日要写全，"〇"不能写作"零"。

6. 印章。是行政文书最后生效的标志，没有印章的行政文书是没有法律效力

项目二　认识行政文书

的。除"会议纪要"和以电报形式发出的外,都应加盖红色印章。印章要盖得端正、清晰,合乎规范,上不压正文,下压年、月、日。因为行政文书要加盖印章,所以落款处不再要求写出发文机关或单位的名称。

几个机关或单位联合上报的行政文书,由主办机关或单位加盖印章;联合下发的行政文书,联合发文的机关或单位都要加盖印章。

(三) 文尾部分

文尾部分,也称版记部分,包括主题词、抄送机关或单位名称、印发机关或部门、印发时间和印数等要素。

1. 主题词。指标识行政文书主题、文件类别并经过规范化处理的名词或名词性词组。一份行政文书的主题词一般为3~5个,最多不能超过7个。主题词有两个作用,一是便于计算机的储存、检索;二是便于文书档案管理和使用。

2. 抄送机关或单位名称。指主送机关或单位之外,需要执行和了解行政文书内容的其他机关或单位。标注抄送机关或单位应当使用全称或规范化简称、统称。行政文书如需抄送,则在主题词的下一行写明抄送机关或单位。抄送机关或单位之间用逗号隔开。

3. 印发机关或部门、印发日期和印数。印发机关或部门,即印制行政文书的机关或部门,要写全称。印发日期,指行政文书付印的日期,不同于成文日期。印发机关或部门、印发日期位于末页页码上端,并列排成一行,前面左空1格写印发机关或部门,后面右空1格写印发日期。印数,指行政文书实际印制的份数,位于印发日期的正下方,写"共印××份",用圆括号括上。

4. 附注。用于说明行政文书的其他部分不便说明的各种事项,一般是对文件的传达范围、使用方法的规定及对名词术语的解释等。"请示"应当在附注中注明联系人姓名和电话。

阅读例文:

××市人民政府关于加强基层统计工作的通知

各区(市)县政府,市府各部门:

为强化基层统计基础建设,提高统计服务水平,从源头上保证统计数据质量,充分发挥统计在推进我市全面建设小康社会中的服务、监督和调控作用,根据省政府办公厅《关于加强基层统计工作的通知》(×办发〔2010〕51号)精神,结合我市实际,现就进一步加强基层统计工作有关问题通知如下:

一、高度重视,加强领导

基层统计是统计工作的基础,是全面、客观、真实反映经济社会发展实际的起点,是统计数据的源头。各区(市)县政府要提高认识,采取有效措施,切实加强区

(市)县级和街道、乡镇基层统计工作,认真研究和解决本地县级和街道、乡镇统计工作中的突出问题。

（一）切实加强对县级统计工作的组织领导,依法设置独立的县级政府统计机构。要加强区(市)县统计局领导班子建设,根据中组部和国家统计局关于统计系统干部管理的有关规定,对区(市)县统计局领导班子成员的职务调整,应事先征求市统计局的意见。

（二）进一步加强街道、乡镇统计建设,保持统计人员的相对稳定。(略)

（三）加强和完善街道、乡镇统计信息网络建设。在2010年底之前,各区(市)县政府要有计划、有步骤地将统计专用计算机配备到街道、乡镇。

二、强化管理,落实责任

各地各部门要树立科学的发展观,不搞不切实际的达标、评比和考核活动。基层政府统计部门要讲实话、报实情,强化基层政府统计部门在统计数据发布、统计管理和定量考核评价等工作中的主体作用,树立政府统计的权威性和严肃性。(略)对擅自发布未经政府统计部门核实的数据并造成严重后果的,要追究单位领导和当事人的责任。

市统计局要按照属地化管理的各类考核办法和原则,对各区(市)县上报的地区生产总值等重要指标进行严格审核评估。市级各部门要加强统计调查和报表的规范管理,防止"数出多门",市级各部门在开展全市性的统计调查之前,要将调查方案和报表表式报市统计局审查批准。

三、完善制度,依法统计

（一）要加快统计制度改革,大力推进抽样调查、典型调查、重点调查方法的应用。(略)

（二）各级领导干部要带头执行《统计法》,支持和保证统计机构、统计人员依法独立行使职权,任何单位、个人不得篡改统计资料或者编造虚假统计数据,不得强令或者授意统计机构、统计人员弄虚作假,不得对拒绝、抵制、检举在统计上弄虚作假的人员打击报复,不得对本地区、本部门、本单位在统计上弄虚作假现象放任、袒护或纵容。对违反者,要严肃查处并依法追究其责任。

（三）各级统计、法制、监察、司法等有关部门要各司其职,协作配合,认真组织统计执法检查,做到经常化、制度化。

（四）各级政府统计机构要严格执行《统计法》,依法组织管理统计调查活动,依法管理和公布统计资料,依法管理统计机构和人员,依法开展统计执法检查,依法查处统计违法行为,确保统计数据的准确性和科学性。

四、加强队伍建设,改善统计工作条件

各地各部门要切实改善统计人员的工作和生活条件,根据统计事业的发展和统计工作的需要适当增加统计人员和经费,对统计部门开展的常规统计业务、大型普查、抽样调查、重点调查、专项调查和统计执法等所需经费,要按现行体制规定,纳入各级财政预算并给予保证。

各级统计部门要加强对统计人员的在职教育和培训,提高统计人员的业务素质和工作能力。对在统计工作中做出突出成绩的单位和个人,各区(市)县政府可采取适当形式予以表彰。

××市人民政府(印章)
二〇一〇年十一月三十日

例文评析:

这是一份布置工作并提出指导性意见的通知。标题由发文机关、发文事项和文种三个要素构成,发文事项概括了文件的主旨。主送机关使用统称,简洁、规范。正文由开头、主体两个部分组成,开头采用目的式与根据式混合使用的形式,尾句"现就进一步加强基层统计工作有关问题通知如下"为承启语,承上启下,转入主体部分。主体部分采用并列式结构,从四个方面围绕加强基层统计工作进行阐述,有正面宣传,也有反面警示,重点突出,层次清楚。正文事完文止,没有独立的结尾,为秃尾文。正文的结构模块为:开头(目的式、根据式混合)→承启语(承上启下)→主体(即事项,并列式)→结尾(秃尾)。落款包括发文单位印章和成文日期两个要素。

四、行政文书的印装规格

国家标准《国家行政机关公文格式》(GB/T 9704—1999),不仅对行政文书的构成要素及格式作出了明确规定,而且对行政文书的印装规格也有详细说明。下面是依照国家标准《国家行政机关公文格式》的内容提出的行政文书印装规格。

(一)用纸的规格

行政文书用纸要采用国际标准 A4 型纸,其成品幅面尺寸为 297 mm×210 mm(长×宽)。行政文书用纸天头(上白边)为:37 mm±1 mm;行政文书用纸订口(左白边)为:28 mm±1 mm;版心尺寸为:156 mm×225 mm(不含页码)。

(二)排版的规格和要求

1. 行政文书标题:在版头红色反线下空 2 行,用 2 号小标宋体字,可一行或多行居中排布;回行时要做到词意完整,左右对称,间距恰当。

2. 行政文书正文:用 3 号仿宋体字,一般每面排 22 行(以 3 号字高度加 3 号字高度 7/8 的距离为一基准行),每行排 28 个字。

3. 行政文书段落:每段起首空 2 格,回行顶格。

4. 行政文书序号:行政文书层次序号要符合国家规定,一般按层级依次标写。

第一级为:一、二、三、……

第二级为:(一)、(二)、(三)……

第三级为:1、2、3、……

第四级为:(1)、(2)、(3)……

版面要求:行政文书版面要做到干净无底灰,字迹清楚无断划,尺寸合乎标准,版心不斜,误差不超过1 mm。

(三) 印刷要求

行政文书应双面印刷,页码要套正,两面误差不得超过2 mm。黑色油墨应达到色谱所标BL100%,红色油墨应达到色谱所标Y80%,M80%。印品着墨实、均匀;字面不花、不白,无断划。

行政文书中未作特殊说明的图文项目,颜色均为黑色。

(四) 装订要求

行政文书应左侧装订,不掉页。包本行政文书的封面与书芯不脱落,后背平整、不空。两页页码之间误差不超过4 mm。骑马订或平订的订位为两钉钉锯外订眼距书芯上下各1/4处,允许误差±4 mm。平订钉锯与书脊的距离为3~5 mm;无坏订、漏订、重订,订脚平伏牢固;后背不可散页明订。裁切成品尺寸误差不超过±1 mm,四角成90度,无毛茬或缺损。

五、行政文书的制发程序

行政文书的制发程序一般包括以下七个步骤。

(一) 拟稿

拟稿指行政文书文稿的起草。《国家行政机关公文处理办法》规定:草拟行政文书的文稿应当做到:符合国家法律、法规及其他有关规定。如提出新的政策、规定等,要切实可行并加以说明。要情况确实,观点明确,表述准确,结构严谨,条理清楚,直述不曲,字词规范,标点正确,篇幅力求简短。

文种应根据行文目的、发文机关或单位的职权、与主送机关或单位的行文关系等确定。文内使用非规范化简称,应当先用全称并注明简称。应当使用国家法定计量单位等。起草行政文书同写作其他文章一样,一般要经过拟稿前的准备(比如收集材料)、撰写初稿、修改等几个阶段。

(二) 审核

审核指起草好的文稿送交发文机关或单位负责人签发之前,应当由办公室进行审核。从内容到形式对文稿的所有构成要素都要进行审核,审核的重点是:是否需要行文,行文方式是否妥当,是否符合行文规则和拟制行政文书的有关要求,行政文书的格式是否符合规范等。

（三）签发

签发指发文机关或单位负责人经过审核，在同意发出的文字稿上签字的步骤。以本机关或单位名义发出的上行文，由主要负责人或者主持工作的负责人签发，以本机关或单位名义制发的下行文或平行文，由发文机关或单位主要负责人或者由主要负责人授权的其他负责人签发。

（四）复核

复核指行政文书正式印制前办公室等部门进行复核。复核的重点是审批、签发手续是否完备，附件材料是否齐全，格式是否统一、规范等。

（五）缮印

缮印指行政文书的印制和校对。

（六）盖印

盖印指在缮印完毕的行政文书上加盖发文机关或单位的印章。印章是行政文书生效的标志。

（七）登记、分发

登记、分发指文书档案管理部门对所颁发的行政文书文号、标题、签发人、拟稿部门、紧急程度、密级、受文机关或单位、件数、发出日期等内容进行登记，最后将行政文书原稿及2至3份行政文书正本立卷收存。

技能训练

一、分析行政文书的结构，认识行政文书格式化、模块化特点

著名语文教育家叶圣陶曾指出，学习了知识之后，还要"多多练习，硬是要按照规格练习。练成技能技巧不是别人能够代劳的，非自己动手，认真练习不可"（《叶圣陶语文教育文集》）。行政文书的结构一般都具有格式化、模块化的特点，掌握了这个特点，学习和写作行政文书就会感到愉悦轻松，收到事半功倍之效。阅读并分析下面两篇例文，认识行政文书格式化、模块化特点。

阅读与分析 1：

关于表彰 2009—2011 年度××市劳动模范的决定

各区县人民政府，市府各委办局，市各直属单位：

　　近年来，全市人民在市委、市政府的正确领导下，坚持以邓小平理论和"三个代表"重要思想为指导，深入贯彻落实科学发展观，积极投身全面建设小康社会，取得了优异成绩。各行各业涌现出了一大批品德高尚、业绩卓著、贡献突出的先进模范人物，他们是全市各界群众的杰出代表和社会主义现代化建设的时代先锋。为表彰先进、树立典型，进一步激发广大职工群众投身经济社会建设的积极性、创造性，市政府决定授予丁劲松等 360 名同志 2009—2011 年度××市劳动模范称号。

　　希望受表彰的同志戒骄戒躁，珍惜荣誉，再接再厉，继续保持和发扬艰苦奋斗、无私奉献、开拓创新的精神，在全市经济社会又好又快发展中充分发挥模范带头作用，为我市率先基本实现现代化、建设现代化国际性人文绿都做出新的更大的贡献。

　　全市上下要以劳动模范为榜样，深入学习和实践科学发展观，全面落实市第十三次党代会精神，大力弘扬"敢于创业创新、奋力创优创造"的精神，万众一心，团结拼搏，勤奋工作，争创一流，为全面实现我市"十二五"发展宏伟蓝图而不懈奋斗。

　　附件：2009—2011 年度××市劳动模范名单

××市人民政府（印章）
二〇一一年四月二十五日

互动与交流：

　　1. 这份决定的标题是由哪几个要素构成的？决定的主旨是什么？是怎样显现的？

　　2. 主送机关的写法属于哪一种类型？

　　3. 正文的开头有什么特点？主体的叙述方式有什么特点？结尾有什么特点？

　　4. 正文的结构模块是怎样的？

例文评析：

　　这是一份表彰决定，标题由发文事项和文种两个要素构成。标题显现了决定的主旨。主送单位采用规范化的统称。正文由开头、主体、结尾三个部分组成。开头两句采用缘由式，全市一大批"品德高尚、业绩卓著、贡献突出的先进模范人物""积极投身全面建设小康社会，取得了优异成绩"。接下来一句说明表彰的目的和决定的主旨："为表彰先进、树立典型"，"决定授予 360 名同志 2009—2011 年度××市劳动模范称号。"这句属于决定的主体部分。第二、三两段均属于主体部分。第二段对被授予劳动模范称号的同志提出希望和勉励；第三段号召全市人民要以被授予劳动模范称号的同志为榜样。这份决定正文的结构较之常规模块有所变化:开头(缘由式)→主体(表彰事项,递进式)。该决定没有承启语、没有结尾(秃尾)。因决定中表彰的人数众多,不便在正文中一一列出姓名,用附件的形式列出受表彰者名单,十分得体。落款包括发文机关印章和成文日期两个要素。

阅读与分析2：

关于切实做好今年第11号强台风
防御工作的紧急通知

各镇人民政府,县各局办,县各直属单位:

根据气象部门预报,今年第11号台风"金兰"于今天14时加强为强台风,中心位于浙江省台州市东南方向东海海面上,将于8月7日下半夜到8日中午在浙江舟山到温州一带登陆,预计未来24小时,我县受"金兰"影响,将出现大到暴雨,陆地平均风力达6级以上,阵风8级以上。为切实做好防御台风的各项应对工作,现将有关事项紧急通知如下:

一、思想上要高度重视

台风"金兰"移动速度慢,对我县影响持续时间长。各地、各部门要高度重视,不得存有任何侥幸心理和麻痹思想,适时启动应急预案,严密部署各项防御措施,全面落实工作责任,全力减轻灾害损失,确保人民群众生命财产安全,确保正常的生产生活秩序,确保社会和谐稳定。

二、落实好各项防御措施

一是要加强对重点部位的防范。县交运、供电、住建、城管、公安和安监等部门要立即按照各自工作职责和管理范围,组织力量对在建工程和各类棚式建筑、广告牌、行道树,供水、供电、供气设施和通信设备进行拉网式检查。在建工地要落实好各项应急措施,台风影响严重时,要暂停室外施工,对各类工棚要严密防范,确保安全;对城镇各类广告牌、树木及各类临时构建物要采取加固措施,防止出现倒塌事故;县电力、通信、供水、供气等部门要备足抢修力量,保证全县各类公用设施安全运行和水电气的正常供应。各镇、开发区、各有关单位要加强宣传引导,做好水上运输、养殖船只避风作业工作;要组织力量加强对各类危房、简易房屋的检查,发现问题立即采取有效措施并落实到位。

二是加强对短时强降雨的防范。各镇、开发区对小水库、大的当家塘坝和河湖圩堤要落实专人负责,确保安全;低洼地区内涝要及时排除。供电部门要确保内涝排除的用电保障;住建和城管部门要加强城区排涝工作;水务部门作为防汛牵头单位,要切实加强对全县河、坝、湖、库等重点防汛区域的检查,中型水库要严格按照调度方案运行,落实好在建水务工程安全措施,确保全县水利工程安全。

三是加强对设施农业的防范。县农业部门要加强对设施农业防范台风工作的指导和督促,最大程度地减轻台风对农业生产的影响。

三、加强对防御工作的组织领导

各镇、开发区、各有关部门主要负责同志要靠前指挥,认真落实24小时值班制度,亲自带班值班,保持通信畅通,做到调度及时、指挥有力,重要情况及时上报;要进一步落实抢险队伍、物资,做好抗台抢险准备,一旦出现险情,主要领导和带班领导要第一时间赶赴现场,全力组织抢险,把灾害损失减轻到最低程度。

以上通知,请迅即贯彻落实。

××县人民政府(印章)

二〇一一年八月七日

互动与交流:

按照行政文书的格式化"套路"讨论下列问题:

1. 这份通知的标题由哪几个要素构成?有什么特点?
2. 通知的主旨是什么?是怎样显现的?
3. 主送机关的写法属于哪一种类型?
4. 正文的开头、主体、结尾各采用了什么结构方式?结尾有什么特点?
5. 正文的结构模块是怎样的?

二、综合测试

(一) 填空

1. 按照行文关系和行文方向,可将行政文书分为上行文、_____、_____和_____四种类型。
2. 行政文书文头部分不可缺少的要素是_____和_____,只有上行文才有_____这一要素。
3. 行政文书上标注的日期是发文机关或单位_____签发的日期。
4. _____是行政文书最后生效的标志,缺少这一要素的行政文书是没有法律效力的。
5. 行政文书的制发程序一般包括_____、审核、_____、复核、缮印、盖章和登记分发等七个步骤。

(二) 解释名词

1. 行政文书
2. 泛行文
3. 发文字号

4. 主题词

(三) 简答

1. 发文字号有哪些作用？
2. 行政文书的标题有哪几种写法？举例说明。
3. 行政文书的附件有哪些作用？

(四) 改错

下面这份行政文书在文种、结构、语言、前后照应、落款等方面均存在错误，请找出来并加以改正。

关于颁发《西南化工职业技术学院精品课程与
精品教材建设暂行规定》的通知

各系(部)：

  为进一步加强学院内涵建设，推动高等职业教育教学改革与发展，更好地实践"学做合一，多证融合"的人才培养模式，逐步提高人才培养质量，决定以精品课程与精品教材立项建设为抓手，全面启动高职课程改革与建设工程。现将《西南化工职业技术学院精品课程与精品教材建设暂行规定》公布给你们，希望各系(部)及相关单位认真贯彻落实。

  特此通知。

西南化工职业技术学院
2011 年 6 月 25 日

项目三　决定的写作

项目目标

一、知识点
1. 决定的含义和用途
2. 决定的特点
3. 决定的分类
4. 决定的结构和写法
5. 写作决定要注意的问题

二、技能要求
1. 能够辨别不同类型的决定
2. 能够根据提供的材料写作不同类型的决定

任务导向

一、决定的含义和用途

（一）决定的含义

《国家行政机关公文处理办法》规定：决定适用于对重要事项或者重大行动做出安排，奖惩有关单位及人员，变更或者撤销下级机关不适当的决定事项。

（二）决定的用途

决定是一种重要的指挥性和约束性公文，属于下行文，任何党政机关、企事业单位和社会团体都可以使用决定，因此，决定的用途比较广泛。决定的"重要事项"、"重大行动"是指事项或行动本身带有全局意义，或具有深远影响；决定奖惩的"有关单位及人员"是指成绩突出或错误性质严重、影响恶劣的单位或人员；决定变更或者撤销下级机关或单位的"不适当的决定事项"，是指下级机关或单位违反党或国家的方针政策、国家法律，有着不良影响的决定。

二、决定的特点

(一) 强制性

在行政公文中,决定的强制性仅次于命令,一旦成文下达,任何单位和部门都必须无条件执行。有些决定还具有法规作用,在某些方面,决定往往是法规的延伸和补充,具有较强的行政约束力。

(一) 稳定性

决定的稳定性是指其传达的上级机关或单位的安排及有关政策事项,能在相当长的时期内生效或要求在相当长时期内贯彻执行。

(三) 指导性

决定是对重要事项或重大行动作出的安排,是指导下级机关或单位开展工作的准则,对下级机关或单位具有指挥性和指导性。

三、决定的分类

(一) 指挥部署性决定

这类决定要求对重要事项作出规定,对重大行动作出安排,要求下级有关单位、有关人员贯彻执行。这类决定体现了领导机关的意图,发挥了领导机关的宏观调控与具体指导作用。

(二) 法规性决定

这类决定用于发布权力机关制定、修改或试行的法律文件,以及由上级行政部门制定的行政法规。

(三) 奖惩性决定

这类决定用于奖励有功人员,处理犯错误人员,树立先进典型,惩戒不良行为。

(四) 事项性决定

这类决定的适用范围比较广泛,内容比较具体,如批准有关问题,设置或撤销有关机构,变更或者撤销下级机关不恰当的决定事项,安排处理人事问题,决定召开重要会议,处理某项具体工作等。

四、决定的结构和写法

决定由标题、主送机关或单位、正文和落款四个部分组成。

(一) 标题

决定的标题多采用行政公文标题的常规模式,有由发文机关或单位、发文事项和文种三个要素构成的标题,如《南海市人民政府关于刘白琦等同志职务任免的通知》;有由发文事项和文种两个要素构成的标题,如《关于授予刘达鹏同志"见义勇为好市民"荣誉称号的决定》。

(二) 主送机关

决定的主送机关一般是发文机关或单位的直属下级机关或单位。

(三) 正文

决定的正文一般由发文缘由、决定事项和结束语三部分构成。不同类型的决定,其正文的结构和写法有所不同。

1. 指挥部署性决定。开头简要写出决定的缘由,重点写决定的事项。通常采用总分式的条文结构,也有的采用分项式并列结构。结尾一般写对贯彻落实决定的希望或要求。这类决定涉及的内容往往政策性和指挥性都较强。决定事项既要态度鲜明,又要明确具体,具有较强的可操作性。

2. 奖惩性决定。这类决定又分为表彰决定和惩戒决定两种。表彰决定的正文主要写被表彰者的身份、事迹,对被表彰者和事迹的评价,决定的事项,最后提出希望或发出号召。惩戒决定的正文针对人和事,先说明错误事实,并分析其性质、根源、责任及后果,接着交代被处理人对所犯错误有无认识和悔改表现,而后写处理决定的事项,最后指出教训、提出希望。惩戒决定的内容比较多,写作时要注意层次性和条理性。

3. 事项性决定。一般由缘由、依据和决定事项三个部分构成。这类决定处理的事项比较具体,涉及的事项有些只需知照。如果处理的是变更或撤销性的事项,则必须明确说明所依据的有关法律、规定、相关的政策或不变更不撤销会产生怎样的严重后果等。

(四) 落款

落款只在正文的右下方写出成文日期即可。不需要写出发文机关或单位名称,但学习者练习写作时还是要写的,要在发文机关或单位名称后加上"(印章)"二字。有的决定将成文日期写在标题下,并用括号括起来。如果是会议通过的决定,成文日期必须写在标题下方的括号里,而且要写明是什么会议通过的。

阅读例文 1：

××市人民政府
关于大力发展职业教育的决定

各区县人民政府,市府各委办局,市各直属单位：

为贯彻党的十六届五中全会精神,落实市委、市政府《关于建设教育名城率先基本实现教育现代化的决定》,更好地适应"两个率先"战略目标对高素质劳动者和高技能人才的迫切需要,根据《国务院关于大力发展职业教育的决定》(国发〔2005〕

35号)和全国、省职业教育工作会议精神,现就大力发展我市职业教育提出如下意见。

一、明确"十一五"职业教育发展的指导思想和工作目标

1. 提高思想认识。职业教育是现代国民教育体系的重要组成部分,是经济社会发展的重要基础。大力发展职业教育、加快人力资源开发,在实施科教兴市、人才强市战略中具有特殊重要的作用,是加速推进新型工业化、促进社会主义新农村建设的重要途径,是实现教育事业全面协调可持续发展、建设教育名城的必然要求。(略)

2. 明确指导思想。"十一五"期间,我市职业教育发展的指导思想是:以邓小平理论和"三个代表"重要思想为指导,全面贯彻科学发展观,紧紧抓住职业教育大发展的重要战略机遇期,进一步解放思想,积极创新,真抓实干,坚持科学发展、统筹发展、加快发展,不断提高职业教育的质量和服务××经济社会发展的能力,努力办好受人民欢迎的职业教育。

3. 确定工作目标。建立适应社会主义市场经济体制,满足人民群众终身学习需要,为经济社会发展提供丰富的人力资源,与市场需求和劳动就业紧密结合,校企合作、结构合理、形式多样、灵活开放、自主发展,有××特色的现代职业教育体系;实现与经济社会发展相适应的全国一流水平职业教育的目标,为建设教育名城,构建和谐社会作出积极贡献。具体目标是:(略)

二、切实加强职业教育基础能力建设

4. 建好职业教育实训基地。(略)

5. 办好特色学校、特色专业。(略)

6. 加强区县级职教中心建设。(略)

三、不断深化职业教育教学改革

7. 推进课程改革和信息化建设。(略)

8. 重视思想道德建设。(略)

9. 加强学生的实践技能和就业创业能力培养。(略)

10. 突出高水平师资队伍建设。(略)

四、加快建立充满活力的职业教育办学体制

11. 扩大职业教育开放度。(略)

12. 大力发展民办职业教育。(略)

13. 加强企业职工教育和培训。(略)

14. 大力开展各类职业培训。(略)

15. 完善社区教育网络建设。(略)

五、建立和完善职业教育发展的保障措施

16. 进一步加大职业教育投入。（略）
17. 坚持多渠道筹措经费。（略）
18. 健全扶贫助学制度。（略）
19. 严格执行就业准入和职业资格证书制度。（略）
六、为职业教育发展创设良好环境
20. 强化职业教育的组织领导。（略）
21. 积极支持在×高职院校发展。（略）
22. 倡导形成尊重人才、尊重技术、尊重劳动、尊重创造的良好风尚。（略）

××市人民政府（印章）
二〇〇六年九月一日

例文评析：

　　这是一份指挥部署性决定。标题由发文机关、发文事项和文种三个要素构成，发文事项显现了这份决定的主旨。主送单位采用规范化的统称。正文开头用"为……"、"根据……"句式，说明发文的目的和决定的依据。接着以"现就大力发展我市职业教育提出如下意见"承上启下，转入主体。主体部分较长，是决定的核心内容。主体采用并列式结构分六个小标题展开阐述，每个小标题下也是采用并列式结构分条列项写作。主体部分采用章断条连式结构，重点突出，主题鲜明，阐述的事项可操作性很强。在表达方式上，叙议结合，以叙为主，间以说明。这份决定没有独立的结尾。正文的结构模块为：开头（目的式、根据式混合）→承启语→主体（决定的事项，并列式）→结尾（秃尾）。正文采用第三人称和以叙述为主的表达方式。结构完整，内容具体，主旨鲜明，语言流畅。落款由发文机关印章和成文日期两个要素构成。

阅读例文2：

南海市人民政府关于授予
王晓军等3位同志"南海市见义勇为勇士"
荣誉称号的决定

各区县政府，市政府各部门：

　　为弘扬正气，鼓励见义勇为，加强社会治安综合治理，促进社会主义精神文明建设，根据《××省保护和奖励见义勇为条例》有关规定，市政府决定授予王晓军、马国亮、崔友宝等3位同志"南海市见义勇为勇士"荣誉称号。

　　王晓军等3位同志在维护我市社会治安中不畏强暴、临危不惧的见义勇为行为，坚持了正义，弘扬了正气，为全社会树立了榜样。全社会要大力宣传他们的先进事迹,营造学习先进、争当先进的良好社会氛围,鼓舞和激励更多的见义勇为者,以实际行动践行《公民道德建设实施纲要》,为构建和谐城市做出积极贡献。

南海市人民政府(印章)
二〇一一年十二月七日

例文评析:

这是一份表彰性决定。标题由发文机关、发文事项和文种三个要素构成,发文事项显现了该决定的主旨。主送单位采用规范化的统称。正文开头第一段前五个分句说明制发这份决定的目的和依据,最后一个分句是决定的主体部分之一,阐述了决定的主旨。第二段也是决定的主体,第一句对王晓军等3人不畏强暴、见义勇为的行为给予高度评价,第二句号召全市人民向他们学习,为构建和谐城市做出贡献。这份决定只有开头和主体,事完文止,没有独立的结尾,是典型的秃尾文。正文的结构模块为:开头(目的式、根据式混合)→主体(决定事项)。落款由发文机关印章和成文日期两个要素构成。

阅读例文3:

关于给予王发金开除公职处分的决定

王发金,男,1961年12月3日出生,汉族,大学文化,中共党员,原系中共××县横塘乡委员会副书记,家住××县城关镇跃居新村3幢501室。因涉嫌犯受贿罪于2010年1月4日被刑事拘留,当月17日被逮捕。

××县人民法院《〔2010〕×刑初字第76号刑事判决》认定,2007年5月至2009年12月间,王发金利用担任横塘乡党委副书记,参与乡政府重大事项决策的职务便利,先后多次收受有关单位人员给予的好处折合人民币19.2万元,并为他人谋取利益。

2010年8月16日,××县人民法院以王发金犯受贿罪判处其有期徒刑6年,没收个人财产人民币20万元。王不服,上诉至××市中级人民法院,2010年9月20日,××市中级人民法院二审裁定驳回上诉,维持原判。

王发金身为国家工作人员,犯受贿罪被判处有期徒刑6年,根据国务院《行政机关公务员处分条例》第十七条第二款之规定,经县政府2010年10月22日县长办公会议研究决定,给予王发金开除公职处分。

本决定自2010年10月22日生效,如不服本决定,自收到本决定之日起30日内可向××县人民政府申请复核。

××县人民政府(印章)
二〇一〇年十月二十二日

例文评析：

　　这是一份惩戒性决定。标题由发文事项和文种两个要素构成，发文事项显现了该决定的主旨。本决定只作为内部文书存档，不下发，故不写主送机关。正文开头第一段叙述被惩戒人自然情况和被拘留、逮捕的事实。第二段、第三段写被惩戒人因受贿犯罪而被一审法院判处有期徒刑6年和二审法院维持一审法院原判的事实。第四段写鉴于以上犯罪事实，根据国务院有关条例规定，该县县长办公会议研究决定给予被惩戒人开除公职处分。最后一段是结尾，说明决定生效日期和被惩戒人申请复核的期限。全文事实清楚，主题单一，层次分明，语言庄重，态度明朗。正文的结构模块为：开头（叙述式）→主体：叙述犯罪事实（递进式）→决定事项（议论与说明相结合）→结尾（说明式）。落款由发文机关印章和成文日期两个要素构成。

阅读例文4：

关于关闭××华森化工有限公司等26家化工生产企业的决定

各区县人民政府，市府各委办局，市各直属单位：

　　按照全省化工生产企业专项整治工作要求，依据环境保护和安全生产有关法律法规，经研究，市政府决定关闭××华森化工有限公司等26家化工生产企业。

　　请各有关区县人民政府认真组织实施，市有关部门积极予以配合。

　　附件：××市化工生产企业专项整治关闭企业名单

××市人民政府（印章）
二〇一一年十二月三十日

例文评析：

　　这是一份事项性决定。标题由发文机关、发文事项和文种三个要素构成，发文事项显现了该决定的主旨。主送单位采用规范化的统称。正文开头第一句说明制发这份决定的依据，第二句是决定的主体，"市政府决定关闭××华森化工有限公司等26家化工生产企业"表明了决定的主旨。由于文字简短，开头与主体合为一段。用语果决，不容置辩。第二段是结尾，提出希望和要求。正文的结构模块为：开头（根据式）→主体（决定事项）→结尾（希望式）。由于关闭企业较多，不便在正文中一一列出，用附件的形式列出决定关闭企业的名单。落款由发文机关印章和成文日期两个要素构成。

项目三　决定的写作

> **小贴士：写作决定要注意的问题**
>
> 1. 要做好调研工作。决定的内容必须符合党和国家的方针、政策，起草决定之前，要做好充分的调查研究工作，广泛听取各方面的意见。决定的事项要具体明确，有利于贯彻执行。
>
> 2. 要做到观点鲜明。决定的事项、提出的要求必须旗帜鲜明，语言果决，注重使用"必须"、"要"、"不准"一类的词语，不能含糊不清，更不能使用有歧义的语句，以免让人误解。

技能训练

一、分析决定的写作结构，根据提供的材料写作决定

著名语文教育家叶圣陶曾指出："大学毕业生不一定会写小说诗歌，但是一定要会写工作和生活中实用的文章，而且非写得既通顺又扎实不可。"（叶圣陶《认真学习语文》）决定在行政文书中使用频率较高，应用范围也较广，是重点学习的文种之一。

分析与写作1：

随着我国改革开放的不断深入，社会生活的各个领域都发生了巨大的变化。大到国家方针、政策，小到一个机关或单位的规章制度都必然会不断发生各种变化，这是社会发展与时俱进的体现。社会发展了，情况变化了，为适应社会管理和各项工作的有序开展，各级政府和有关管理部门制定了一系列新的政策和规定，这些政策和规定同以往制定的政策和规定在许多地方出现了前后抵触的矛盾，这就需要对当前的政策和规定与以往的政策和规定进行梳理，明确现阶段执行的政策和规定。请以某地为例写一份这方面内容的决定。

互动与交流：

1. 选用哪一个文种最合适？显现主旨的标题应该怎样写？
2. 主送机关应该是什么单位？
3. 开头适合采用哪一种形式？主体部分怎样写才合适？结尾有什么特点？
4. 如果用行政公文呈现的结构模块来表示，会是什么样的？
5. 落款有哪些要求？

写作例文：

××市人民政府
关于修改废止部分规范性文件的决定

各区县人民政府，市府各委办局，市各直属单位：

根据《中华人民共和国行政强制法》、《国有土地上房屋征收与补偿条例》以及规范性文件有效期规定的要求，经过对现行有效的市政府规范性文件的专项清理，决定对下列规范性文件分别予以修改、废止：

一、对下列规范性文件作如下修改：

（一）市政府关于印发《××市城市市政公用基础设施配套费征收管理办法》的通知（×政发〔2003〕104号）

第十二条修改为："缴费人未按规定缴纳配套费的，依法责令缴费人限期缴纳。逾期仍不缴纳的，依法申请人民法院强制执行。"

（二）市政府关于印发《××市城市房屋拆迁区位级别》的通知（×政发〔2003〕260号）

第一点第（二）项修改为："城市房屋拆迁区位级别自2004年2月1日起实施，并适用于《国有土地上房屋征收与补偿条例》施行前已依法取得房屋拆迁许可证的项目。"

（三）市政府办公厅关于转发市交通局《××市内河通航水域禁航挂桨机运输船舶工作实施方案》的通知（×政办发〔2007〕42号）

第五点第（四）项修改为："加大行政处罚力度。对不服从管理，强行进入禁航水域的挂桨机运输船舶，各地方海事处要监督其驶出禁航水域，必要时可根据《中华人民共和国内河交通安全管理条例》的规定予以从重处罚；不得只罚不纠或者以罚代纠。"

（四）市政府关于印发《××市征地房屋拆迁补偿安置办法》的通知（×政发〔2007〕61号）

第三十三条修改为："当事人对裁决不服的，可以依法向市人民政府申请复议，也可以向人民法院提起诉讼。"

第三十四条第一款修改为："被拆迁人在法定期限内不申请行政复议或者不提起行政诉讼，在裁决规定的期限内又不搬迁的，拆迁实施单位可依法申请人民法院强制执行。"

（略）

二、对下列规范性文件予以废止

（一）市政府关于印发《××市医疗机构管理若干规定》的通知（×政发〔1998〕

105号)

（二）市政府关于印发《××市民用建筑工程项目初步设计管理办法》的通知（×政发〔1999〕122号）

（三）市政府关于印发《××市防洪保安资金征收和使用管理规定》的通知（×政发〔1999〕166号）

（四）市政府办公厅关于基本医疗保险门诊特定病人医疗费用问题的补充规定（×政办发〔2001〕33号）

（五）市政府办公厅印发《关于对部分门诊慢性病医疗费用实行限额补助的暂行办法》的通知（×政办发〔2001〕76号）

（略）

本决定自公布之日起施行。

××市人民政府（印章）
二〇一二年一月十日

例文评析：

这是一份修改和废止部分规范性文件的法规性决定。标题由发文机关、发文事项和文种三个要素构成，发文事项显现了该决定的主旨。主送单位采用规范化的统称。正文开头提出发文的根据，接着用"决定对下列规范性文件分别予以修改、废止"承上启下，转入主体部分。主体采用并列式结构，分"对下列规范性文件作如下修改"和"对下列规范性文件予以废止"两个小标题展开叙述。每个小标题下仍采用并列结构，一一说明，层次清楚，一目了然。结尾采用说明式，说明实施的具体时间。正文的结构模块为：开头（根据式）→承启语→主体（修改、废止的事项，并列式）→结尾（说明式）。落款由发文机关印章和成文日期两个要素构成。

分析与写作2：

学习应用文书写作与学习其他知识和技能一样，模仿是十分重要的。对课文中的例文进行评析，是学习别人成功经验的有效方法。通过评析，熟悉应用文书的写作结构和规律，悟出道理，掌握窍门后，自己写作时就会得心应手。阅读并分析下面的例文，参照任务导向中阅读例文的评析方法，对下面的决定作全面评析。

南京市人民政府关于给予市体育局集体嘉奖的决定

各区县人民政府，市府各委办局，市各直属单位：

在全国第六届城市运动会上，我市体育健儿团结协作、勇于拼搏，取得了33枚金牌、23枚银牌、25枚铜牌和总分947.5分的优异成绩，并获得体育道德风尚奖代表团的荣誉,有15支运动队被评为体育道德风尚奖运动队,在全国74个参赛城市中金牌、奖牌和总分均进入前三名,超额完成了市委、市政府下达的参赛任务。我市体育代表团取得了精神文明和运动成绩的双丰收,为南京市争了光,为南京人民赢得了荣誉。

为激励先进,市政府决定对我市参加全国六城会组织工作中成绩突出的市体育局予以集体嘉奖。

希望受表彰单位再接再厉、再创佳绩。全市各级各部门要以获得表彰的单位为榜样,团结奋进,开拓创新,扎实工作,奋勇争先,为加快实现"两个率先"、构建"和谐南京"做出新的更大的贡献。

南京市人民政府(印章)
二〇〇七年十一月十四

互动与交流:

1. 这是一份什么类型的决定?标题有什么作用?
2. 主送机关有什么特点?
3. 正文开头是怎样写的?主体部分是怎样展开的?结尾有什么特点?
4. 如果用行政公文的结构模块来表示,会是什么样的?
5. 使用的人称和语气是否恰当?

分析与写作3:

华北冶金工业公司认真贯彻落实国务院、省、市关于加强安全生产工作的一系列会议和文件精神,深入开展"安全生产年"各项活动,大力推进安全生产"三项行动"和"三项建设",以强化预防、加强监管、落实责任为重点,抓好"三个突出",做到"三个加强",圆满完成了大检查、大排查等各项工作,为促进社会稳定和经济发展提供了安全保障。在这项工作中,涌现出了16个2010年度安全生产工作先进单位、50名安全生产工作先进个人。为表彰先进,树立典型,该公司将授予以上单位和个人荣誉称号。同时希望受表彰的单位和个人珍惜荣誉,再接再厉,争取更大成绩。号召全公司各单位和全体职工要以先进单位和先进个人为榜样,进一步加强领导,落实责任,完善制度,强化措施,为推动全公司安全生产再上新台阶做出积极贡献。请根据以上材料,为该公司撰写一份表彰性应用文书。

互动与交流:

1. 标题应该怎样写?怎样通过标题显现主旨?
2. 主送机关应该怎样写?
3. 采用哪一种开头方式比较好?主体部分写哪些内容?

4. 正文的结构模块将怎样显现?
5. 被表彰的单位和个人众多,怎样一一列举出来?
6. 落款有哪些要求?

二、综合测试

(一) 填空

1. 决定具有_____、_____、_____等三个特点。
2. 决定可以分为_____、_____、_____和法规性决定等四种类型。
3. 如果是_____通过的决定,成文日期必须写在标题下方的括号里。

(二) 解释名词

1. 事项性决定
2. 奖惩性决定

(三) 简答

1. 表彰性决定的正文通常要写哪些内容?
2. 惩戒性决定的正文通常要写哪些内容?
3. 写作决定要注意哪些问题?

(四) 阅读分析

模仿任务导向中阅读例文的评析方法,对下面这份决定作出全面评析:

关于命名村务公开民主管理示范村的决定

各镇人民政府,县各局办,县各直属单位:

为贯彻落实《中华人民共和国村民委员会组织法》和中共中央《关于健全和完善村务公开和民主管理制度的意见》及省、市关于开展村务公开民主管理示范单位创建活动的要求,进一步完善村务公开和民主管理制度,保障农民群众依法直接行使民主权利,实现村民自我管理、自我教育、自我服务的目标,2009年,全县各镇认真开展了村务公开民主管理示范村的创建活动。经验收,县政府决定命名衡阳镇万家堡村等二十九个村为全县"村务公开民主管理示范村"。

希望被命名的示范村要始终坚持务实、创新、长效的要求,扎实做好村务公开和民主管理工作。发扬成绩,再接再厉,推进农村基层民主政治建设,构建和谐新城关。各镇要进一步巩固村务公开民主管理示范村创建活动成果,坚持长效管理,确保村务公开民主管理工作不断深入推进。

城关县人民政府(印章)
二〇一〇年一月三十一日

项目四　通知的写作

项目目标

一、知识点
1. 通知的含义和用途
2. 通知的特点
3. 通知的分类
4. 通知的结构和写法
5. 写作通知要注意的问题

二、技能要求
1. 能够根据提供的材料辨别通知的类型
2. 能够根据提供的材料写作告知性通知和会议通知
3. 能够根据提供的材料写作处理文件的通知

任务导向

一、通知的含义和用途

(一) 通知的含义

《国家行政机关公文处理办法》规定：通知适用于批转下级机关的公文，转发上级机关和不相隶属机关的公文，传达要求下级机关办理和需要有关单位周知或者执行的事项，任免人员。

(二) 通知的用途

在现行行政公文中，通知的用途最广泛，使用频率最高。通知用来布置工作，安排活动，可以起到指示作用，如《关于创建国家级卫生城市的通知》。用来向下级机关或单位宣布或告知事项，可以起到传达信息的作用，如《关于王建强同志任职的通知》。用来下发本级机关或单位的意见、计划、会议纪要等，可以要求下级机关或单位认真办理或遵照执行通知的事项，如《关于工程项目审批有关问题的通知》。

用来转发上级机关或单位的公文,能够起到传达和贯彻执行其中事项的作用。用来批转下级机关或单位的公文,可以起到批准和指导的作用。

二、通知的特点

(一) 使用范围的广泛性

通知不受发文机关或单位级别、性质的限制。无论国家大事或是单位内部的具体事务,都可以使用通知布置;无论是国家最高领导机关还是基层行政单位,都可以使用通知。在表达方式上,通知具有一定的灵活性。

(二) 行文方向的不确定性

通知既可做下行文,也可做平行文。做下行文时,对受文对象一般会提出需要知晓、执行或办理的事项,具有指挥和指导作用。通知做平行文时,由于受文单位不是下级单位,而是平级单位或不相隶属的单位,通知内容不带指挥性和指导性,只能表述告知性或周知性的内容。

(三) 内容的时效性

通知事项要求立即办理、执行或知晓时,不容拖延;有的通知如会议通知等,只在特定的一段时间里有效,因此,通知的内容中多包括时间要素。布置性通知对时效也有一定的要求。

(四) 事项的可操作性

通知的内容一般都具有周知性和执行性,所以通知中都要说明执行要点、措施和要求。这些要点、措施和要求必须具体明白而不能含糊其辞,要方便受文者按照通知内容去操作和完成任务。

三、通知的分类

(一) 布置性通知

又称工作通知,指上级机关或单位就某些事项、某项工作提出工作的具体原则、要求和安排,让受文单位贯彻执行的通知。这类通知的内容多数不宜以命令或意见形式行文,如《凤阳县人民政府关于做好2011年小麦收购工作的通知》。

(二) 会议通知

指告知有关单位或人员参加会议的通知,如《金海物流公司关于召开年终总结表彰会的通知》。

(三) 知照性通知

指告知有关单位或个人某些事项的通知。知照设立或撤销机构、迁移办公地点、启用或更换印章、调整办公时间等事项宜用这类通知,如《双流机械制造公司关于办公地址搬迁的通知》。

(四) 任免通知

指告知有关机关或单位以及个人人事任免的通知，如《康乐文化发展有限公司关于吴俊仁同志任职的通知》。

(五) 发布性通知

指发布行政法规、规章、办法的通知。根据不同情况，发布性通知可分为颁发、发布、印发（公布）三种形式。一般来说，对比较重要的行政法规、规章、办法用颁发、发布，而对一般性的、暂行或试行的行政规章、管理规章用印发，如《关于印发〈浦口区国有土地上房屋征收补助价格、奖励标准〉的通知》。

(六) 处理文件的通知

这类通知一般指含批转、转发有关文件和行政规章、管理规章的通知。其中上级机关或单位转发下级机关或单位的文件，用批转性通知，如《关于批转区水利局〈浦口区2011年水利工程汛前检查报告〉的通知》；下级机关或单位转发上级机关或单位文件、同级及不相隶属的机关或单位之间的文件，用转发性通知，如《利德公司转发总公司〈关于抓好安全生产工作的通知〉的通知》。

四、通知的结构和写法

通知由标题、主送机关或单位、正文、落款四个部分组成。

(一) 标题

通知的标题因通知的类型不同，写法也有所不同。

1. 布置性通知、会议通知、知照性通知、任免通知等的标题，写法有三种：一是完全式，即发文机关或单位、发文事项、文种三个要素俱全；二是省略发文机关或单位式；三是省略发文机关或单位和发文事项式，这种只写文种的标题，一般在通知范围较小，内容比较单一的告知性通知中运用，更多情况下是在单位内部使用。

2. 发布性通知和处理文件的通知，其标题的写法一般有两种。一是完全式。由发文机关或单位、发布（转发或批转）、被发布（被转发或批转）的文件标题和文种四个要素构成。被发布、转发或批转的文书若是法规、规章或重要的文书时，一般应加上书名号。有时由于被发布、转发、批转的公文标题中已有多个"关于"和"的通知"，或者被发布、转发、批转的公文标题已比较长，这时，在拟通知标题时，一般可以保留末次发布（转发或批转）文件机关和始发文件机关，只保留一个"关于"和一个"的通知"字样。如浏阳县人民政府要转发《××市人民政府关于转发〈××省人民政府关于转发卫生部关于农村卫生院建设的意见〉的通知》的通知》，这个标题已有三个层次，用了两个"关于转发"、两个"的通知"，既绕口又费解。可把这个标题简化为《浏阳县人民政府转发〈卫生部关于农村卫生院建设的意见〉的通知》。

省、市两级曾转发过的情况,可在正文中交待清楚。二是省略发文机关或单位式,如《关于印发〈职工考勤实施细则〉的通知》。

(二) 主送机关

主送机关即受文对象,根据实际情况,可以是一个或几个甚至所有的有关单位。普发性通知可以省去主送机关。

(三) 正文

不同类型的通知,其正文写法有所不同。

1. 布置性通知。正文通常包括三个部分。第一部分为引言,说明缘由。引言要简明扼要,抓住要害。第二部分为主体,即通知的具体内容,如果内容比较复杂,则要分条列项陈述。重要的内容要详写,放在前面;次要的内容应尽量简化,放在后面。第三部分为结尾,结尾多提出贯彻执行的要求,如"请遵照执行"、"请认真贯彻执行"等。也有的通知不写结尾,正文完则全文完。

写作布置性通知一定要开门见山,直接叙述,切忌转弯抹角。为使下级机关或单位明白上级机关或单位的意图,有时也可以做一些简要的分析、说理。总的来说,布置性通知的目的在于布置工作任务,要求下级遵照执行,因此在写作时既要说明"办什么事"、"为什么办这件事",又要说明"怎样办这件事"、"什么时候办完这件事",以便受文单位容易理解,方便执行。

2. 知照性通知。这种通知行文的目的是让受文对象了解有关事项,因此正文把事项叙述清楚即可。

3. 会议通知。由文件传递渠道发出的会议通知,正文一般包括会议名称、召开会议的原因与目的、会议议题、会议时间与地点、报到时间与地点、与会人员、与会者需准备的材料、差旅费报销方法、联系单位、联系人与联系方式等,有的通知还附上会议日程安排和会议的有关证件。当然,并非所有的会议通知都必须包括这些事项。会议通知常采用分条列项的方式写作。

4. 任免通知。任免通知的写法最简单,一般在写完任免决定的依据之后,写上任免人员的姓名及职务即可。

5. 发布性通知。这类通知常在标题中用"颁发"、"发布"、"印发"等词语表明其类别。正文主要说明颁发、发布或印发有关规章、制度、办法和标准的依据、目的等,提出贯彻执行所发布的有关规章、制度、办法和标准的时间、要求等。

6. 处理文件的通知。正文包括两个部分,第一部分是批语;第二部分是批转、转发或印发的规章或文件。批语内容比较简单,只要说明批转、转发的文件名称和有关要求即可,如"现将《南京市城乡困难居民医疗救助暂行办法》(宁政发〔2008〕128号)转发给你们,请……",对有些比较复杂的文件,结尾或者对如何实施做具体说明,或者阐述该文件的意义所在等。

(四) 落款

写明成文日期,年、月、日要完整。"〇"不要写成"零"。不必写出发文机关或单位名称,分发文件前盖上发文机关或单位印章即可。

阅读例文1:

洪都市人民政府关于
进一步做好2011年防汛工作的通知

各区县政府,市政府各部门:

防汛抗洪,确保安全度汛,对维护我市社会稳定,促进经济快速健康发展,保障人民生命财产安全具有重要意义。为了进一步做好今年的防汛工作特通知如下:

一、高度重视防汛工作,强化目标责任

我市地处川西水网区,江河渠系密布,每年汛期多有暴雨。各区县政府、市政府各部门一定要高度重视防汛工作,对今年的防汛抗洪工作决不能掉以轻心。要按照国家防总制定的《地方人民政府行政首长防汛工作职责》的要求,强化防汛目标责任。要一级抓一级,一直抓到乡(镇)、村、组,抓到企事业及基层单位。

二、健全防汛组织机构,扎实做好各项准备

各地要认真学习、宣传、贯彻《中华人民共和国防洪法》,健全各级防汛组织机构,保证防汛抢险工作及时到位。市政府防汛指挥部负责领导、组织和指挥调度全市的防汛工作。市和区县防汛办公室是各级政府的防汛办事机构,要配备年富力强、业务熟悉的工作人员,要落实防汛经费,配备必要的通讯、交通工具,逐步完善现代化办公设施。

三、认真做好城市防汛工作,确保人民生命财产安全

城市是防汛的重点,一旦造成洪涝灾害将给国家和人民生命财产带来重大损失,造成巨大社会影响。城区政府要及早做好各项准备工作,克服侥幸麻痹思想,牢固树立水患意识。认真做好排涝管沟的疏掏工作,对低洼易涝地区要落实抢险队伍,安排好人员、物资疏散转移地点和路线。对重点防洪城镇,要按防洪规划大纲要求,完成防洪规划,补充完善特大洪水防御方案。

四、加强河道管理,确保行洪安全

河道管理工作同防汛工作密切相关,搞好河道管理是做好防洪工作的前提。各级政府和水行政主管部门要加大河道管理的力度,规范河道采砂作业,依法办理采砂证,要对采砂业主的采砂总量、范围严加控制,落实采砂业主采砂后对河道的整复责任,严禁将废石弃料堆放在河道内。公安、交通等部门要积极配合水行政主管部门做好河道管理工作。

五、加强军警民配合,共同做好抗洪抢险救灾工作

防洪工作涉及社会面广,各地必须加强领导,统一指挥,协同作战。在防汛工作中,必须坚持局部服从整体的原则,树立"一盘棋"的思想,保证防汛政令畅通。各级政府和防汛指挥部要继续加强与当地驻军警的联系,主动及时通报雨情、水情、灾情,争取支持,加强军警民配合,共同做好防汛抗洪抢险救灾工作。

洪都市人民政府(印章)
二〇一一年三月十一日

例文评析:

　　这是一份布置性通知。标题由发文机关、发文事项和文种三个要素构成;发文事项显现了通知的主旨。主送机关采用规范化的统称。正文开头说明防汛工作的重要意义,即"为什么"。"为了"一句是承上启下的承启语。主体部分采用并列式结构,分五个小标题展开阐述,说明怎样做好防汛工作。叙议结合,说理透彻,语言简洁明了。这份通知事完文止,属于秃尾文。正文的结构模块为:开头(缘由式)→承启语→主体(通知事项,并列式)。落款由发文机关印章和成文日期两个要素构成。

阅读例文2:

关于成立三大国有资产集团有限公司的通知

各镇人民政府,区府各办局,区各直属单位:

　　为探索国有资产运营管理新机制,加快国有资本结构调整,经研究,决定成立××市××区国资发展集团有限公司、××市××区城乡建设集团有限公司、××市××区交通建设集团有限公司等三大国有资产集团有限公司,负责全区城市开发建设、交通道路建设及所有社会事业类项目的融资和建设。

××市××人民政府(印章)
二〇一一年四月十日

例文评析:

　　这是一份知照性通知。标题由发文事项和文种两个要素构成,发文事项显现了通知的主旨。主送机关采用规范化的统称。正文开头两个分句说明发文目的,后面两个分句是主体,前一个分句是通知的事项,后一分句说明三大国有资产集团有限公司的职能。全文内容单一,文字简短,篇段合一,正文为一段式结构。落款由发文机关印章和成文日期两个要素构成。

阅读例文3：

利民木器有限公司
关于召开安全生产工作会议的通知

各分公司，公司各部门：

根据市工业局下发的《关于做好安全生产工作的通知》精神，为做好我公司2012年安全生产工作，经研究，决定召开全公司安全生产工作会议。现将有关事项通知如下：

一、会议时间

2011年12月27日(星期二)，上午9点开始，时间一天。

二、会议地点

公司行政大楼三楼第一会议室。

三、会议内容

1. 传达市工业局安全生产工作会议精神，布置我公司2012年安全生产工作任务，落实公司重点防火单位的措施。
2. 表彰全公司2011年度安全生产先进个人和先进单位(分公司及部门)。
3. 参观第一分公司和公司成品仓库工作现场和安全生产设施。
4. 听取第一分公司、成品仓库等单位关于安全生产工作的经验介绍。

四、参加对象

各分公司、公司各部门负责安全生产工作的负责人，受表彰的2011年度安全生产先进个人(全体)和安全生产先进单位的代表(每单位1人)。

本次会议非常重要，希务必准时参加。

利民木器有限公司(印章)
二〇一一年十二月四日

例文评析：

这是一份会议通知。标题由发文单位、发文事项和文种三个要素构成，事项显现了通知的主旨。主送机关采用规范化的统称。正文开头一句说明召开此次会议的根据和目的，接着用"现将有关事项通知如下"承上启下。主体采用并列式结构，从四个方面叙述会议通知必不可少的四个要素，即会议时间、会议地点、会议内容和参加对象。结尾单独成段，提出务必参加会议的要求。正文的结构模块为：开头(根据式、目的式混合)→承启语→主体(通知事项，并列式)→结尾(希望式)。正文结构完整，会议要素齐全，表述简洁清楚。落款由发文单位印章和成文日期两个要素构成。

项目四　通知的写作　47

阅读例文 4：

利民木器有限公司关于王江楠等同志
职务任免的通知

各分公司、公司各部门：

　　因工作需要，经公司经理办公会议研究决定：

　　司马农任第一分公司经理。

　　王太伟任第三分公司经理。

　　李国敏任财务科科长，免去公司办公室主任职务。

利民木器有限公司（印章）
二〇一一年十一月七日

例文评析：

　　这是一份任免通知。标题由发文单位、发文事项和文种三个要素构成，事项显现了通知的主旨。主送机关采用规范化的统称。正文开头一段写发文缘由，第二段至第四段是通知的主体，采用并列式结构——叙述。通知事完文止，没有结尾。任免通知是通知中最简洁、短小的一种类型。落款由发文单位印章和成文日期两个要素构成。

阅读例文 5：

关于印发《浦口区国有土地上房屋征收补助
价格、奖励标准》的通知

各镇人民政府，区府各办局、各直属单位：

　　根据国务院令第 590 号《国有土地上房屋征收与补偿条例》精神，现将《浦口区国有土地上房屋征收补助价格、奖励标准》印发给你们，本《通知》自发布之日起施行，发布之日至 2011 年 7 月 1 日期间，参照本《通知》相关标准执行。在此之前已领取房屋拆迁许可证并已实施拆迁的项目，补助价格标准仍按原规定执行。

　　附件：浦口区国有土地上房屋征收补助价格、奖励标准

南京市浦口区人民政府（印章）
二〇一一年四月十六日

例文评析：

　　这是一份发布性通知。标题由发布的事项和文种两个要素构成，发布事项显现了通知的主旨。主送机关用规范化的统称。正文开头提出发布《浦口区国有土

地上房屋征收补助价格、奖励标准》(以下简称《标准》)的依据,接着说明施行的日期以及处理一些问题的时限。事完文止,没有结尾。全文篇段合一,为一段式结构。印发的《标准》要全文附在文件的后面,正文结束时把《标准》的标题用附件的形式写出来。落款由发文机关印章和成文日期两个要素构成。

阅读例文6：

关于批转区水利局
《浦口区2011年水利工程汛前检查报告》的通知

各镇人民政府,区府各办局,区各直属单位：

现将区水利局关于《浦口区2011年水利工程汛前检查报告》批转给你们。请结合本地实际,针对汛前检查中存在的问题,迅速采取有效措施,认真整改落实到位,确保安全度汛。

附件：浦口区2011年水利工程汛前检查报告

南京市浦口区人民政府(印章)
二〇一一年三月二十五日

例文评析：

这是一份处理文件的通知,为南京市浦口区人民政府批转该区水利局的一份报告。按照行文规范,区水利局无权将该报告发至该区"各镇人民政府,区府各办局,区各直属单位"。但是报告内容十分重要,需要以上所有机关和单位知晓,并根据报告的内容做好防汛准备工作。水利局的报告经过区人民政府批准转发后,该报告实际已提升为区政府级文件,加大了指导性和贯彻的力度。

这份通知的标题由发文机关、发文事项和文种三个要素构成,事项显现了通知的主旨。主送机关用规范化的统称。正文第一句是开头,以引语为主,说明发文依据。第二句是主体,向受文机关或单位提出做好防汛工作的要求。事完文止,没有结尾。全文篇段合一,为一段式结构。转发的报告要全文附在文件的后面,因此在正文结束时要把报告的标题作为附件写出来。落款由发文机关印章和成文日期两个要素构成。

> 小贴士：写作通知要注意的问题
>
> 1. 通知的事项要具体、切实可行。如布置性通知提出的事项,任务要明确,措施要具体,完成时间要清楚,有无检查考核环节要说明。总之,要有较强的可操作性,以便于下级机关或单位贯彻执行。

> 2. 主题集中，一文一事。为了使通知的事项能够迅速地被贯彻执行，一份通知只能说明一个事项，布置一项工作，不要头绪纷繁，涉及多个事项。

技能训练

一、分析通知的写作结构，根据提供的材料写作通知

"一定要把知识和实践结合起来"，"不断学，不断练，才能养成好习惯，才能真正得到本领。"（叶圣陶《认真学习语文》）通知在行政文书中使用频率之高，是首屈一指的。通知是本课程重点学习的文种之一。

分析与写作1：

布置性通知是上级主管机关或单位用来指导和安排工作的重要工具。××市外商投资企业联合年检办公室，2010年要开展一次外商投资企业联合年检工作。请为该办公室撰写一份布置该项工作的通知。

互动与交流：

1. 标题应该怎样拟定？怎样在标题中显现主旨？
2. 主送机关或单位怎样写？开头适合采用哪种形式？
3. 主体部分可分为几段来写？必不可少的要素有哪些？
4. 全文的结构模块怎样安排？
5. 落款要注意哪些问题？

写作例文：

关于开展2010年××市外商投资企业
联合年检的通知

市外商投资企业联合年检办公室成员单位：

外商投资企业联合年检是政府转变监管方式、改善投资环境的一项举措，是全面掌握外商投资企业存续状况、服务政府决策的工作平台。根据《关于对外商投资企业实行联合年检的实施方案的通知》（外经贸资发〔1998〕938号），为更好地落实商务部、财政部、税务总局、工商总局、统计局、外汇局等六部门《关于开展2010年外商投资企业联合年检工作的通知》（商资函〔2010〕101号）精神，现就做好2010年全市外商投资企业联合年检工作通知如下：

一、2010年3月1日至6月30日为外商投资企业联合年检办公时间。凡

2009年12月31日前在我市登记注册设立的外商及台港澳侨投资企业都必须申报联合年检。

二、我市外商投资企业联合年检部门将包括市外经贸局、财政局、国税局、地税局、工商局、统计局,国家外汇管理局江苏省分局。××市外商投资企业联合年检办公室设市外经贸局,负责协调全市外商投资企业联合年检工作。

三、参加联合年检的企业登录《全国外商投资企业网上联合年检系统》和根据《××市工商局2009年度外商投资企业网上年检工作方案》登录工商网上年检系统申报相关材料,外经贸、财政、国税、地税、统计、外汇等六部门参与《全国外商投资企业网上联合年检系统》中的资料审核,工商部门单独审核工商网上年检系统中的资料。网上初审合格后,企业携材料到外经贸和工商等部门进行现场审验,办理年检合格手续。

四、联合年检各部门要严格按《通知》和《2010年××市外商投资企业联合年检须知》要求,立足本职,依法行政,各司其职,在工作中加强协调和配合,周密部署,精心组织,切实采取有效措施,加大宣传力度,努力提高企业的参检率;要加强对政府部门和企业联合年检工作人员的培训,切实提高年检人员的业务水平,确保年检工作顺畅高效进行,高质量完成联合年检工作。

五、对不申报年检、未如实申报年检情况或在生产经营活动中存在违法、违规行为的企业,联合年检各部门要按照各自职能依法处理。对不申报年检、未如实申报年检情况或在生产经营活动中存在违法、违规行为的企业,联合年检各参检部门将按照各自职能依法处理。

对于2008年7月1日以后出资期限到期且首期出资已经缴付的依法经营、资金紧张无法按期出资的企业,依企业申请继续允许延长出资期限至2010年底。对于受国际金融危机影响,企业成立后超过6个月未开业,或者开业后自行停业连续6个月以上的,允许其延续至2010年底。

六、加强企业服务,鼓励有条件的区、县、开发区集中企业、统一填报联合年检报告书。

七、6月30日全市外商投资企业联合年检工作结束后,各单位要加强对年检数据的统计分析,充分利用联合年检的信息资源和数据,深入分析外商投资企业运营情况,年检工作结束后形成分析报告上报,并供领导决策参考。

附件:1. 2010年××市外商投资企业联合年检须知
    2. ××市外商投资企业联合年检办公室成员单位联系方式
    3. ××市工商局2009年度外商投资企业网上年检工作方案

××市外商投资企业联合年检办公室(印章)
二〇一〇年三月十五日

例文评析：

　　这是一份布置性通知。标题由发文事项和文种两个要素构成,发文事项显现了通知的主旨。主送机关因涉及单位很多,故采用规范化的统称。正文开头一段说明联合年检的缘由和政策依据,最后一个分句承上启下。主体部分采用并列式结构,分七个小标题展开阐述,包括年检的意义、年检时限、主管单位、年检方式、填报表格以及不按时参加年检的处罚等。叙议结合,简洁明了。这份通知事完文止,属于秃尾文。正文的结构模块为:开头(缘由式)→承启语(承上启下)→主体(通知事项,并列式)。这份通知还有一个特点,就是附件多,这与年检这项工作特别是与网上年检的方式有一定关系。落款由发文机关印章及成文日期两个要素构成。

分析与写作2：

　　为加强劳动纪律,保障工作的正常运行,飞天机轮制造有限公司最近制定了《员工考勤实施细则》。请为该公司撰写一份向公司各部门公布这份《员工考勤实施细则》的通知。

互动与交流：

1. 选用哪一种类型的通知最合适?
2. 标题包括哪几个要素?主旨如何表现?
3. 主送机关或单位怎样写?开头最好采用哪一种形式?
4. 主体部分可分为几段来写?哪一个要素不可缺少?
5. 结尾有哪些要求?全文的结构模块怎样安排?

写作例文：

关于印发《员工考勤实施细则》的通知

公司各部门：

　　为加强劳动纪律,保障生产的正常运行,公司制定了《员工考勤实施细则》,现印发给你们。请接到通知后,立即做好宣传解释工作,以保证该细则的顺利贯彻执行。

　　附件:员工考勤实施细则

飞天机轮制造有限公司(印章)
二〇一一年六月十六日

例文评析：

　　这是一份发布性通知。标题由发布的事项和文种两个要素构成,事项显现了通知的主旨。主送机关用规范化的统称。正文开头两个分句说明发文的目的,接着一个分句说明通知的主旨。最后一句提出贯彻执行的要求。事完文止,没有结尾。全文篇段合一,为一段式结构。正文结束时把《员工考勤实施细则》的标题用附件的形式写出来。落款由发文单位印章和成文日期两个要素构成。

分析与写作3:

天力化工总公司,根据滨江市工业局下发的《关于做好安全生产工作的通知》精神和年初市工业局召开的安全生产工作会议要求,拟于2012年1月20日在总公司第一会议室召开全公司安全生产工作会议,时间一天。会议内容为传达市工业局安全生产工作会议精神,布置和落实该公司安全生产工作任务和措施,表彰2011年度安全生产先进集体和先进个人,参观第二公司安全生产工作现场等。参加对象为各公司和总公司各职能部门负责人、全体受表彰的2011年度安全生产先进个人。请根据以上材料,替天力化工总公司撰写一份实施该项工作的通知。

互动与交流:

1. 选用哪一种类型的通知最合适?
2. 怎样用标题显现通知的主旨?
3. 主送机关或单位怎样写?开头最好采用哪一种形式?
4. 主体部分可分为几段来写?
5. 全文的结构模块是怎样的?
6. 落款有哪些要求?

二、综合测试

(一) 填空

1. 通知具有使用范围的_____、行文方向的_____、内容的_____和事项的可操作性等特点。
2. 主送机关可以是一个或几个甚至所有的有关单位,_____性通知可以省去主送机关。
3. 会议通知必不可少的四个要素是_____、_____、_____和会议参加对象。
4. 写作_____通知一定要开门见山,直接叙述,切忌转弯抹角。

(二) 解释名词

1. 布置性通知
2. 告知性通知
3. 发布性通知

(三) 简答

1. 发布性通知和处理文件的通知,其标题的写法有几种形式?

2. 写作通知要注意哪些问题？

(四) 改错

下列通知中有错误，请从通知的文种特点、写作结构、语言表达、字体等方面找出其中的错误并加以改正：

×××电器有限公司紧急通知

×××冰箱"万人空巷抢×××"活动自接受预定以来，市民参与认购的火爆程度超出我们的预料，为了避免产品和赠送礼品出现断档，以便全面保证消费者享受到本次特惠活动，现做出如下紧急决定：

1. 紧急从北方各生产基地调拨高效能冰箱 5 万台，保证产品不断货。

2. 紧急采购促销品 5 万套，保证全省各售点赠品均不断档。

3. 为了让消费者充分享受到本次活动，×××电器有限公司特推出"认筹"活动，凡活动期间认购指定产品者均可直接领取精美礼品一份，如不购机无需退还礼品。

全市现已预定 13 928 台，倒计时 4 天。

×××电器有限公司
二零一零年四月十三日

项目五　通报的写作

项目目标

一、知识点
1. 通报的含义和用途
2. 通报的特点
3. 通报的分类
4. 通报的结构和写法
5. 写作通报要注意的问题

二、技能要求
1. 能够分辨通报的类型
2. 能够根据提供的材料写作不同类型的通报

任务导向

一、通报的含义和用途

(一) 通报的含义

《国家行政机关公文处理办法》规定：通报适用于表彰先进，批评错误，传达重要精神或者情况。

(二) 通报的用途

通报属于下行文，主要用于宣传教育和通报信息。表扬一般性质的好人好事，批评一般性质的错误，适用于发内部简报。如果先进事迹具有典型意义，错误性质比较严重，通常采用通报形式进行嘉奖或惩戒。告知下级机关或单位某信息或执行某事项，一般用通知，如果要在较大范围内传达重要精神或者情况，通报的效果会更加好一些。

二、通报的特点

(一) 内容的针对性

通报的内容要有较强的针对性,写入通报的内容应是具有典型意义的事件和人物,或者具有普遍意义的重要情况,不宜滥发通报。

(二) 行文的时效性

通报所涉及的事实比较具体,有特定的发生时间、地点等,通报中反映的典型事件与当时的情况或普遍存在的问题和现象必然有着密切的联系。先进事迹、典型经验以及重要情况,只有及时通报才能更好地推广,更好地发挥作用。坏人坏事、反面典型,只有及时通报,才能起到警示和教育作用,以杜绝今后类似事件的发生。因此通报应该及时制发,注重时效性,才能达到行文的目的。

(三) 作用的双重性

通报具有两个作用：一是教育作用。通报表彰先进,批评错误,目的在于树立学习榜样或者提供反面教材以资借鉴,使受众能够总结经验,吸取教训,思想上得到教益。二是交流作用。通报传达重要精神和重要情况,目的在于上传下达,加强上下级之间、部门之间的相互交流,共享信息,促进工作。

三、通报的分类

(一) 表彰性通报

表彰性通报指表彰具有典型意义的先进事迹和好人好事的通报。

(二) 批评性通报

批评性通报指批评能普遍产生警示作用的单位和个人的通报。

(三) 情况通报

情况通报指传达重要精神或重要情况,起到交流情况、沟通信息,以促进工作的通报。

四、通报的结构和写法

通报由标题、主送机关或单位、正文和落款四个部分组成。

(一) 标题

通报的标题有三要素的,即由发文机关或单位、发文事项和文种构成,如《江山铜材铜线总公司关于线材公司重大安全责任事故的通报》。也有两要素的,由发文事项和文种构成,如《淮阳市2011年住房公积金情况通报》。还有省去发文机关和发文事项,只写"通报"二字的。

(二) 主送机关或单位

通报的主送机关或单位一般是发文机关或单位的下属机关或单位。有些普发性的通报可以省略发文机关或单位。

(三) 正文

不同类型的通报,正文的写作内容各不相同。

1. 表彰性通报。正文的内容首先是叙述先进事迹,包括时间、地点、人物、事迹、结果等。其次写对先进事迹的分析、评价,指出其典型意义,或概括主要经验。再次写表彰决定。最后提出希望或发出学习号召。

2. 批评性通报。正文的内容首先叙述事故或错误事实的经过情况,包括时间、地点、事故及其后果等。其次写对事故或错误的分析评议,分析事故或错误发生的原因,指出其性质和危害。再次写处分决定。最后写应当吸取的经验教训,有的放矢地提出希望和要求。

3. 情况通报。通常包括概述情况、分析情况和针对情况提出希望和要求三项内容。

(四) 落款

落款只写成文日期,最后盖上发文机关或单位印章即可。落款虽然不需要写出发文机关或单位名称,但是学习者在练习写作时还是要写的,只是要求在发文机关或单位名称后加上"(印章)"二字。这样做,一是加深学习者印象,盖上发文单位印章的公文才有法律效力;二是表示公文不需要写出发文机关或单位名称,只要盖上印章即可。

此外,普发性的通报可以不写主送机关。例如下面的表彰性通报和情况通报就没有写主送机关。

阅读例文1:

中共淮西县委员会、淮西县人民政府关于表彰共青团淮西县委员会的通报

今年以来,团县委紧紧围绕县委、县政府中心工作,坚持把"突出招商引资,推进青年创业"作为团建工作的主题,以首届十大青年创业精英评选活动为抓手,全方位、多层次、宽领域地开展创业宣传工作,积极营造发展氛围,弘扬创业精神,经过团县委的精心组织、周密安排,整个活动取得了圆满成功,在全社会特别是在广大团员青年中产生了良好的社会反响。不少共青团干部带头到县外招商引资,带头在县办工业园投资办厂,积极投身于全县的经济建设活动,收到了明显成效。为此,县委、县政府决定:对认真组织首届全县十大青年创业精英评选活动并取得突出成绩的团县委予以通报表彰。

2011年,是实施"十二五"规划的第一年,也是我县工业经济发展的提速年和招商引资、项目建设的攻坚年以及改制创新的深化年。县委、县政府希望各级各部

门认真学习团县委的大局意识,紧贴县委、县政府的中心工作,谋划事业的发展,在"坚持一主三化,构建四大格局"中建功立业;学习他们对工作极端负责的工作态度,在服务大局中开拓创新,不断推进全县经济又好又快地发展;学习他们扎实苦干的工作作风,敢于面对困难,勇于克服困难,忘我工作,为实现我县经济跨越式发展作出积极的贡献!

县委、县政府希望团县委认真总结这次评选活动的经验,在带领全县广大团员青年创业中,再接再厉,再立新功。

(印章)(印章)
二〇一一年十二月九日

例文评析:

这是一份由中共淮西县委员会、淮西县人民政府联合制发的表彰性通报。标题由发文机关、发文事项和文种三个要素构成,发文事项显现了通报的主旨。因发放范围较广,受文单位较多,故省略主送机关。正文第一段叙述该县团县委在"突出招商引资,推进青年创业"方面的先进事迹,段末写县委、县政府决定给予其通报表彰,显现通报的主旨。第二段号召全县各级各部门认真学习团县委的大局意识、建功立业精神。第三段是结尾,鼓励团县委再接再厉,再立新功。正文的结构模块为:概述先进事迹→决定给予表彰→号召全县人民学习→对受表彰者提出希望。本通报用第一人称写作,材料真实,主题鲜明,层次清楚,树立了先进典型,具有指导意义。正文采用递进式结构。落款由发文机关印章和成文日期两个要素构成。

阅读例文2:

关于给予章黄区前摆中学违规办学处分的通报

各区县教育局:

章黄区前摆中学课程安排和考试检测问题在我市"违规办学行为曝光台"曝光后,章黄区教育局高度重视,立即进行了调查处理。经查,曝光的问题基本属实,前摆中学违反国家课程设置要求,对九年级考试学科增加了课时,非考试学科减少了课时;在2010—2011学年度上学期八年级的期末质量检测中,按照考试成绩给学生排名并公布。根据查实的问题,章黄区教育局对该校及负责人作出了严肃处理。对前摆中学校长马程智给予行政警告处分,并建议对前摆中学予以市级规范化学校黄牌警告处分,进行为期一年的整改。

为进一步严肃纪律,经研究,市教育局决定对章黄区前摆中学予以市级规范化学校黄牌警告处分,进行为期一年的整改。希望各区县教育局认真学习市教育局对违规办学行为坚决查处、严肃处理、认真整改的态度,进一步提高认识,采取切实有效措施,扎实做好"违规办学行为曝光台"所曝光问题的调查处理工作,实事求是地进行查处反馈,不断加大监控督查力度,严格规范学校办学行为。各区县对"违规办学行为曝光台"反映问题的查处意见在作出决定前应征求市教育局的意见,坚决纠正避重就轻、敷衍塞责的错误做法。

滨海市教育局(印章)
二〇一一年五月二十五日

例文评析:

  这是一份批评性通报。标题由发文事项和文种两个要素构成,发文事项显现了通报的主旨。主送单位采用规范化的统称。正文第一段概述章黄区前摆中学违反国家课程设置要求,违规办学的事实,以及该校所在地区教育行政管理部门查处的情况。第二段先写滨海市教育局对章黄区前摆中学违规办学给予其市级规范化学校黄牌警告处分。再向各区县教育局提出希望:对违规办学行为要坚决查处,严肃处理,认真整改。最后要求各区县教育局在查处违规办学作出处理决定前,要先征求市教育局的意见。正文的结构模块为:概述违规办学事实和所在地教育局查处的情况→决定给予黄牌警告处分→对各区县教育局提出希望→对各区县教育局查处违规办学问题提出要求。正文用第一人称写作,采用的是递进式结构。落款由发文机关印章和成文日期两个要素构成。

阅读例文3:

××市2011年住房公积金情况通报

  根据国务院《住房公积金管理条例》和《××市住房公积金管理条例》规定,经××住房公积金管理委员会同意,现将××市2011年住房公积金情况向社会通报如下:

  一、工作概况

  2011年,在市委、市政府的领导下,按照住房公积金管理委员会的决策,住房公积金管理中心紧紧围绕年度工作目标,克服困难、奋发进取,通过政策宣传、催建催缴、创新体制、检查执法等措施加大归集扩面,积极发放贷款,支持广大职工改善住房条件,为推进我市"住有所居"事业做出了贡献。

  二、住房公积金归集和提取情况

  2011年全市归集住房公积金100.27亿元,完成市政府下达年度任务(82亿元)的122.28%,比2010年增长23.09%;新增缴存单位19066家,比2010年增长819.73%。

  2011年,全市提取住房公积金48.18亿元,占当年归集额的48.05%,比2010

年增长2.70%,其中:购建住房和还贷等提取36.77亿元,离退休和离开本市等销户提取11.41亿元。

至2011年底,全市累计归集住房公积金598.29亿元(含息),提取住房公积金297.1亿元,住房公积金余额301.19亿元。

至2011年底,全市有42 493个单位、230.90万职工建立了住房公积金制度。

三、住房公积金贷款发放和回收情况

2011年,全市发放住房公积金贷款14 924户,金额36.76亿元,完成市政府下达年度任务(35亿元)的105.03%;回收贷款2 497 048笔,金额30.39亿元。

至2011年底,全市累计发放住房公积金贷款255 669户,金额449.6亿元,回收贷款218.98亿元,住房公积金贷款余额230.62亿元。

通过加强管理,住房公积金贷款逾期率为0.11‰,比2010年下降了0.02个千分点。

四、增值收益及分配情况

2011年实现住房公积金增值收益1.85亿元。根据国家有关规定进行了分配:从增值收益中安排1.11亿元作为住房公积金贷款风险准备金,安排0.39亿元作为城市廉租住房建设补充资金。

2011年从住房公积金业务收入中支付全市缴存职工住房公积金利息6.14亿元。

××市住房公积金管理委员会办公室(印章)
二〇一二年一月二十日

例文评析:

这是一份住房公积金年度情况的通报。标题由发文事项和文种两个要素构成,发文事项显现了通报的主旨。因受文对象较多,发放范围较广,故略去主送机关。正文开头第一个分句说明通报的根据,第二个分句说明经授权而发布通报,第三个分句是承上启下的承启语。主体部分采用并列式结构,分四个小标题围绕住房公积金的管理情况、归集和提取情况、贷款发放和回收情况、增值收益及分配情况展开叙述,数字具体、客观,有比较,有分析,层次清楚,主题鲜明,语言直白。正文事完文止,没有独立的结尾,也没有写希望和要求之类的内容,为秃尾文。正文的结构模块为:开头(根据式)→承启语→主体(通报事项,并列式)。这份通报采用第三人称和横式结构(并列式)写作,情况通报多用横式结构写作。落款由发文机关印章和成文日期两个要素构成。

> 小贴士：写作通报要注意的问题
> 1. 叙述典型事实要准确、平实、简明。
> 2. 讲究时效性，及时行文。
> 3. 对事项的分析、评议要上升到较高的层面来认识，切忌就事论事。
> 4. 通报的决定事项不能与事实、政策相抵触。

技能训练

一、分析通报的写作结构，根据提供的材料写作通报

宋代大文学家欧阳修曾说过："无它术，唯勤读而多为之，自工。"（《东坡志林》）多开展写作实践活动，是学习写作通报的最好方法。

分析与写作 1：

休宁县西海针织品有限公司总经理秘书张云峰（男，36岁）交通安全意识淡薄，酒后驾车，高速行驶，酿成了一起二死二伤的重大恶性交通事故，给国家和人民生命财产造成了重大损失。为从这一重大恶性交通事故中吸取教训，引以为戒，休宁县人民政府办公室及时制发了一份通报。

互动与交流：
1. 以上材料应该写成哪一种类型的通报？
2. 标题怎样写才能显现通报的主旨？
3. 开头宜采用哪一种方式？主体宜采用什么结构方式？结尾应该怎样写？
4. 正文的结构模块是怎样的？
5. 落款有哪些要求？

写作例文：

关于西海针织品有限公司职工酿成
重大恶性交通事故的通报

各镇、乡人民政府，县各委办局，各总公司：

据县公安局交警大队报告：2010年4月20日晚7时许，西海针织品有限公司总经理秘书张云峰（男，36岁）擅自将本公司新购进的别克牌轿车开出单位。当张以每小时100公里的速度自西向东行至环城路十字路口时突遇红灯，由于张是醉酒驾车，精神恍惚，加之车速过快，来不及采取制动措施，与捷达出租汽车公司一辆由南往北正常通过路口的大众牌出租汽车相撞，致使出租车司机和一名女乘客当场死亡,另一名女乘客受重伤。张云峰本人受重伤,别克轿车严重损坏,大众出租汽车报废。

这起重大恶性交通事故,给国家和人民生命财产造成了重大损失。县人民政府已责成县公安局会同有关单位和部门严肃查处事故责任者,并做好善后处理工作。希望全县各单位都要从这一重大恶性交通事故中吸取教训,引以为戒。当前,春季旅游已进入旺季,全县交通流量不断加大。为确保我县交通秩序,下大力气减少交通事故,县政府提出以下要求:

一、各单位要立即组织所有汽车驾驶人员认真学习本通报的内容,从中吸取教训,并组织驾驶人员联系本单位和本人行车实际,排查车辆隐患,整顿行车纪律,增强法制观念。尤其是对酒后驾车、超速行驶和抢道行驶的驾驶员,要加强安全教育,并依法严肃处理。

二、要严格履行交通安全责任追究制度。(略)

三、对干部、职工普遍进行一次交通安全教育。(略)

休宁县人民政府办公室(印章)
二○一○年四月二十七日

例文评析:

这是一份情况通报。标题由发文事项和文种两个要素构成,发文事项显现了通报的主旨。主送机关为规范化的统称。正文开头第一段简要叙述重大恶性交通事故的基本情况,重点是写该起重大恶性交通事故造成的怵目惊心后果。第二段先给这次交通事故定性为"重大恶性交通事故",指出其后果严重,"给国家和人民生命财产造成了重大损失"。接着提出处理原则,要求全县各单位引以为戒。段末一句承上启下,对交通安全问题提出要求。第三段至第五段承上文,采用并列结构阐述了三点要求。事完文止,没有独立的结尾。正文的结构模块为:开头(概述事故情况和后果,递进式)→主体(给事故定性,提出处理原则和引以为戒的要求,递进式)→承启语→主体(预防事故的要求,并列式)。这份通报的结构较为复杂,递进式、并列式混合使用,叙事清楚,先叙后议,叙议结合,主题鲜明,语句通顺。落款由发文机关印章和成文日期两个要素构成。

分析与写作2:

在2011年教育部、人力资源和社会保障部、工业和信息化部、住房和城乡建设部、交通运输部、农业部、文化部、卫生部、国务院扶贫办、中华全国总工会、共青团中央等16个部门共同举办的全国职业院校技能大赛上,山东省代表团获得27个一等奖、35个二等奖、36个三等奖,团体总分列全国第四名,荣获团体二等奖,充分展示了该省职业教育良好的精神风貌和教育教学水平,为该省职业教育争得了荣誉。为了激励参赛单位和个人积极进取、改革创新、再创佳绩,经省人力资源社会保障厅同意,决定对参加全国职业院校技能大赛作出突出贡献的单位和个人进行表彰奖励。给××市教育局记集体二等功。给××市教育局副局长张天成、××市职业技术教育教学研究室主任林鸿飞、×××市职业技术教育教学研究室主任刘振东、××商业学校校长柳建设、××交通职业中等专业学校校长李大庆5人记个人二等功。山东省教育厅希望受表彰的单位和个人再接再厉,不断取得新的成绩。全省各级要认真学习他们争先创优的精神,认真贯彻落实《山东省中长期教育改革和发展规划纲要(2011—2020年)》,大力发展职业教育,加强职业教育基础能力建设,积极推进教育教学改革,提高职业教育发展水平,为加快经济文化强省建设、实现富民强省新跨越作出积极贡献。请根据以上材料,替山东省教育厅撰写一份通报。

互动与交流:

1. 以上材料应该写成哪一种类型的通报?
2. 该通报的主旨应该在标题哪一个要素中显现?
3. 开头、主体、结尾的表达方式各有什么特点?
4. 正文的结构模块是怎样的?
5. 落款要不要署名?

分析与写作3:

2010年10月19日(星期日),中国工商银行福陵市城北支行第一分理处组织职工到市外参观象山纪念馆等地。当晚10时左右,在前往南郊宾馆住宿途中,该行职工乘坐的大客车翻入路边湖中,造成3人死亡、2人重伤的特大交通事故。事故发生之后,市政府和有关部门领导以及中国工商银行福陵市城北支行的领导立即赶赴现场组织抢救,做好伤员的安抚工作和死者的善后工作。福陵市城北支行还抽调人员到第一分理处顶班上岗,保证了该分理处第二天的正常营业。为防止此类事故再次发生,福陵市政府提出,目前正值秋游季节,人员外出活动增多,要求各部门、各单位一定要从"10.19"事故中汲取教训,高度重视交通安全工作,增强交通安全意识,尽量不要组织职工到外地长途旅游,组织到市郊秋游也要注意安全。在组织活动前,要对全体参加活动人员进行安全、卫生、交通和组织纪律教育,做好严密的组织工作,落实各项安全措施和岗位责任制,对所使用的交通工具要严格检查,坚决制止无照驾驶、超员运行,消除事故隐患。请根据以上材料,替福陵市人民政府撰写一份通报。

互动与交流:

1. 以上材料应该写成哪一种类型的通报?

2. 标题一般包含几个要素？标题中显现主旨的是哪一个要素？
3. 开头、主体、结尾的表达方式和结构怎样安排？
4. 正文的结构模块有什么特点？

二、综合测试

（一）填空

1. 报告具有内容的_____、行文的_____和作用的_____三个特点。
2. 批评性通报的正文首先要叙述事故或错误事实的经过情况、_____、_____、事故及其_____等。
3. 情况通报的正文包括概述_____、分析情况和针对情况提出_____和_____三项内容。

（二）名词解释

1. 表彰性通报
2. 批评性通报
3. 情况通报

（三）简答

1. 通报有哪些作用？
2. 表彰性通报的正文通常要写哪些内容？

（四）阅读分析

模仿任务导向例文的评析方式，对下面这份通报作出全面评析：

关于表彰二〇一〇年度
征兵工作先进单位和先进个人的通报

2010年××县征兵工作，以党的十七大精神和科学发展观为指导，以《兵役法》《征兵工作条例》为依据，在市委、市政府和南京警备区的坚强领导和精心指导下，圆满完成了年度征兵任务。在征兵过程中，涌现出了一批先进单位和先进个人，为表彰先进，激励典型，经研究，决定对县公安局等12个单位和张友生等10名个人予以通报表彰。

希望受表彰的单位和个人珍惜荣誉，再接再厉，为全县征兵工作再创佳绩；全县各级各部门要以先进为榜样，学习先进，赶超先进，为切实做好新形势下征兵工作，推动全县基本现代化建设作出新的更大的贡献。

附件：2010年度全县征兵工作先进单位和先进个人名单

（印章）
二〇一一年九月二十九日

项目六　通告的写作

项目目标

一、知识点
1. 通告的含义和用途
2. 通告的特点
3. 通告的分类
4. 通告的结构和写法
5. 写作通告要注意的问题

二、技能要求
1. 能够分辨不同类型的通告
2. 能够根据提供的材料写作相应类型的通告

任务导向

一、通告的含义和用途

(一) 通告的含义

《国家行政机关公文处理办法》规定：通告适用于公布社会各有关方面应当遵守或者周知的事项。

(二) 通告的用途

通告是泛行文，通告的内容十分广泛，使用也比较普遍。

二、通告的特点

(一) 发文单位的基层性

基层党政机关、企事业单位和社会团体都可以发布通告。

(二) 内容的业务性

通告发布的内容多是业务性的、局部性的，针对性较强。如地区电信部门发布切换升级通信系统的通告,只针对某些用户。

(三) 受众的区域性

通告的执行具有区域性,如自来水公司发布的停水通告、社区居民委员会发布的禁止住宅小区养鸡的通告,覆盖区域仅局限于辖区内的单位和人群。

(四) 执行的强制性

通告覆盖区域内的所有单位和人群都应无条件地遵守通告的有关规定,否则将会受到批评或处罚。如交通管制的通告,凡违反通告规定者就会受到批评和处罚。

三、通告的分类

(一) 告晓性通告

指公布让有关单位和个人周知某些事项的通告。如停电、停气、定期免费安装有线电视等事项的通告。

(二) 办理性通告

指公布要求有关单位和人员需要办理事项的通告。要求办理的多为登记、注册、年检等事项。

(三) 禁管性通告

指公布一些令行禁止类事项的通告。如严禁酒后驾车、查禁违禁物品一类的事项。

四、通告的结构和写法

通告由标题、主送机关或单位、正文和落款四个部分组成。

(一) 标题

通告的标题有四种写法:

1. 由发文机关或单位、发文事项和文种三个要素构成的标题,如《中国银行江苏省分行关于清理长城人民币信用卡"四零账户"的通告》。

2. 由发文机关或单位和文种构成的两要素标题,如《苏州市自来水公司通告》。

3. 由发文事项和文种构成的两要素标题,如《关于调整延伸603W公交线路的通告》。

4. 直接用文种做标题,如《通告》。

(二) 主送单位

通告是普发性的行政公文,内容是面向大众的,一般不写主送单位。只有在读者对象具体或性质单一的情况下才写主送单位或读者对象。

(三) 正文

通告的正文通常由发文缘由、发文事项和结束语三部分构成。缘由,即发此通告的原因、根据。事项,即通告的具体事项或规定。内容比较单一的通告可不分条写;内容比较多的通告,要分条列项地写。有的通告有结束语,如在结尾提出希望或要求;或者用"特此通告"惯用语强调以引起注意。有的通告事项写完即结束,不再写结束语。

(四) 落款

通告的标题中已出现发文机关或单位名称,并在标题下写明日期的,就不必再落款。如果标题中没有出现发文机关或单位名称,标题下也没有成文日期的,落款处必须写明发文机关或单位名称以及成文日期。

阅读例文 1:

中国工商银行股份有限公司江苏省分行通告

尊敬的客户:

我行将于 2009 年 4 月 19 日凌晨对系统进行升级。4 月 19 日凌晨 3:00 至 7:30 期间,电话银行将转入人工服务;4 月 19 日 0:30 至 7:30 期间,网上银行系统停止服务;4 月 19 日凌晨 3:00 至 6:00 期间,将不能办理我行 ATM 存取款机、POS、多媒体自助终端、电话银行、银联系统等所有业务;4 月 19 日凌晨 3:20 至 5:40 期间,信用卡(包括国际贷记卡、贷记卡和准贷记卡)跨行 ATM 取款、跨行 POS 消费可以受理,请您提前做好安排。

在此期间如有疑问,或遇紧急挂失情况,可以通过拨打 95588 进行办理。

感谢您对我行工作的支持和理解,由于我行系统升级给您带来的不便,敬请谅解。

中国工商银行股份有限公司江苏省分行(印章)
二〇〇九年四月十六日

例文评析:

这是一份告晓性通告。标题由发文单位和文种两个要素构成。受文者虽人数众多,但性质单一,这里用统称。由于系统升级会给部分顾客带来短暂的不便,故用语礼貌谦敬。正文开头第一句说明缘由。接下来是主体部分,叙述不同的时段将会出现什么情况,让不同的客户提前知道情况,做好安排。第二段也是主体,说明紧急情况下的联系方式。第三段是结尾,以谦敬语结束全文。正文的结构模块为:开头(缘由式)→主体(叙述系统升级的有关事项,递进式)→结尾(说明式)。该通告采用第一人称写法,表达清晰,语言简明、得体。落款由发文单位印章、成文日期两个要素构成。

阅读例文 2：

中国银行江苏省分行
关于清理长城人民币信用卡"四零账户"的通告

为响应政府建设节约型社会的号召，节约银行资源，提高系统效率，为广大市民提供更加优质、快速的服务，我行决定对长城人民币信用卡"四零账户"进行清理即销户。现将有关事项通告如下：

一、清理范围

长城人民币信用卡"四零账户"（以下简称"四零账户"）指该账户余额（借、贷方）和利息（应收、应付）均为零的长城人民币信用卡账户。

二、清理条件

截至 2009 年 5 月 31 日，长城人民币信用卡已过有效期且符合上述"四零账户"清理范围的长城人民币信用卡账户。账户清理后，所持长城人民币信用卡将无法继续使用。

三、通告期限

本通告自 2009 年 4 月 21 日发布，通告期为 30 天。如客户持有符合上述清理范围、条件的我行长城人民币信用卡并希望继续使用的，请在 2009 年 5 月 21 日前，前往我行网点办理换卡手续，以避免账户被清理，造成不必要的麻烦。如客户不再需要使用该账户，请尽快主动办理销户手续，以规避有关风险。否则，我行将会在通告期结束后，集中对尚未销户的"四零账户"进行批量清理。办理换卡或销户时，请持卡人携带本人身份证件和过期信用卡片，在营业时间内前往我行相关营业网点办理。

如对通告内容有疑问，敬请拨打客户服务电话 95566119 或登陆我行网站查询相关信息，网址：www.bocjs.com。

特此通告。

中国银行股份有限公司江苏省分行（印章）
二〇〇九年四月二十一日

例文评析：

这是一份办理性通告。标题由发文单位、发文事项和文种三个要素构成。标题中发文事项显现通告的主旨。因是普发性公文，所以没有主送机关一项。正文开头第一句说明清理长城人民币信用卡"四零账户"的目的，第二句是承启语，转入主体。主体部分采用并列式结构分三个小标题展开叙述，并单独用一段说明答疑的联系方式。结尾以通告惯用语结束全文。正文的结构模块为：开头（目的式）→

承启语→主体(叙述有关清理的事项,并列式)→结尾(强调式)。全文采用第一人称写法,叙述简明,层次清楚,主题单一、明确,用语谦敬、得体。落款由发文单位印章、成文日期两个要素构成。

阅读例文3:

南京市人民政府
关于外牌摩托车禁行区域的通告

　　为加强城市交通管理,维护交通秩序,根据《中华人民共和国道路交通安全法》《江苏省道路交通安全条例》等法律法规的规定,现就外牌摩托车禁行区域的有关事项通告如下:

　　一、悬挂外市号牌和本市江宁区、浦口区、六合区、溧水县和高淳县号牌的两轮摩托车、轻便摩托车(以下简称外牌摩托车)不得在本市长江以南绕城公路以内(含南京长江大桥)的区域行驶。(具体范围见附图)

　　二、在上述禁行区域内的外牌摩托车车主应当及时办理车辆转籍、过户等登记手续或自行处理。

　　三、外牌摩托车车主应当积极配合交通秩序整治,主动改变出行方式。

　　市政公用部门要加大公交车辆的投放,优化运行线路,方便群众出行。

　　四、本通告发布之日起至3月21日期间,违反本通告规定,驾驶外牌摩托车在禁行区域内行驶的,公安机关交通管理部门应当予以教育、劝阻。

　　五、自3月22日起,违反交通管制的规定,驾驶外牌摩托车强行在禁行区域内通行,不听劝阻的,由公安机关交通管理部门依照《中华人民共和国道路交通安全法》《江苏省道路交通安全条例》的规定,处以1000元以上2000元以下罚款。

　　六、阻碍国家机关工作人员依法执行职务的,由公安机关依照《中华人民共和国治安管理处罚法》的有关规定予以拘留;构成犯罪的,依法追究刑事责任。

　　七、鼓励群众监督、劝阻和举报驾驶外牌摩托车在禁行区域内行驶的行为。

　　八、本通告自发布之日起施行。

(印章)
二〇〇七年三月七日

例文评析:

　　这是一份禁管性通告。标题由发文机关、发文事项和文种三个要素构成。发文事项显现这份通告的主旨。因为普发性公文,所以没有主送机关一项。正文开头三个分句说明发文目的和根据,第四个分句是承上启下的承启语。主体部分采用并列式结构,分八个小标题展开叙述具体事项。事完文止,没有独立的结尾,即

项目六　通告的写作

秃尾。正文的结构模块为：开头（目的式、根据式混合）→承启语→主体（叙述有关事项，并列式）。这份通告采用第三人称写作，由其禁管性质决定，用语严谨、庄重。落款由发文机关印章、成文日期两个要素构成。

> **小贴士：写作通告要注意的问题**
>
> 　　1. 不要把"通告"写成"通知"。通告与通知的特点、作用和行文对象都不同，常常被混用，要注意区别。
> 　　2. 不要把"通告"写成"公告"。通告与公告有明显的区别：
> 　　（1）发布内容不同。《国家行政机关公文处理办法》规定：公告"适用于向国内外宣布重要事项或者法定事项"；通告"适用于公布社会各有关方面应当遵守或者周知的事项"，业务性较强。
> 　　（2）发布范围不同。公告是面向国内外发布的；通告只是在国内一定区域或业务范围内发布。
> 　　（3）重要程度不同。公告所涉及的都是特别重大的事项；通告所涉及的是较为一般的事项。
> 　　（4）制发单位级别不同。公告的发布机关一般是国家一级机关；通告的发布机关或单位级别较低，一般来说，禁管性通告由政府机关发布，告晓性通告和办理业务性通告，行政机关、企事业单位、社会团体等均可发布。
> 　　（5）作用性能不同。公告以宣布重大事项为主要目的，除公告的法定事项外，一般对告知对象没有直接的强制力或约束力；而有些通告，如禁管性通告，不仅告知事项，而且还有强制力和约束力。
> 　　（6）发布方式不同。公告多通过报纸、广播、电视发布；通告可用文件形式印发，也可登报、广播或张贴。
> 　　3. 通告的内容必须符合党和国家的方针、政策、法律法规。
> 　　4. 通告的语言要通俗易懂，规范简洁，便于大众阅读理解。

技能训练

一、分析通告的写作结构，根据提供的材料写作通告

通告使用的基层性，内容的业务性特点，说明其与民生有极大的关系。学会写作通告具有很大的实用价值。

分析与写作 1：

　　为提升南京市城市管理水平和群众生活环境质量，根据《中华人民共和国城乡规划法》《中华人民共和国道路交通安全法》《城市市容和环境卫生管理条例》等法律法规，南京市人民政府就占道经营、小区环境和车辆停放专项整治等与环境治理关系极大的事项发布了通告。

互动与交流：

1. 应该写成哪一种类型的通告？
2. 标题怎样写才能显现通告的主旨？
3. 开头、主体宜采用什么结构方式？结尾应该怎样写？
4. 正文的结构模块是怎样的？
5. 适合采用第几人称写作？落款应该怎样写？

写作例文：

关于开展城市环境三项整治的通告

　　为提升我市城市管理水平和群众生活环境质量，根据《中华人民共和国城乡规划法》《中华人民共和国道路交通安全法》《城市市容和环境卫生管理条例》等法律法规，现就占道经营、小区环境和车辆停放专项整治工作通告如下：

　　一、任何单位和个人不得擅自占道经营，不得违规停放机动车和非机动车，不得参与或实施私搭乱建、损毁花草树木、破坏基础设施等损害住宅区公共环境的违法活动。

　　二、违反上述规定的，应当立即停止违法行为，自行拆除违法建筑，恢复城市道路和小区环境原状。对继续实施违法行为或不自行拆除违法建筑的，相关执法部门将依法实施处罚，并依法强制拆除违法建筑。

　　三、各管理部门和业主单位应当加强日常监督管理，及时制止和处置新出现的各类违法行为。

　　四、阻碍行政执法人员依法执行公务的，由公安机关依法处理。构成犯罪的，依法追究刑事责任。

　　五、鼓励单位和个人积极举报各类违法行为。举报电话：84411111。

　　本通告自发布之日起施行。

南京市人民政府（印章）
二〇〇八年三月二十一日

例文评析：

这是一份禁管性通告。标题由发文事项和文种两个要素构成。发文事项显现了这份通告的主旨。因是普发性公文，所以没有主送机关一项。正文开头两个分句说明发文目的和依据，第三个分句是承上启下的承启语。主体部分采用并列式结构，分五个条目展开叙述，主题鲜明，条理清楚，语言简洁。最后一段是结尾，说明通告施行的开始日期。正文的结构模块为：开头（目的式、根据式混合）→承启语→主体（叙述有关事项，并列式）→结尾（说明式）。这份通告开头用第一人称，主体和结尾用第三人称，两种人称结合，以第三人称为主。禁管性通告大多采用第三人称写作。落款由发文机关印章、成文日期两个要素构成。

分析与写作 2：

南京市浦口区公交车 603W，因雨山文化园终点站无经营场地，营运车辆在大街上停靠和调头，存在安全隐患，经常造成交通堵塞，同时为方便城区居民到区中心医院就医，决定：自 2011 年 7 月 28 日起，公交 603W 由原浦东路至雨山文化园现调整为浦东路至区中心医院。调整后双向经中圣街、中圣南街、上河街至区中心医院，沿途增设金玉宾馆、南门桥、彩虹桥、区中心医院等站点。原雨山文化园公交站点不再停靠，线路长度增加 2 公里。未调整段线路及公交站点保持不变。调整后服务时间、首末班及票价保持不变，并告知原在雨山文化园终点站候车的居民，调整线路后到十字路口文昌路站候车。线路调整给部分居民出行带来不便，表示歉意。请就以上内容，为浦口区交通运输局撰写一份通告。

互动与交流：

1. 应该写成哪一种类型的通告？
2. 标题怎样写才能显现通告的主旨？
3. 开头宜采用哪种方式？主体宜用哪种结构方式？结尾应该怎样写？
4. 正文呈现的结构模块是怎样的？
5. 落款有哪些要求？

分析与写作 3：

××市湖塘区建设局准备发布一个关于房屋拆迁的通告，内容如下：

根据××市建设局批复（×拆字〔2011〕25 号）精神，湖塘区王村地块实施房屋拆迁。

拆迁范围：东至新南路，南至虎山路，西至新贝路，北至上元坊。

拆迁期限：2011 年 8 月 15 日至 2011 年 12 月 31 日。

如果对本次房屋拆迁有异议的，可自通告之日起 60 日内，向××市湖塘区人民政府法制办公室提起行政复议,或者自通告之日起 3 个月内,向××市湖塘区人民法院提起行政诉讼。请根据以上材料,为该区建设局撰写一份通告。缺少的材料可根据通告的格式虚拟补充出来。

互动与交流:

1. 应该写成哪一种类型的通告?
2. 标题怎样写才能显现通告的主旨?
3. 开头、主体宜采用哪种结构方式?结尾写哪些内容?
4. 正文的结构模块是怎样的?
5. 适合采用第几人称写作?

分析与写作4:

南京市浦口区交通运输局因地铁 10 号线凤凰大街站工程建设需要,决定对凤凰大街附近道路采取相关管制措施,要发布一个通告。内容如下:

自 2011 年 5 月 3 日起至 2013 年 5 月 31 日止,文德路凤凰大街东西向封闭施工。封闭期间,文德东路向西经由凤凰大街车辆,可由二条巷、市民广场、文昌路绕行;文德西路向东经由凤凰大街车辆,可由文德路中圣街路口向南经菜地巷绕行。二条巷自文德路至区政府西门实行机动车自南向北单向通行,二条巷至凤凰大街市民广场段(新修)实行机动车自东向西单向通行。该区交通运输局表示:由于工程建设实施的管制措施,给广大市民和车辆驾驶人员带来不便,请求能够谅解。请根据以上材料,替南京市浦口区交通运输局撰写一份通告。

互动与交流:

1. 应该写成哪一种类型的通告?
2. 标题一般包含哪些要素?哪一个要素能够显现主旨?
3. 正文要写明哪些内容?
4. 正文的结构模块是怎样的?
5. 用第几人称写作才符合这类通告的要求?

二、综合测试

(一)填空

1. 通告具有内容的_____、发文对象的_____、对象的_____和执行的强制性四个特点。

2. 内容比较单一的通告可以_____写,内容比较多的通告,要_____地写。

3. 通告是_____公文,内容是面向大众的,一般不写主送机关。

项目六 通告的写作

(二) 解释名词

1. 告晓性通告
2. 办理性通告
3. 禁管性通告

(三) 简答

1. 通告和公告有哪些区别？
2. 写作通告要注意哪些问题？

(四) 改错

下面这份行政文书选择的文种是否正确？为什么？在文种、格式和语言规范方面有哪些错误？请找出错误，并加以改正。

奇志县人民政府
关于举办迎新年音乐焰火晚会的通告

  为庆祝我县"十一五"期间取得的巨大成就，营造喜庆祥和的迎新年氛围，鼓舞全县人民再创"十二五"发展新局面，县委、县政府决定，2010年12月31日晚19时30分在城南县体育公园举办"辉煌十一五，共创新明天"迎新年暨健民体育场启用音乐焰火晚会。欢迎广大市民群众前往观赏。

奇志县迎新年音乐焰火晚会指挥部（印章）
2011年12月27日

项目七　报告的写作

项目目标

一、知识点
1. 报告的含义和用途
2. 报告的特点
3. 报告的分类
4. 报告的结构和写法
5. 写作报告要注意的问题

二、技能要求
1. 能够分辨报告的类型
2. 能够根据提供的材料写作相应类型的报告

任务导向

一、报告的含义和用途

（一）报告的含义

《国家行政机关公文处理办法》规定：报告适用于向上级机关汇报工作，反映情况，答复上级机关的询问。

（二）报告的用途

报告是党政机关、企事业单位和社会团体经常使用的重要的上行文。向上级机关或单位报告工作进展情况或出现的新情况以及今后的打算，答复上级机关或单位对于某些事项的查询，能够帮助上级机关或单位及时了解情况，掌握下情，为领导决策提供参考依据。同时，有利于下级机关或单位接受上级机关或单位的监督和指导。

二、报告的特点

(一) 内容的实践性

报告汇报工作,是对本单位工作的回顾或总结。所反映的情况只能是本单位在工作实践中所碰到的情况和问题。答复上级机关的询问,也只能依据本单位实践情况。报告的内容要真实,不能弄虚作假。做得好的要总结经验,做得不好的要总结教训。

(二) 表述的概括性

报告的表达方式以叙述和说明为主,但是叙述和说明是概括性的,只能是粗线条地勾勒,不能详细陈述事件或工作中的过程,更不要求铺排大量的细节,即使运用议论,也仅限于夹叙夹议。

三、报告的分类

(一) 工作报告

指向上级机关或单位汇报工作的报告。工作报告常用来向上级机关或单位汇报某一阶段工作的进展情况、成绩、经验、存在的问题及打算;汇报上级机关或单位交办事项的结果;汇报对某一指示传达贯彻的情况;以及向上级机关或单位报送物件或材料等。工作报告也可以用来向上级机关或单位提出工作建议。有的报告提出的工作建议只要求上级机关或单位认可(如呈报类建议报告),有的则在提出建议的同时,还要求上级机关或单位批准并转发给其下级机关或单位执行(即呈转类建议报告)。

(二) 情况报告

指向上级机关或单位汇报出现的新情况、新问题,特别是突发事件、特殊情况、意外事故及处理情况的报告。

(三) 答复报告

指对上级机关或单位所询问的问题作出答复的报告。

四、报告的结构和写法

报告由标题、主送机关或单位、正文、落款四个部分组成。

(一) 标题

报告的标题有两种,一是由发文机关或单位、发文事项和文种三要素构成的标题;一是省略发文机关或单位的两要素式标题。

(二) 主送机关或单位

报告的主送机关或单位一般是发文机关或单位的直属上级机关或单位。如果有必要报送其他上级机关或单位,可采用抄报的形式。

（三）正文

报告的类型不同，正文的结构和内容也有所不同。

1. 工作报告。内容一般包括基本情况、主要成绩、经验教训、今后工作计划或提出有关建议等几个部分。如果内容较多，要分条列项写，或分成若干部分写。

2. 情况报告。一般概括地叙述事件发生的原因、经过、性质，同时要写出处理意见、处理情况或处理建议。

3. 答复报告。一般包括答复依据和答复事项两部分内容。答复依据即上级机关或单位要求回答的依据。

不同内容的报告，结尾使用不同的习惯用语，一般报告常用"特此报告"、"以上报告请审阅"等结尾；提出建议要求上级机关或单位转发给下级机关或单位的工作报告，常以"如无不妥，请批转有关单位执行"等请求式用语结尾。

（四）落款

落款包括发文机关或单位印章和成文日期两个要素。成文日期要用汉字书写，年、月、日要完整。

阅读例文 1：

浦口区 2011 年水利工程汛前检查情况报告

区政府：

今年 2 月以来，我局认真落实市防指及区政府工作要求，按照"准备早、措施实、应急快"的原则，认真组织汛前水利工程大检查，全面落实防汛防旱各项准备工作。现将 2011 年度水利工程汛前大检查情况报告如下：

一、检查方式

2011 年 2 月 9 日，区防指发出了《关于开展 2011 年度汛前水利工程大检查工作的通知》，要求各有关单位在 2 月底完成自查工作。在相关单位自查的基础上，3 月初，区水利局、区防指联合对全区的水利工程进行了重点抽查。

二、重点工程进展情况

（一）长江干堤 2010 年应急加固工程

长江干堤 2010 年应急加固工程总投资 6 798 万元，加固堤防 7 公里。工程于 2 月 15 日完成招投标，19 日开工建设，目前联合圩工程正在进行清杂及土方回填，占总体形象进度的 30%，计划汛前完成主体工程，大桥北堡段计划汛后实施。

（二）石头河水利血防工程

石头河水利血防工程总投资 1 777 万元，新建或改建两侧河道现浇砼护坡 10.3 公里，以满足血防和防洪要求。目前，工程已于 3 月 8 日开标，13 日进场施工，汛前完成水下主体工程。

（三）小型水库除险加固工程

2011年度我区小型水库除险加固任务包括大顶山、侯坝、大黄、享堂、平坦共五座水库。总投资1 238万元。目前大顶山水库已完成主体工程，占总体形象进度的95％；侯坝水库已完成两座涵洞和溢洪道砼工程，占总体形象进度的70％；享堂水库已完成涵洞砼浇筑、背水坡整坡，占总体形象进度的65％；大黄水库已完成涵洞砼浇筑，占总体形象进度的60％；平坦水库正在进行高涵及溢洪道砼浇筑，占总体形象进度的40％。五座水库计划汛前完工。

（略）

三、存在的险工隐患

本次防汛大检查共查出险工隐患23处，险工隐患主要有以下几个方面：

(一) 河道堤防险工隐患

1. 部分堤段有散浸渗漏现象

(1) 石碛河马陈段堤防有白蚁危害，汛期高水位时渗漏严重；(2) 联合圩高旺河堤堤身土质差，汛期高水位时有散浸现象；(3) 团结圩南农泵站处堤身土质差，汛期高水位时有散浸现象；(4) 复兴圩永宁河堤堤防有白蚁危害，汛期高水位时渗漏严重。（略）

2. 部分堤段堤顶塌陷

三合圩清流河堤有白蚁危害，堤顶有掉天洞现象。

3. 部分堤段有滑坡现象

七里河堤双涵站处汛期堤脚滑坡。

（略）

(二) 水库及穿堤建筑物险工隐患

1. 涵闸检查情况

桥林街道明星涵启闭设备损坏；永宁镇白鹤涵、复兴涵启闭设备损坏。

2. 泵站检查情况

全区部分泵站年久失修，如顶山石佛农场站出水管断裂、永宁五四站出水管损坏等。

3. 水库检查情况

(1) 狮子岭水库高水位时有渗漏现象；(2) 三五水库高水位时有渗漏现象；(3) 金坝水库高水位时有渗漏现象；(4) 路南水库高水位时有散浸现象。

以上险情处理措施见附件。

四、下一步工作计划

根据防汛检查情况来看，我区的水利工程仍存在一些安全隐患，部分建筑物带病运行，影响防汛安全。为确保安全度汛，我们将做好以下几点：

（一）加强领导，落实责任。（略）
（二）按时按质完成在建工程。（略）
（三）落实消险措施，确保安全度汛。（略）
（四）强化汛前各项准备工作。（略）
附件：河道堤防险工险段处理情况统计表

南京市浦口区农水局（印章）
二〇一一年三月二十日

例文评析：

  这是一份汛前检查情况报告。标题由发文事项和文种两个要素构成。标题显现报告的内容。主送机关采用规范化简称。正文开头概述汛前检查工作已完成，结句承上启下。主体采用并列结构分四个小标题展开叙述，前三个小标题围绕主题叙述检查的情况，第四个小标题针对检查情况叙述下一步工作计划。每一个小标题之下，也是采用并列结构，反映情况真实具体。正文没有独立的结尾，事完文止。正文的结构模块为：开头（叙述式）→主体（叙述式、总分结构）→结尾（秃尾）。《河道堤防险工险段处理情况统计表》用附件形式列出。落款由发文机关印章和成文日期两个要素构成。

阅读例文2：

关于2011年度××县法治绩效考评计划的报告

市依法治市领导小组办公室：

  为深入贯彻依法治县战略，全面落实法治××建设各项工作任务，更好地服务和保障我县"转型、创新、跨越"三个发展，现制定2011年度法治××建设绩效考评工作计划。

  一、指导思想和主要依据

  坚持以邓小平理论和"三个代表"重要思想为指导，以科学发展观为统领，按照省市法治建设工作部署，以法治城市和法治县（市、区）创建活动为抓手，以公民最关心的公共安全、权益保障、社会公平正义等民生问题为主体，以社会法治为主线，以工作创新为驱动力，通过开展绩效考核评估，在执政为民服务群众、以人为本保障公民权利、公正司法一心为民、完善社会管理构建和谐社会等方面建立科学合理的指标体系，全面提高我县各项建设事业法治化管理水平，为"率先基本实现现代化、进入苏南强县"提供公平正义的法治环境。

  其主要依据是：《××市关于开展"法治区（县）建设绩效考核评估工作"的意见》《××市"法治区（县）"建设绩效考核评估办法的通知》《××县国民经济和社

会发展第十二个五年规划纲要》、县委十一届十九次全会工作报告、县人大十四届四次全会政府工作报告和2011年全县经济和社会发展奋斗目标等。

二、创建目标和考核项目

1. 争先创优目标:力争我县进入"××省法治县(市、区)"创建工作先进单位行列;80%的镇和单位建成市县两级"法治建设先进镇(单位)";95%的村(社区)达到县级以上"民主法治村(社区)";确保实现"六个不发生"。

2. 社会评价目标:力争广大干部群众和社会各界对执法队伍及其执法工作满意度在95%以上,对法治建设工作综合测评满意度在90%以上。

3. 考核项目(详见附件)

三、工作措施

1. 加强组织领导。开展"法治建设绩效考评工作"是一项十分严肃认真、严谨细致的工作,也是推进法治××建设的一项重要举措,县委、县政府要把"法治建设绩效考评工作"纳入党政年度工作整体规划,县考评机构(县依法治县领导小组及其办公室)制定下发《法治建设绩效考评标准》,对年度所需完成的法治建设工作进行具体量化,对各项工作职责进行责任分解,明确责任部门。

2. 加强责任落实。各责任部门要深刻认识开展法治绩效考评工作的重要性,切实加强组织领导,对照在法治建设中所担负的工作职能、工作任务,建立健全责任机制,明确工作进度,排出工作计划,经常分析解决绩效考核工作情况和存在的问题,认真做好所负责的专项工作任务,确保法治绩效考评工作取得良好的效应,确保法治建设各项工作顺利完成。

3. 加强检查考核。县依法治县领导小组依据《××省法治县(市、区)创建考核内容及评分标准》和市《关于开展"法治区(县)建设绩效考核评估工作"的意见》,对责任部门的目标任务完成情况进行跟踪督查,定期听取专题汇报,对措施不力、工作不实等问题突出的单位和领导,实行问责追究,对工作成效显著的单位和个人进行表彰。(略)

附件:2011年法治绩效考核项目

××县依法治县领导小组(印章)
二○一一年四月十二日

例文评析:

这是一份工作计划报告。标题由发文事项和文种两个要素构成。发文事项显现了这份报告的核心内容。主送机关用规范化简称。正文开头两个分句说明发文目的和依据,第三个分句是承上启下的承启语。主体部分采用并列式结构,分三个小标题展开叙述,先叙述计划的指导思想和主要依据,再叙述创建目标和考核项目,最后叙述实现目标工作措施。指导思想明确,计划目标具体,工作措施得力。事完文止,没有独立的结尾。这份报告写得较为成功,主题鲜明,层次清晰,语言简洁。正文的结构模块为:开头(目的式、根据式混合)→承启语→主体(并列式)→结尾(秃尾)。全文以叙述的表达方式向上级机关报告工作思路和工作措施。《2011年法治绩效考核项目》不便在正文中叙述,以附件的形式随文报送受文机关。落款由发文机关印章、成文日期两个要素构成。

阅读例文 3：

关于第二炼钢公司
工伤事故处理情况的答复报告

总公司：

　　总公司领导 7 月 24 日电话询问我公司最近一起工伤事故的处理结果,并转告了工伤事故当事人及其家属上访的情况。对此,我公司又做了进一步调查、核实,现将有关情况报告如下：

　　6 月 11 日,我公司发生了一起工伤事故,事故责任人是炼铁三分厂职工王宝成。该职工在工作期间,忽视安全生产,违章操作,导致其右手被机器压断。事故发生后,三分厂领导立即派人将其送公司医院,后又转到省人民医院进行治疗。因压断的手组织已坏死,无法接活,造成其右手终身残废。我公司的处理结果是:公司承担所有医疗费用,根据医院证明,休假 5 个月。休假期间,公司每月发给生活费 1 500 元。5 个月后上班,安排其适当的工作,并按工作岗位和考核绩效发放工资。该职工及其家属经常来公司上访,要求休假疗伤期间享受正常工作时的工资待遇。

　　我公司认为,这起事故是由于王宝成违章操作造成的,按照公司的有关规章制度,应该给予其一定的处罚,现在已属从轻处理,王宝成及其家属过高的要求公司不能接受。我公司领导和公司工会负责人最近与该职工进行过多次沟通,该职工已认识到自己的过错,认为自己的要求过分,表示服从公司的处理意见,今后不再上访。

　　特此报告。

北华钢铁有限总公司第二炼钢公司(印章)
二〇一〇年八月二日

例文评析：

　　这是一份答复上级询问的报告。标题由发文单位和文种两个要素构成。发文事项显现了报告的主旨,"答复"表示是被动制发的公文。主送单位用规范化简称。正文开头一段说明答复的缘由,结句是承上启下的承启语。主体由两段构成,前一段叙述事故发生和处理的情况。后一段是对总公司询问的具体答复,表明了第二炼钢公司的态度和与当事人沟通以后的结果。最后以报告的惯用语结束全文。正文的结构模块为:开头(缘由式)→承启语→主体(递进式)→结尾(强调式)。这份报告围绕上级单位的询问答复问题,针对性强,叙述事件经过简明扼要,层次清楚,较好地完成了行文的目的。落款由发文单位印章、成文日期两个要素构成。

> **小贴士:写作报告要注意的问题**
> 　　1. 注意工作报告与情况报告的区别。
> 　　2. 经验体会是工作报告的写作难点,经验体会必须是从实际工作中总结出来的能指导今后工作的规律性的东西,而不是简单的做法罗列。
> 　　3. 写情况报告要及时,以便及时让上级机关或单位掌握情况。
> 　　4. 写答复报告要紧紧围绕上级机关或单位提出的问题而回答,不能答非所问、转换主题。
> 　　5. 报告中不能夹带请示事项。

技能训练

一、分析报告的写作结构,根据提供的材料写作报告

报告是党政机关、企事业单位和社会团体向上级机关或单位汇报工作、反映情况或答复上级机关或单位询问的上行文,应用很广泛,要重视报告的分析和写作。

分析与写作 1:

关于我市"家政服务工程"培训验收
工作情况的报告

省商务厅、财政厅、总工会:

　　在省商务厅、财政厅、总工会的大力关心和正确指导下,我市"家政服务工程"培训考试工作,已于 2009 年底按照计划全面完成。根据商务部、财政部、全国总工会《关于"家政服务工程"有关培训验收工作的通知》要求,我市商贸局会同市财政局、市总工会及江苏经贸职业技术学院继续教育学院、江苏省家政服务行业协会等有关专家组成"家政服务工程"培训验收小组,对我市五家家政服务定点培训单位的师资教学、考试就业等相关情况进行了认真严格的检查验收。现将我市"家政服务工程"有关培训及验收工作情况报告如下:

　　为认真做好"家政服务工程"培训工作,我市商贸局、财政局、总工会等部门紧密协作,加强领导,精心组织,扩大宣传,强化监督,全力推进"家政服务工程"培训工作。各家政服务定点培训单位充分发挥各自资源优势,创新办学模式,严格按照《家政服务员培训大纲》内容,认真制定教学计划,确定培训教材,积极招收家政服务培训人员;同时,还主动和劳动、妇联等部门加强沟通联系,落实就业渠道,切实做好各项培训工作。如江苏经贸职业技术学院继续教育学院和南京中青家政服务有限公司、南京快易洁清洗有限公司三家定点培训单位,通过强强联手、优势互补,共同搭建了一个场地规模大、培训设施全、师资力量强的家政服务培训基地,同时还率先开展"定单式"家政服务人员培训;南京宁工职业培训中心利用自身传统优势,以自有培训基地为主,分设外围教学点,方便学员就近培训,并积极协助解决培训人员就业问题;溧水县巾帼家政培训学校结合农村学员实际,招收有意从事家政服务的农民进行培训并推荐就业。2009年,我市经批准认定的五家家政服务定点培训单位,共培训学员2 160人,其中通过考试合格1 990人,已签订《劳动合同》或《劳务合同》1 460人,全面完成了省下达我市家政服务人员培训计划任务。

　　根据国家、省商务、财政、工会等部门关于认真做好"家政服务工程"有关培训验收工作要求,确保培训验收质量,我市专门制定了《南京市家政服务工程培训验收工作程序》,下发了《关于组织"家政服务工程"培训验收工作的通知》,并按照科学、公正、高效的原则,通过采取全面检查学习档案资料,按比例抽查学员等方式,对五家定点培训单位的培训工作进行了全面认真的检查验收。经检查验收,我市家政服务定点培训单位的培训内容较为全面丰富,符合培训大纲要求;培训学员信息资料真实齐全;抽查学员基本掌握有关专业技能操作和护理,能够满足家政服务工作的实际需要;学员就业率达到了100%,达到了验收合格要求。

　　2010年,我市将在省商务厅、财政厅、总工会的正确指导下,继续深入推进"家政服务工程"培训工作,进一步规范家政服务就业培训,提升家政服务人员业务技能和素质,不断促进我市家政服务业持续健康发展,为解决就业、扩大内需、满足消费、促进社会和谐作出积极贡献。

　　特此报告。

南京市商业贸易局　南京市财政局　南京市总工会
（印章）　　　　　（印章）　　　（印章）
二〇一〇年二月二日

互动与交流：

按照行政文书格式化、模块化的"套路"评析上面的报告：
1. 这是一份什么类型的报告？
2. 标题由哪些要素构成？主旨是如何显现的？
3. 主送机关的写法有什么特点？
4. 正文开头、主体、结尾各采用了什么表达方式？
5. 正文的结构模块是怎样的？
6. 落款有什么特点？

分析与写作2：

2010年下半年，××区人民政府将紧扣"快发展、重民生、建和谐"的工作重点，统筹兼顾，突出重点，克服困难，鼓足干劲，扎实抓好各项工作的落实，确保全年目标任务的胜利完成。为此，特向市政府报告工作安排，以便市政府了解工作思路，给予大力支持和指导。请为该区人民政府撰写一份工作报告。

互动与交流：

1. 应该写成什么类型的报告？
2. 标题由哪些要素构成？主旨是通过哪一个要素显现的？
3. 主送机关的写法有什么特点？
4. 正文开头、主体各采用了什么表达方式？结尾有什么特点？
5. 正文的结构模块有什么特点？
6. 采用第几人称写作才合适？

写作例文：

××区人民政府2010年下半年工作报告

市政府：

下半年，我们将紧扣"快发展、重民生、建和谐"的工作重点，统筹兼顾，突出重点，克服困难，鼓足干劲，扎实抓好各项工作的落实，确保全年目标任务的完成。

一、瞄准既定目标，认真抓落实、抓推进、抓完成

一是抓落实。认真检查全年目标的各个大项、子项，梳理责任落实情况、人头到位情况，逐项检查、分析任务落实的情况。二是抓推进。重点关注各项重点工程（项目）推进情况，推进的速度有没有按照序时进度来完成，每月定期召开六个重点工作专题推进会，分别是招商引资及项目专题推进会、财税工作专题推进会、重大基础设施建设专题推进会、拆迁工作专题推进会、城市管理工作专题推进会、全面达小康暨"五有"工作专题推进会，通过推进会的形式，确保工作推进不走过场。三

是抓完成。稳步推进各项工作，努力形成工作合力，不折不扣地按进度完成各项目标任务。

二、针对主要工作，认真抓重点、抓难点、抓疑点

重点工作主要有财税工作、拆迁工作、招商引资、项目推进、工程建设、防汛抗旱、土地运作、融资问题、园区建设等；难点工作不少，如重点工作启动、重点项目拆迁、小康达标、社会稳定等；疑点工作方面，现在主要是反映在创新上，在政策的研究和利用上，特别是在规划、拆迁、土地供应等政策性的问题上，需要去研究、去创新、去实践。善于在遵循经济发展规律的同时，用国际化的眼光、现代化的要求、城市化的标准，促进我区又好又快发展，走出一条符合××实际的发展之路。

三、围绕行政能力，认真抓队伍、抓学习、抓作风

首先是队伍建设。一是要提高干部的整体素质和水平；二是要教育干部牢固树立"小进也是退"的忧患意识；三是要有为全区的事业和人民甘愿奉献一切的吃苦耐劳精神；四是要有在改革发展中攻关破题的执政能力；五是要有一颗心系人民的赤子之心；六是要坚持廉洁从政，当好人民公仆。

二是学习建设。在新一轮发展中，市委、市政府对我区新的定位，以及国际国内新的形势发生的重大变化，特别是新型产业的打造，这些都需要我们的干部思想观念要及时更新，执政本领要及时提高，知识要和科学现代化及时相适应。所以要率先加强学习、与时俱进，这样才能善于捕捉机遇、抢抓机遇，才能够敢于面对挑战、应对挑战、战胜挑战，实现××的新跨越。

三是作风建设。作风建设就是要培养求真务实的作风，培养真抓实干、少讲空话的作风，深入一线、调查研究的作风，破解难题、实现跨越的作风，只有通过作风建设才能创造一流的政务环境，一流的发展环境，才能最大限度地吸引中外投资客商选择我区投资。

以上报告，请审阅。

××市××区人民政府（印章）

二○一○年七月二日

例文评析：

这是一份工作计划报告。标题由发文事项和文种两个要素构成。发文事项显现了这份报告的核心内容。主送机关用规范化简称。正文开头说明工作计划目标和表明积极的工作态度。主体部分采用并列式结构，分三个小标题展开叙述，第一个小标题围绕目标"三抓"，第二个小标题围绕工作"三抓"，第三个小标题围绕行政能力"三抓"，都是采用边叙边议的表达方式。这份报告主要是报告工作思路，所以

写得比较宏观,也比较原则。采用第一人称写作,叙议结合,重点突出,层次清晰,语言简洁,是这份报告的特点。结尾为报告的惯用结束语。正文的结构模块为:开头(说明式)→主体(并列式)→结尾(强调式)。落款由发文机关印章、成文日期两个要素构成。

二、综合测试

(一) 填空

1. 报告具有_____和_____两个主要特点。
2. 报告可以分为_____报告、_____报告和_____报告三种类型。
3. 工作报告的内容一般包括_____、_____、经验教训、今后工作计划或提出有关_____等几个部分。

(二) 解释名词

1. 工作报告
2. 情况报告
3. 答复报告

(三) 简答

1. 工作报告有哪些用途?
2. 写作报告要注意哪些问题?

(四) 阅读分析

模仿任务导向阅读例文的评析方法,对下面这份报告做全面评析:

一季度物价情况报告

县政府:

2011年1—3月份,我县居民消费价格总指数107.26%。非食品价格指数101.81%;服务项目价格指数105.28%;工业品价格指数100.07%;扣除食品和能源价格指数101.27%;扣除鲜菜鲜果总指数107.72%;消费品价格指数107.75%。现就一季度价格运行情况作具体分析。

一、涨跌情况

食品。1—3月份,我县八大类商品呈六升二降格局。八类商品中,食品上涨16.44%;烟酒上涨0.42%;衣着上涨2.74%;医疗保健上涨1.46%;交通和通信上涨10.20%;居住上涨6.42%;家庭设备及维修服务下跌2.32%;娱乐教育文化用品及服务下跌5.99%。

食品涨幅较大,涨跌率16.44%,其中粮食涨6.32%;淀粉涨12.01%;干豆类及豆制品涨40.72%;油脂上涨32.11%;肉禽及其制品上涨6.33%;糖涨2.44%;

茶及饮料涨2.59%;干鲜瓜果下跌10.19%;糕点饼干涨7.41%;液体乳及乳制品涨5.44%;在外用膳食品涨18.54%;其他食品上涨19.77%。

烟酒及用品。烟酒涨跌率0.42%,其中烟草涨3.92%;酒下跌6.14%。

衣着。衣着涨跌率2.74%,其中服装涨1.93%;服装中男式服装涨4.76%;女式服装下跌2.19%;儿童服装涨6.05%;衣着材料下跌0.33%;鞋帽袜涨8.55%;衣着加工费下跌21.75%。

家庭设备用品及维修服务。家庭设备用品及维修服务涨跌率-2.32%,其中耐用消费品上涨5.93%;耐用消费品中家具下跌20.11%;家庭设备上涨12.68%;室内装饰品上涨2.71%;家庭日杂用品下跌30.62%;家庭服务及加工维修服务上涨28.89%。

医疗保健和个人用品。医疗保健和个人用品涨跌率2.24%,其中医疗保健上涨1.46%;检查费下跌45.61%;住院费下跌45.23%;化验费下跌50%;呼吸系统用药下跌11.93%;循环系统用药上涨3.28%;神经系统用药下跌1.23%;个人用品及服务上涨3.75%;化妆美容下跌0.11%;清洁化妆用品上涨5.35%;个人饰品下跌1.99%;黄金价格上涨17.74%。

交通和通信。交通上涨9.17%,其中交通工具下跌2.46%;车用燃料及零配件上涨37.51%;车辆使用及维修费下跌6.92%;市内公交涨32.64%。

通信上涨10.97%。通信工具下跌24.71%;通信服务上涨24.4%;包裹邮寄上涨592.31%。

娱乐教育文化用品及服务。文娱用耐用消费品下跌14.28%;教育上涨0.65%;文化娱乐类下跌1.85%;旅游下跌19.4%。

居住。建房及装修材料上涨10.78%;房屋贷款利率上涨15.79%;水电燃料上涨4.23%;其中液化石油气上涨26.47%,其他燃料上涨34.17%。

二、一季度价格运行特点

一季度物价总水平涨幅7.26%,在近十年价格运行历史上绝无仅有,如果以定基分析(2008年为基期),物价涨幅为11.37%,这意味着我市物价总水平进入新的一轮快速增长期。

价格是经济运行的"晴雨表",由于我市经济持续快速增长,以及社会劳动力成本的普遍提高,价格总水平必定会顺应市场作出反应。一季度价格涨幅7.26%,是市场作用的结果。但应考虑三个因素,一是节假日因素,中国的传统节日春节在一季度,春节供应常常伴有上、下午价、瞬间价等不确定因素。二是冬季灾害性天气对市场供应的影响,如生产及储运。三是翘尾因素影响,去年一季度价格水平偏低,同期相比显得涨幅明显。

三、今后一段时期价格走势分析

依据价格运行规律,预计四月份价格仍在高位运行,指数约在107%左右,五月份向后会明显回落,物价总水平可能在103.5%~104.2%之间徘徊,全年价格总水平增幅约在3.8%~4.2%之间。

以上报告,请审阅。

吴旗县统计局(印章)
二〇一一年四月十三日

项目八　请示与批复的写作

■ 请示的写作

项目目标

一、知识点
1. 请示的含义和用途
2. 请示的特点
3. 请示的分类
4. 请示的结构和写法
5. 请示与报告的区别
6. 写作请示要注意的问题

二、技能要求
1. 能够分辨不同类型的请示
2. 能够根据提供的材料写作相应类型的请示

任务导向

一、请示的含义和用途

(一) 请示的含义

《国家行政机关公文处理办法》规定：请示适用于向上级机关请求指示、批准。

(二) 请示的用途

请示的适用范围主要有以下几个方面：

1. 超出本机关或单位的工作职权范围，必须向上级机关或单位请示、批准才能办理时，要用请示。

2. 对有关方针、政策或上级机关或单位的有关规定、决定等不甚了解或有不同理解,需要请求上级机关或单位解释或重新审定时,要用请示。

3. 遇到本机关或单位职权范围内很难克服或无力克服的困难,需要请求上级机关或单位支持、帮助时,要用请示。

4. 工作中出现了新情况、新问题,必须处理却又无章可循,无法可依,有待上级机关或单位指示时,要用请示。

二、请示的特点

(一) 事前行文性

请示一定要在工作开始之前行文,必须得到上级机关或单位批准后才能付诸实施,不可先斩后奏。

(二) 行文专向性

请示的行文方向是明确而固定的,只能呈递给有隶属关系的上级机关或单位。

(三) 请求批复性

请示行文的目的非常明确,即要求上级机关或单位对请示的事项作出明确的批复。

三、请示的分类

(一) 请求指示的请示

指下级机关或单位对政策、方针在认识上有不明确、不理解,或对新问题、新情况不知如何处理时使用的请示。

(二) 请求批准的请示

指下级机关或单位限于自己的职权,无权自己办理或决定事项时使用的请示。

(三) 请求支持和帮助的请示

指下级机关或单位遇到仅依靠自己的力量已很难克服或无法克服困难时使用的请示。

四、请示的结构和写法

请示由标题、主送机关或单位、正文和落款四个部分构成。

(一) 标题

标题由发文机关或单位、请示事项和文种三个要素构成。标题中的事项要明确,语言要简明。

(二) 主送机关或单位

请示的主送机关或单位是发文机关或单位的直属上级机关或单位。

(三) 正文

请示的正文由请示缘由、请示事项和结束语三个部分组成。

1. 请示缘由。即请示的理由或根据。这部分内容既要实事求是,有理有据,说明充分,又要条理清楚,开门见山。缘由是写作请示的关键,直接关系到请示事项能否成立,关系到上级机关或单位的审批态度。如果缘由比较复杂,还必须写明必要的事实和数据,不能为追求简要而简单化处理,而要让领导知晓批准或不批准这个请示,将会分别出现什么局面。

2. 请示事项。即请求上级机关给予指示、批准或支持帮助的具体内容。事项要具体,所提的要求要有可行性和可操作性。如果内容比较复杂,则分条列项写。用语要明确,不能含糊其词。语气要得体。

3. 请示结束语。即请示的结尾。请示的结束语通常使用"妥否,请批复"、"请批准"、"请审批"、"以上意见当否,请指示"等惯用语。

(四)落款

落款由发文机关或单位印章、成文日期两个要素构成。成文日期用汉字书写,"〇"不要写作"零"。年、月、日要完整。

阅读例文 1:

关于《会计人员职权条例》中
"总会计师"既是行政职务又是技术职称的请示

财政部:

国务院 1987 年国发〔1987〕23 号通知颁发的《会计人员职权条例》规定,会计人员技术职称分为总会计师、会计师、助理会计师、会计员四种;其中,总会计师既是行政职务,又作为技术职称。在执行中,工厂总会计师按《会计人员职权条例》规定,负责全厂的财务会计事宜;可是每个工厂,尤其大工厂,授予总会计师职称的有四五人,究竟由哪一位负责全厂的财务会计事宜,执行总会计师的职责与权限呢?我们认为宜将行政职务与技术职称分开,总会计师为行政职务,不再作为技术职称,比照最近国务院颁发的《工程技术干部职称暂行规定》,将《会计人员职权条例》第五章规定的会计人员职称的"总会计师"改为高级会计师。

以上意见是否妥当,请指示。

××省财政厅(印章)
一九八八年×月××日

例文评析:

这是一份请求指示的请示。标题由发文机关、请示事项和文种三个要素构成。标题显示了这份请示的主旨。主送单位用规范化简称。正文开头第一句话说明请示的缘由,为缘由式开头。第二、三两句是主体,写请求指示的事项,先提出两个法规性文件互相矛盾,难以执行的问题,再提出发文机关的建议。因文字简短,开头和主体合为一段。结尾是惯用结束语,独立成段,强调上级机关给出指示,用语谦敬、平和、得体。正文的结构模块为:开头(缘由式)→主体(请求指示的事项,递进式)→结尾(惯用语,祈请式)。落款由发文机关印章、成文日期两个要素构成。

阅读例文2:

海城财会中等专业学校关于申请拨款
建设会计电算化教室的请示

市教育局:

　　为了满足社会对财会中等专业人才的需求,根据市教育局的统筹安排,我校连续3年扩大招生,在校生已由原1 200人增加到2 400人。由于学生数翻了一番,现有的会计电算化教室已无法满足教学需要。为保证会计、统计等课程实验的顺利进行,拟新建6个50座的会计电算化实验室。经预算,约需资金1 200万元。我校已自筹资金500万元,尚缺口资金700万元,请市教育局拨款解决。

　　妥否,请批准。

　　附件:建设会计电算化教室预算表

海城财会中等专业学校(印章)
二〇〇八年十月二十日

例文评析:

　　这是一份申请批准拨款的请示。标题由发文单位、请示事项和文种三个要素构成,标题显示了这份请示的主旨。主送单位用规范化简称。正文开头第一句话采用目的式和根据式混合使用的方式,说明申请拨款的依据。主体部分提出请求事项,理由充分,有根有据,令人信服。由于文字简短,开头和主体两个部分合成一段。结尾独立成段,以祈请语结束全文,用语谦敬、得体。这份请示正文的结构模块为:开头(目的式、根据式混合)→主体(申请拨款的事项,递进式结构)→结尾(祈请式)。落款由发文单位印章、成文日期两个要素构成。全文主题明确,理由充分,结构严谨,格式规范。这份请示的目的是申请拨款,为了让主管部门信服,还特地准备了一份附件《建设会计电算化教室预算表》。这为上级主管部门科学决策,尽快批准请示事项提供了重要依据。

五、请示与报告的区别

　　请示与报告都属于上行文,但是二者之间有明显的区别。

（一）行文时间不同

请示必须在事前行文，不能边干边请示，更不能先斩后奏；而报告可在工作开展之前行文，也可在工作进行之中行文，更多的则是工作结束之后行文。

（二）行文的目的、作用不同

请示旨在请求上级批准、指示、支持和帮助，需要上级给予批复，虽然有时也有陈述情况，但那是为请示事项服务的，重点还是在呈请上。报告旨在向上级汇报工作、反映情况、提出建议、答复上级询问，不需要上级答复，重点在呈报上。

（三）内容含量不同

请示内容单一，一文一事，篇幅短小，侧重于讲明原因、陈述理由、表述事项，体现的是请求性。报告内容复杂，容量可大可小，可以一文数事，也可以一文一事。侧重于陈述情况、总结经验教训，体现的是报告性。

（四）结束语不同

请示不能省略惯用结束语，一定要写上"以上请示，请批复"、"当否，请指示"一类惯用语。报告的结束语一般写"特此报告"、"以上报告，请审阅"，也有省略结束语的。

（五）受文机关处理方式不同

请示属于办件，受文机关或单位必须及时批复。报告多数属于阅件，除需要批转、转发的报告外，上级机关或单位对其余各类报告不必行文回复。

小贴士：写作请示要注意的问题

1. 请示只能一文一事，不能一文多事。如果一文数事，会使受文机关或单位难以答复，不利于问题的迅速解决。

2. 请示只能报送给隶属的上级机关或单位，不能越级请示。特殊情况，必须越级行文，应当同时抄报被越过的机关或单位。

3. 请示不能滥用。凡本级机关或单位职权内的工作，或经过努力能够解决的问题和困难，都应尽力自行解决，不能动辄请示，矛盾上交。

■ 批复的写作

项目目标

一、知识点

1. 批复的含义和用途

2. 批复的特点
3. 批复的分类
4. 批复的结构和写法
5. 写作批复要注意的问题

二、技能要求

1. 能够分辨不同类型的批复
2. 能够根据提供的材料写作相应类型的批复

任务导向

一、批复的含义和用途

（一）批复的含义

《国家行政机关公文处理办法》规定：批复适用于答复下级机关的请示事项。

（二）批复的用途

批复是下行文，有请示必有批复，所以说批复与请示是一对"连体"行政公文。

二、批复的特点

（一）被动性

批复依据下级机关或单位的请示而被动地行文，没有请示就不可能产生上级机关或单位的批复。

（二）针对性

批复的内容必须紧扣请示的内容，下级机关或单位请示什么事项就批复什么事项；批复的主送机关或单位是请示的下级机关或单位，即谁请示就给谁批复。

（三）指示性

批复是上级机关或单位领导意图的具体体现，对下级机关或单位具有行政约束力。上级机关或单位准许下级机关或单位怎样做，不准许怎样做，具有指示和法规作用。

三、批复的分类

（一）请求指示的批复

指针对下级机关或单位领会国家有关政策或上级机关的有关规定、决定不准确或不甚了解，作出的解释性、指示性的答复。

(二) 请求批准的批复

指对下级机关或单位请求办理或请求处理的事项表明态度的答复。

(三) 请求支持和帮助的批复

指针对下级机关或单位在遇到难以解决或无力克服的困难时而提出请求支持或帮助的请示所作的答复。

四、批复的结构和写法

批复由标题、主送机关或单位、正文和落款四个部分构成。

(一) 标题

批复的标题比较复杂,有的批复标题还比较长。常见的有以下几种写法:

1. 由发文机关或单位、批复事项和文种三个要素构成。如《西海冶金工业公司关于同意第二分公司扩建厂房的批复》。

2. 由发文机关或单位、请示标题和文种三个要素构成。如《北方报业集团对〈关于给予记者王柳生同志开除行政处分的请示〉的批复》。

(二) 主送机关或单位

批复的主送机关或单位一般是发文机关或单位的直属下级机关或单位。

(三) 正文

批复的正文一般由批复引述语、批复事项和批复结束语三个部分组成。

1. 批复引述语。即批复开头引述的请示标题,发文字号(发文字号要加上括号)等。如"你公司《关于组织王玲丽等技术人员赴美国考察的请示》(钢分字〔2011〕19号)收悉"。引述来文是为了说明批复的依据。据此可以认为,以引述语开头实际上就是一种根据式开头。

2. 批复事项。即批复的核心部分,需要对请示事项给予明确答复或具体指示。一文一批复,要求做到态度鲜明,语言简洁明了,不能模棱两可,让下级机关或单位无所适从。

一般来说,对常规事项、例行工作的批复,特别是同意有关请示事项的批复,不必阐述批复的理由,只要表明同意的态度即可。如果不同意请示的事项,或对下级机关或单位请求的支持和帮助难以满足,除在批复中表明态度外,一般还需要适当说出理由,以便让请示者能较好地接受,并及时作出相应的工作安排。

3. 批复结束语。即批复的结尾。批复一般以"特此批复"、"此复"等结尾。有些批复在批复事项之后还另写出有关执行要求。

(四) 落款

落款由发文机关或单位印章、成文日期两个要素构成。成文日期用汉字书写,年、月、日要完整。

阅读例文:

海城市教育局关于同意
拨款建设会计电算化教室的批复

海城财会中等专业学校:

  你校《关于申请拨款建设会计电算化教室的请示》(海财校字〔2008〕5号)收悉。经研究,同意拨款700万元给你校建设会计电算化教室。希望你们认真做好施工管理工作,在确保工程质量的基础上保证按时完工,不要影响教学工作。工程竣工后,市教育局基建部门将组织对工程进行验收。

  此复。

海城市教育局(印章)

二〇〇八年十月三十日

例文评析:

  这是一份对请求批准请示的批复。标题由批复机关、批复事项和文种三个要素构成,标题显示了这份批复的主旨。主送单位用全称。正文开头第一句是引语,包括请示的标题和发文字号两项内容,实际上就是这份批复的依据。第二句至第四句是批复的主体部分,第二句是批复事项,态度明确,语言简洁。第三句是上级机关对下级提出的工作要求,第四句提出工程竣工后验收的要求,针对性极强。由于文字简短,开头和主体两部分合为一段。结尾即批复的结束语,独立成段。正文的结构模块为:开头(引语加发文字号,根据式)→主体(批复的事项,递进式)→结尾(惯用结束语,强调式)。落款由发文机关印章和成文日期两个要素构成。全文主旨鲜明,结构完整,格式规范。

小贴士:写作批复要注意的问题

  1. 一份批复针对一份请示。有时几个下级机关或单位联合请示同一件事,经研究后,应分别给各个下级机关或单位行文批复。

  2. 要有针对性。写作批复前要核实请示事项的真实性,研究请示中所提方案的可行性,以及下级机关或单位提出问题的背景,这样的批复才会有针对性。

  3. 态度要鲜明,意思要明确。同意或者不同意,立办还是缓办,不能含糊其词、模棱两可,让下级机关或单位不得要领。切忌使用"酌情办理"、"似属可行"和少用"原则上同意"之类的词语。

4. 要迅速及时。下级机关或单位是在遇到无法解决的问题时才制发请示的,如果批复拖拖拉拉,就会贻误下级机关或单位的工作,甚至会给工作带来重大损失。

技能训练

一、分析请示、批复的写作结构,根据提供的材料写作请示、批复

在公务活动中,经常会用到请示和批复两个文种。由于这两个文种使用频率较高,实用价值较大,本课程已把它们列为重点学习和写作的文种。

分析与写作1：

腾达竹制品有限公司拟实行全员持股计划,员工持股占公司总股本的50%。公司工会作为独立的社团法人,成为员工持股主体。工会下设员工持股会,作为员工持股管理机构,负责员工持股的管理和运作。员工持股会由全体持股员工组成,持股员工将其股份书面委托工会代管,工会领导下的员工持股会代表持股员工行使股东权利和股东义务。按政策规定,员工持股一次性付款给予七折优惠,公司付款期限为持股方案获得批准后一个月,在此期限内付款视为一次性付款。按照政策规定,公司改制及员工持股所涉及的产权转让可免办理产权交易手续。为此,该公司就以上事项要向市国有资产管理局呈送一份请求批准的公文。

互动与交流：

1. 选择什么样的文种最合适？

按照有关规定,公司改制要经过上级政府主管机关批准。腾达竹制品有限公司的上级政府主管机关是市国有资产管理局。因此根据提供的材料和要求,应该选择"请示"这个文种。写作材料已说得很清楚。在过去的写作训练中,不少同学没有理解题目的要求,有的选择"通知"文种,有的选择"报告"文种,有的选择"通告"或"公告"文种,还有的选择"决定"文种,全都选错了。主要原因是对文种知识学习不够扎实。看来,对文种知识的学习不可疏忽。

2. 怎样才能最大限度地利用提供的材料？

这里提供的材料已很完整,只要组织一下就可以形成一份"请示",可是不少同学往往对提供的材料没有很好的利用,而是另起炉灶去写,结果与提供的材料相差太远,没有表达清楚应该表达的意思。由此可见,加强写作训练是多么必要。

写作例文：

腾达竹制品有限公司
关于实施员工持股计划的请示

市国有资产管理局：

  根据政策规定，本公司作为改制重组的国有公司，拟实行员工持股计划，现将有关事项请示如下：

  一、本公司拟实行全员持股计划，员工持股占公司总股本的50%。

  二、本公司工会作为独立的社团法人，成为员工持股主体。工会下设员工持股会，作为员工持股管理机构，负责员工持股的管理和运作。

  三、员工持股会由全体持股员工组成，持股员工将其股份书面委托工会代管，工会领导下的员工持股会代表持股员工行使股东权利和股东义务。

  四、按政策规定，员工持股一次性付款七折优惠，本公司付款期限为持股方案获得批准后一个月，在此期限内付款视为一次性付款。

  五、按照政策规定，公司改制及员工持股所涉及的产权转让可免办理产权交易手续。

  妥否，请批示。

腾达竹制品有限公司（印章）

二〇一〇年十月九日

例文评析：

  这是一份请求批准的请示。标题由发文单位、请示事项和文种三个要素构成。请求事项显现了请示的主旨。因请示者和被请示者有隶属关系，都在一个区域内，所以主送机关用规范化简称。正文开头前一分句说明制发请示的依据，后一分句是承启语，承上启下；主体部分采用并列式结构，分五段较详细地说明请示事项；结尾采用惯用的结束语，独立成段。正文的结构模块为：开头（根据式）→承启语→主体（请示事项，并列式）→结尾（祈请式）。落款由发文单位印章和成文日期两个要素构成。全文主旨单一，结构完整，格式规范。

分析与写作2：

  ××市国有资产管理局收到腾达竹制品有限公司的请示后，经过调查，了解到该公司请示的情况完全属实。根据国家的有关规定，经研究，同意该公司所请示的事项。请为××市国有资产管理局撰写一份答复性的公文。

互动与交流：

  1. 标题应该怎样写？哪一个要素能够显现文书的主旨？

2. 开头应该采用哪一种形式？
3. 正文主体部分可分为几段来写？
4. 结尾有什么特点？
5. 落款有哪些要求？

写作例文：

关于同意腾达竹制品
有限公司实施员工持股计划的批复

腾达竹制品有限公司：

你公司《关于实施员工持股计划的请示》（腾竹字〔2010〕5号）收悉。经研究，同意你公司于2010年度起进行改制工作，并实施员工持股计划，员工持股可占公司总股本的50%。公司改制及员工持股所涉及的产权转让可免办理产权交易手续。希望你们按照股份制企业的有关管理规定，认真做好员工持股管理和运作的各项工作。

特此批复。

××市国有资产管理局（印章）
二〇一〇年十月十五日

例文评析：

这是一份对请求批准请示的批复。标题由批复事项和文种两个要素构成，批复事项显现了批复的主旨。主送单位用全称。正文开头一句引述请示的标题和发文字号，因开头用了"你公司"，为避免重复，引述的标题略去了请示的制发单位"腾达竹制品有限公司"，保持语言畅达，发文字号外面要加括号。引语和发文字号是批复的依据，故正文开头为根据式开头。主体共有四句，是批复的事项，对请示中的重要内容直接引述，表示慎重、强调，态度十分明确。同时提出了做好这项工作的希望。语言简洁得当。结尾用批复的惯用结束语，独立成段。正文的结构模块为：开头（引语加发文字号，根据式）→主体（批复的事项，递进式）→结尾（惯用结束语，强调式）。落款由发文机关印章和成文日期两个要素构成。全文结构完整，格式规范。批复要有针对性；一份批复只针对一份请示；批复的态度要鲜明，意思要明确；要迅速及时。这些要求，这份批复完全做到了，是一份优秀的批复。

分析与写作3：

××省人民政府办公厅《关于进一步规范政府办公驻地迁移管理工作的通知》（×办函〔2010〕215号）规定，政府搬迁建设行政大楼占用土地10亩以内的由县级人民政府批准。根据浏阳县乡镇建设规划和大观乡经济发展的需要,大观乡政府驻地准备从上港村1组迁址到西坝村5组,约占用耕地1亩,丘陵荒山地7.5亩。为此,大观乡政府向县政府呈送了一份公文。请代该乡撰写这份呈送县政府的公文。

互动与交流:
1. 根据以上提供的材料,选用什么文种写作最合适?
2. 在标题中怎样显现文书的主旨?
3. 主送单位怎样写?
4. 主体部分可分为几段来写?
5. 结尾有什么特点?

写作例文:

浏阳县大观乡人民政府
关于乡政府驻地搬迁征地的请示

县政府:

××省人民政府办公厅《关于进一步规范政府办公驻地迁移管理工作的通知》(×办函〔2010〕215号)规定,政府搬迁建设行政大楼占用土地10亩以内的由县级人民政府批准。根据我县乡镇建设规划和我乡政府驻地即将出让开发经济项目的现状,我乡政府机关拟从上港村1组迁址到西坝村5组。经过现场勘察和初步规划,乡政府机关办公楼和附属设施建设约需征用土地8.5亩(其中耕地1亩,荒山丘陵地7.5亩)。

当否,请批准。

浏阳县大观乡人民政府(印章)
二○一○年十月十九日

例文评析:

这是一份请求批准的请示。标题由发文机关、请求事项和文种三个要素构成。请求事项显现了请示的主旨。因请示者和被请示者是上下级隶属关系,所以主送机关用规范化简称。正文开头第一句写明请示的政策依据;第二句写乡政府驻地搬迁的根据;第三句写请示事项,这是请示的核心内容和主旨。由于事项单一,全文篇段合一,只有一段。正文结构模块为:开头(根据式)→主体(请示事项)→结尾(惯用结束语,祈请式)。落款由发文机关印章和成文日期两个要素构成。

分析与写作4:

浏阳县人民政府接到大观乡政府的公文后,根据该县乡镇建设规划和大观乡经济发展的需求,经研究,同意该乡政府驻地迁址。同时要求该乡严格按照省政府办公厅《关于进一步规范政府办公驻地迁移管理工作的通知》精神实施迁址工作,实施征地时尽可能不占用耕地。请代该县人民政府撰写一份同意征地的公文。

互动与交流:

1. 选用什么文种写作最合适?
2. 标题包含哪些要素?怎样显现主旨?
3. 开头应该采用哪一种形式?
4. 主体部分可分为几段来写?适宜采用什么表达方式?
5. 结尾有什么特点?

二、综合测试

(一) 填空

1. 请示可以分为请求_____请示、请求_____请示和请求_____请示三种类型。
2. 请示的正文由请示_____、请示_____和请示结束语三个部分组成。
3. 批复具有_____、_____和_____三个特点。
4. 批复的正文一般由批复_____、批复_____和批复结束语三个部分组成。
5. 批复引语引叙来文是为了说明批复的_____。

(二) 解释名词

1. 请示
2. 批复

(三) 简答

1. 写作请示要注意哪些问题?
2. 请示与报告有哪些区别?
3. 写作批复要注意哪些问题?

(四) 写作

1. 南华市生物工程研究所为适应日益扩大的业务范围需要,拟在研究所大院内建一座生物工程实验室,经设计部门设计和工程预算,建筑面积为1 000平方米,约需资金1 000万元;购置各种型号的生物工程实验设备约需资金1 200万元,两项合计约需资金2 200万元。该所向主管部门南华市科技局申请拨款。请替该研究所撰写一份请求拨款的公文。

2. 南华市科技局接到南华市生物工程研究所的公文后,经研究,同意该研究所请求批准的事项。同时向该研究所提出了两个要求,一是要求该研究所认真做好业务市场和生物工程实验设备市场的调研,以保证实验室建成后充分发挥作用,实验设备价廉物美,满足实验的需要。二是对建筑施工进度与质量和设备采购与安装等提出了要求。请为南华市科技局撰写一份答复性的公文。

项目九　函的写作

项目目标

一、知识点
1. 函的含义和用途
2. 函的特点
3. 函的分类
4. 函的结构和写法
5. 批请函(请批函)与请示的区别
6. 写作函要注意的问题

二、技能要求
1. 能够分辨不同类型、不同行文方向的函
2. 能够分辨批请函(请批函)与请示的用途
3. 能够根据材料确定函的行文方向,写作相应类型的函

任务导向

一、函的含义和用途

(一) 函的含义

《国家行政机关公文处理办法》规定:函适用于不相隶属机关或单位之间商洽工作,询问和答复问题,请求批准和答复审批事项。

(二) 函的用途

在工作实践中,函的用途极广,使用频率非常高,行文方向也很多,是一种"全能"的行政公文。具体说,主要包括四个方面。

1. 可用于平级机关或单位、不相隶属的机关或单位之间的公务联系和往来。如甲公司和乙公司联系业务、甲公司向工商行政管理部门联系某项经营业务等要用函。

2. 可用于业务主管部门答复或审批没有隶属关系的机关或单位请求批准的事项。如税务部门批准某残疾人企业请求减免税收的请求就要用批请函。

3. 可用于向不相隶属的业务主管部门请求批准有关事项。如某些工商企业的产品出口,向属地的业务主管部门商贸局请求批准就要用函。

4. 可用于机关或单位对个人事务的联系,如回复群众来信可以用函。

二、函的特点

(一) 行文多向性
从行文方向看,函可以上行、下行,而在大多数情况下作平行文。

(二) 使用广泛性
从使用对象看,函不受级别高低、单位大小、集体与个人等的限制,被全社会广泛地使用,而受理函件的机关或单位都是以平等的身份进行联系和交往。

(三) 用语谦敬性
从行文语气看,无论是什么类型的函,用语都应注意谦恭有礼,尊重对方,语气平和,以求得对方的理解和支持。

三、函的分类

可以从不同的角度,按照不同的标准对函进行分类。

(一) 按照行文方向分
函可以分为去函和复函两种类型。去函,是指本机关或本单位为询问事项或请求批准而主动制发的函。复函,是指为答复受文机关或单位所提出的问题或回复批准事项而被动制发的函。

(二) 按照文面格式分
函可以分为公函和便函两种类型。1981年国务院办公厅发布的《国家行政机关公文处理暂行办法》取消了公函和便函的划分,只列"函"一个文种。此后制定的《国家行政机关公文处理办法》一直沿用这种提法。

(三) 按照内容和用途分
函可以分为以下四种类型:

1. 商洽函。指不相隶属的机关或单位之间商洽工作、联系有关事项的函。如联系参观学习、人员培训、工作调动等。

2. 询答函。指不相隶属的机关或单位之间互相询问或答复有关具体问题的函。询答函又可分为询问函和答复函。有些不明确的问题向有关主管机关或业务部门询问,用询问函。对有关机关或部门所询问的问题作出解释、答复,用答复函。询答函涉及的多数是问题而不是具体的工作。

3. 告知函。指告知不相隶属的机关或单位有关事项的函。

4. 批请函。指不相隶属的机关或单位之间请求批准或答复审批事项的函。批请函实际上又可分为请批函和审批函两种类型。请批函用于向不相隶属的业务主管部门请求审批事项；而审批函则用于业务主管部门答复不相隶属的机关或单位的请批事项。

四、函的结构和写法

函由标题、主送机关或单位、正文和落款四个部分组成。

（一）标题

函的标题一般由发文机关或单位、发文事项和文种三个要素构成。有时也可以由发文事项、文种两个要素构成。

（二）主送机关或单位

函的主送机关或单位多是不相隶属的机关或单位。有时直属上级机关或单位用函询问有关事项时，下级机关或单位也可以用函来答复。

（三）正文

正文由开头、主体和结束语三个部分构成。

1. 开头。写行文的缘由、依据或者背景。一般来说，主动而发的去函，开头或说明依据上级有关文件的精神，或简要叙述本地区、本单位的实际需要、疑惑或困难。被动而发的复函，开头一般引述对方来文的标题及发文字号，有的复函还简述来函的主题，与批复开头的写法基本相同。接下来，有的复函以"现函复如下"或"现将有关问题函复如下"等承启语引出主体事项，即答复的主要内容。

2. 主体。写需要商洽、询问、答复、联系、请求批准或答复审批及告知的事项。函的内容一般比较单一，多为一事一函，行文较短，常常是开头、主体合为一段。少数事项复杂的才分条列项书写。

3. 结束语。即结尾。不同类型的函结束语有别。如果是商洽函或询问函，一般要求对方复函，常用"盼复"、"望函复"、"请即复函"等结束语。如果是告知函，一般不需对方回复，常用"特此函告"、"特此函达"等惯用结束语。如果是批请函，一般则用"请大力协助为盼"、"望能同意"、"请批准"等结束语。如果是复函，常用"此复"、"特此函复"等结束语。

（四）落款

落款由发文机关或单位印章、成文日期两个要素构成。成文日期用汉字书写，"〇"不要写为"零"。年、月、日要完整。

阅读例文1：

昆仑建筑机械制造总公司
关于选派出国考察专业人员的商洽函

世新对外贸易公司：

　　我公司决定2010年11月组织10名专业技术人员赴美国、法国和英国考察建筑机械设备，拟请贵公司选派熟悉外贸谈判并精通英语和法语的专业人员各1名参加考察，协助我公司专业技术人员谈判。如蒙同意，请将同意派出出国人员的批件于6月底前寄给我公司总经理办公室。

　　专此奉达，务请函复。

昆仑建筑机械制造总公司（印章）
二〇一〇年三月七日

例文评析：

　　这是一份商洽函，去函。标题由发文单位、发文事项和文种三个要素构成。发文事项显现了这份商洽函的主旨。主送单位用全称。正文第一段开头第一个分句写发文缘由，第二、三两个分句是商洽事项。最后一句提出要求，希望对方在6月底前提供出国人员批件。第二段以商洽函常用的惯用语结尾。全文内容单一，主旨鲜明，行文简洁。结尾语言谦敬、平和、诚恳。正文的结构模块为：开头（缘由式）→事项（递进式）→结尾（强调式）。全文采用第一人称和叙述的表达方式写作。落款由发文单位印章和成文日期两个要素构成。

阅读例文2：

东方化学工业总公司
关于询问引进环保设备运转情况的函

天山化学制剂公司：

　　近闻贵公司从国外引进的大型环保设备运转不久即发生了故障，国外供应商派人前来调试后，现在运转情况如何？设备质量到底如何？请函告我公司，以便我公司决定是否从该国进口此类设备。

　　盼复。

东方化学工业总公司（印章）
二〇一〇年九月十七日

例文评析：

　　这是一份询问函，去函。标题由发文单位、发文事项和文种三个要素构成。发文事项显现了这份函的主旨。主送单位采用全称。正文包括开头（发文缘由）、主体（询问设备质量问题）和结尾（祈请复函）三个部分。因内容单一、文字简短，开头和主体合为一段，结尾独立成段，用语谦敬。正文的结构模块为：开头（缘由式）→事项（递进式）→结尾（祈请式）。全文主题单一，事项具体，语言简洁。正文采用第一人称写作，表达方式以叙述为主。落款由发文单位印章和成文日期两个要素构成。

阅读例文3：

天山化学制剂公司关于询问引进环保
设备运转情况的复函

东方化学工业总公司：

　　贵公司《关于询问引进环保设备运转情况的函》（东化字〔2010〕9号）收悉。我公司新近从国外引进的大型环保设备安装调试后，运转不久即发生了故障，我们立即电告国外供应商派技术人员前来检修和调试。现在设备运行正常，完全能够达到产品设计要求。经专家评估、验收，这套环保设备没有质量问题，出现故障系由操作不熟练造成。

　　特此函复。

天山化学制剂公司（印章）
二〇一〇年九月二十四日

例文评析：

　　这是一份答复函，系被动而发。标题由发文单位、发文事项和文种三个要素构成。发文事项显现了这份函的主旨。主送单位采用全称。正文包括引语与发文字号、答复事项和结束语三项内容。第一句是引语和发文字号，说明复函的依据。第二句至第四句答复询问的事项。因文字简短，引语、发文字号和答复事项合为一段，惯用结束语独立成段。全文采用两段式结构写作。正文的结构模块为：开头（缘由式）→事项（递进式）→结尾（强调式）。全文采用第一人称写作，表达方式以叙述为主。落款由发文单位印章和成文日期两个要素构成。

阅读例文4：

艺精进出口贸易总公司
关于××国铁矿石不再出口中国的通知函

镇远炼铁总公司：

贵公司长期从××国进口铁矿石，最近我公司接到该国于2011年4月底后不再向中国出口铁矿石的函，建议贵公司及早做好应对准备。

特此函告。

艺精进出口贸易总公司（印章）
二〇一〇年九月十九日

例文评析：

这是一份告知函，去函。标题由发文单位、发文事项和文种三个要素构成。发文事项显现了这份函的主旨。除主送单位外，正文包括缘由、事项和结束语三个部分。第一个分句说明缘由，第二、三两个分句叙述事项，文字简短，连成一体，故合为一段。惯用结束语独立成段。全文采用两段式结构写作。结构模块为开头（缘由式）→事项（递进式）→结尾（强调式）。正文用第一人称和叙述的表达方式。落款由发文单位印章和成文日期两个要素构成。

阅读例文5：

××市农工商联合总公司
关于2010年各级管理费列支办法的函

××市财政局：

根据市财政局《关于印发××市国有企业上交主管部门管理费税前扣除审批管理办法的通知》（×财税〔2009〕64号）文件精神以及我总公司的管理情况，我们拟定了《关于2010年各级管理费列支办法》，请求按此办法对所属公司在其销售收入2%的范围内收取管理费，并在上交企业所得税前扣除。

以上请求当否，请函复。

××市农工商联合总公司（印章）
二〇〇九年十二月十七日

例文评析：

这是一份请求函，去函。标题由发文单位、发文事项和文种三个要素构成。发文事项显现了这份函的主旨。主送单位用全称。正文由依据、事项和请求语三个部分构成。开头说明发文的依据,接下来是请求的事项,即函的主体部分。发文依据和事项文字简短,合为一段。结尾请求语谦敬、平和、得体,独立成段。正文采用两段式结构写作。其结构模块为:开头(根据式)→事项(递进式)→结尾(惯用结束语,强调式)。全文主题单一、鲜明,语言简洁。落款由发文单位印章和成文日期两个要素构成。

阅读例文6:

××市商贸局关于同意投资国外采矿基地的复函

龙门矿业公司:

你公司《关于投资国外采矿基地的请批函》(龙矿字〔2011〕7号)收悉。经研究,现函复如下:

一、同意你公司在××国投资采矿基地。投资规模应控制在8 000万美元以内。

二、务请深入了解该国的法律保障和投资环境等问题,确保投资的安全性。

三、希望在签订正式合同之前,做好国际矿石市场的调研工作,确保投资的效益性。

××市商贸局(印章)
二〇一一年二月七日

例文评析:

这是一份批复函,系被动而制发。标题由发文机关、发文事项和文种三个要素构成。发文事项显现了这份复函的主旨。主送单位用全称。正文由引述语(包括发文字号)、事项两个部分构成。开头的引述语和发文字号说明复函的依据,主体的事项部分内容较多,采用分条列项的方式,分为三段。答复事项态度明确,表述周全,语言得体。全文采用多段式结构写作。因引述语和事项之间已用承启语"现函复如下",所以不需再写结束语。没有结尾的行政公文称秃尾文。正文的结构模块为:开头(根据式)→承启语(承上启下)→事项(并列式)。落款由发文机关印章和成文日期两个要素构成。

五、批请函(请批函)与请示的区别

向有隶属关系的上级机关或单位请求指示及批准事项要用请示,受理请示的上级机关或单位答复或批准用请示时批复。而向不相隶属的业务主管机关或单位请求批准有关事项,则用请批函,受理请批函的业务主管机关或单位答复请求时,用审批函。

项目九 函的写作

> **小贴士：写作函要注意的问题**
>
> 1. 开门见山，直奔主题。无论是去函还是复函，都不要客套、发空泛的议论，更不能借题发挥，不着边际，而要开门见山，直叙事项。
> 2. 一事一函，简洁明了。由于事项单一，函的篇幅往往简短，简便、灵活是函的一大特色。
> 3. 语言要规范得体。去函要使用平和、礼貌、诚恳的语言，无论对主管机关、协作单位还是级别较低的交往单位，都要互相尊重，用语要谦敬、平和、友善。复函则态度要明朗，表达要准确，不要含糊笼统、犹豫不定。

技能训练

一、分析函的写作结构，根据提供的材料写作函

行政文书的结构大多是格式化、模块化的，只要认真阅读材料，正确选择文种，按照选定的文种固有格式进行写作即可。如果文种选择错了，就一切都作废了。优秀的行政文书，要求主题单一、明确，层次清楚，结构完整，语言通顺得体。

分析与写作 1：

××市××区人民政府 2011 年发出一份 89 号文件，内容是要求全区有关街道做好民国著名民主人士故居的保护工作。在故居保护过程中，维修费用由各街道办事处承担 50%，区旅游文化局以补助的方式承担 50%。七里桥街道办事处维修了其辖区内的两处故居，完工后经结算和审计，共支出维修经费 174 万元，该办事处要求区旅游文化局拨付一半维修费。请为该办事处撰写一份行政公文来办理这项公务。

互动与交流：

1. 应该选用什么文种写作？

向对方申请各种经费通常使用请示和函这两个文种，如果对方是直接的上级领导机关或单位，用请示；如果对方是平级机关或单位，或虽级别较高但不是直接的上级领导机关或单位，用函。除此之外，使用其他任何文种都是错误的。

2. 怎样确定双方之间的关系？

街道办事处是区政府的派出机构，区旅游文化局是区政府的组成部门，两者是平级单位，故不可用请示，只能选择函来办理这项公务。文种选择正确后，才可以进入写作程序。

3. 怎样确定行文方向？

这是一份主动发出请求拨付补助款项的函，属于去函。

4. 采用第几人称写作较合适？

无论去函、复函都要使用第一人称写作。

写作例文：

**关于请求拨付维修民国著名民主人士
故居补助款的函**

区旅游文化局：

根据区政府《关于做好我区民国著名民主人士故居保护工作的通知》（×政发〔2011〕89号）精神，我办事处最近对辖区内两处民国著名民主人士故居进行了维修，并设立了专门管理机构。经结算和区审计事务所审计，两处故居维修共支出资金174万元整。区政府文件规定，凡街道办事处负责保护的民国著名民主人士故居，其维修经费由所在辖区街道办事处承担50%，区旅游文化局区以补助的方式承担50%，故区旅游文化局应承担87万元维修补助款。

请予审核拨款。

附件：关于七里桥街道办事处维修民国著名民主人士故居经费的审计报告

××市××区七里桥街道办事处（印章）

二〇一一年十二月二十一日

例文评析：

这是一份请求函，去函。行政公文的标题可用三要素标题，也可用两要素标题，这份去函的标题由发文事项和文种两个要素构成。发文事项显现了这份函的主旨。主送机关要用全称或规范化简称，这份函用的是规范化简称。因为这两个单位同属一个区，故"××市××"等文字可以略去。

正文开头写明发生款项的依据是区政府文件（包括发文字号）。接着说明发生款项的具体事项和事项结束后产生的款项数额，并以区政府文件为依据，提出对方应拨付的补助款项数额，并交代款项数额是经过审计部门审计的。因正文的开头和主体部分文字较短，故合为一段写；结尾独立成段，以请求语结束，用语谦敬、平和、得体。全文采用两段式结构写作。主题单一、明确，层次清楚，结构完整。正文的结构模块为：开头（根据式）→主体（即拨款事项，递进式）→结尾（祈请式）。

这份去函是请求对方拨付维修款项的，数据应真实可靠，不可让对方心中疑惑，所以要有第三方的审计。《审计报告》是这份函的附件，故要有附件一项。落款不需写出发文机关或单位名称,盖上单位印章即可。平时练习写作,可以写发文机关或单位名称(要写全称),但要在后面写上"(印章)"二字,表示作者知道函这类行政公文落款是不需要写出发文机关或单位名称的。落款只需写出成文日期即可。成文日期用汉字书写,"〇"不要写作"零",年、月、日要完整。

分析与写作 2:

东方智能化学制剂有限公司是一家新建不久的中型公司,该公司决定对新招录的 100 名职工进行安全生产岗前培训,并于 2011 年 5 月 10 日给诚信职业技术学院发去一份请求委培的文书。具体要求是:2011 年 7 月至 8 月,用两个月的时间完成培训任务。培训内容为××省安全生产管理局组织编写的《化工企业安全生产培训教程》;培训结束后要组织培训人员参加全省 8 月 31 日统一组织的"化工企业安全生产上岗证书"考试。该公司根据培训市场行情,将按每人 1 500 元标准给付培训费,培训人员报到后,一次性转账付清。同时该公司还要求诚信职业技术学院解决学员的食宿问题,所需经费按诚信职业技术学院的有关规定由该公司统一支付。请根据以上材料,代该公司撰写一份反映以上内容的文书。

互动与交流:

1. 要处理以上公务,应选用什么样的文种才能实现?行文方向是怎样的?
2. 标题应该怎样写?主送机关或单位应该怎样写?
3. 正文应包括几个部分?要告知对方的核心内容有几项?结束语应该怎样写?
4. 落款应怎样写?成文日期采用什么字体?
5. 这份文书适合用第几人称写作?

分析与写作 3:

诚信职业技术学院接到以上内容的文书后,经研究,同意该公司的请求和提出的培训时间、培训内容、培训费用标准、培训人员食宿、组织培训人员参加省里组织的上岗证书考试等要求,同时向该公司提出了把 100 名职工分为两个班教学以及指定各班班长、自行解决参加培训人员教材的要求。请代该学院撰写一篇反映以上内容的文书。

互动与交流:

1. 要回复对方询问并向对方提出要求,应选用什么样的文种才能实现?
2. 标题中要包含哪些要素?读者对象是什么单位?
3. 要告知对方的核心内容有几项?
4. 采用什么样的结束语比较合适?

5. 标明成文日期要注意什么问题？

分析与写作 4：

吴旗县根据本县的气候条件和地理优势，决定在全县推广烤烟种植项目。为掌握烤烟种植技术，该县农技推广站准备于 2011 年 3 月下旬举办一期培训班，对全县准备从事烤烟种植的农民进行一次技术培训。培训时间 3 天，参加培训的学员约 50 人，大多为具有高中文化程度的农民。拟请西北农业大学园艺系派出两位教授来县里面对面地传授烤烟种植技术。两位教授的往返交通、食宿费用由该县农技推广站按实际支出报销，讲课酬金每人每天 800 元，培训结束后，该站直接和两位教授结清费用。请替该站撰写一份请求对方大力支援的商洽性公文。

互动与交流：

1. 第一步是确定文种，根据以上材料，选用什么文种最合适？
2. 标题包含哪些要素？受文单位怎样写？
3. 主体部分必须写明哪些内容？

写作材料有明确的培训内容、培训时间，有明确的聘请对象及人数，有明确的费用支出及酬金标准以及明确的报销和酬金支付方式等，但对方能否满足所有要求？写作时不要忘记询问对方能否满足己方提出的所有要求，如果其中某个要求不能满足，则要求对方给出解决的办法或具体的建议。

4. 落款要注意哪些问题？
5. 这份文书要用第几人称写作？

分析与写作 5：

西北农业大学园艺系接到吴旗县农技推广站的文书后，经研究，答应了吴旗县农技推广站提出的所有要求，同时提出在吴旗县建立西北农业大学园艺系生产实习基地的请求。请替该系撰写一份回复和提出以上内容的公文。

互动与交流：

1. 用什么文种处理以上公务最合适？行文方向是怎样的？
2. 标题怎样写才能显现文书的主旨？
3. 正文中要特别说清楚的是什么内容？

西北农业大学园艺系向对方提出了一个请求事项，最后应询问对方能否满足己方提出的请求，并期盼回复。

4. 成文日期采用什么字体？
5. 这份文书应采用第几人称写作？

二、综合测试

(一) 填空

1. 按照内容和用途分,函可以分为_____、_____、_____和批请函四种类型。
2. 按照行文方向分,函可以分为_____和_____两种类型。
3. _____,简洁明了,是函的主要特点之一。

(二) 解释名词

1. 商洽函
2. 询问函
3. 审批函

(三) 简答

1. 写作函要注意哪些问题?
2. 批请函(请批函)和请示的用途有什么区别?

(四) 写作

根据下面材料,撰写一份告知函:

为及时、准确地反映2011年五原县国民经济和社会发展的成就,做好国民经济和社会发展统计公报的发布工作,五原县统计局告知全县各有关部门密切配合,及时向该局提供有关指标数据和情况。①统计公报指标数据:按《2011年度统计公报指标》(见附件)内容填报,对所报数据要认真审核,严格把关,确保数据准确。②统计公报文字材料:要求文字简洁、概括,能反映本部门(行业)2011年取得的突出成绩及存在的问题,同时将本部门年终工作总结一并报送。统计公报指标数据和文字材料,于2012年1月6日前一并报送该局综合科,或者发送至统计局邮箱:wytj@126.com。该局将于2月中旬在《五原晚报》和政府网站上发布2011年度统计公报。

项目十 会议纪要与会议记录的写作

■ 会议纪要的写作

项目目标

一、知识点
1. 会议纪要的含义和特点
2. 会议纪要的分类
3. 会议纪要的结构和写法
4. 会议纪要与会议记录的区别
5. 写作会议纪要要注意的问题

二、技能要求
1. 能够区分会议纪要的类型
2. 能够根据提供的材料写作会议纪要

任务导向

一、会议纪要的含义和特点

(一)会议纪要的含义

会议纪要是用于记录和传达会议情况和议定事项的行政公文。会议纪要是根据会议的指导思想和目的要求,在会议记录和会议有关文件的基础上,将会议的基本情况以及决议事项加以综合整理而形成的。会议纪要的行文方向多元,可以上传也可下达,它的作用是沟通情况,交流信息,指导工作等。

(二)会议纪要的特点

1. 纪实性。会议纪要是一种实录性行政公文,应如实反映会议内容,不能把没有经过讨论的问题写进会议纪要,不然,会议纪要就失去了客观真实性,违反了纪实要求。

2. 提要性。会议纪要是依据会议情况综合而成的。撰写会议纪要应围绕会议主旨及会议主要精神来整理、提炼和概括。会议纪要的重点应该放在介绍会议精神和决议上,而不能仅叙述会议过程,更切忌写成流水账。

3. 约束性。会议纪要一经下发,就要求与会单位和有关人员遵守、执行,具有较强的约束性。

二、会议纪要的分类

可以从不同的角度,按照不同的标准对会议纪要进行分类。

(一) 按会议性质分

会议纪要可以分为办公会议纪要和专项会议纪要。办公会议纪要是各级党政机关、企事业单位、社会团体定期或不定期召开的工作会议所形成的会议纪要;专项会议纪要是为研究某一专项问题而召开的会议所形成的会议纪要。

(二) 按会议纪要内容分

会议纪要可分为专题性会议纪要和综合性会议纪要。专题性会议纪要主要反映与会者就会议主要议题,在统一认识的基础上所形成的决议、决定。这种会议纪要大多用于企事业单位专门召开的座谈会、研讨会等,其主要特点是主题的集中性与意见观点纷呈性相结合,既要归纳比较集中、统一的认识,又要将各种不同观点和倾向性意见都表达出来;综合性会议纪要侧重于全面概述会议基本情况,包括会议的议题、讨论情况、讨论结果等。

三、会议纪要的结构和写法

会议纪要的结构和写法都比较灵活,但大致的结构还是比较固定的。

(一) 标题

会议纪要的标题一般由会议名称和文种两个要素构成,如《金城机械有限公司2011年年终总结会议纪要》、《北疆生产建设兵团教育工作会议纪要》。这是会议纪要标题最常见的写法。

还有一种标题是由会议的主要内容和文种两个要素构成的。前一个要素显现公文的主旨,如《加强价格监管工作会议纪要》、《落实城市长效管理措施会议纪要》。

会议纪要的成文日期即会议通过事项的时间或领导人签发的时间,一般在标题下居中位置,用括号标明年、月、日,也可把成文日期写在结尾的署名下面。

(二) 正文

会议纪要的正文由三个部分组成:开头部分,写会议的基本情况,包括会议召开的背景,会议的指导思想和目的要求,会议名称,会议的地点和时间,主持者,与会人员,主要议程,主要解决或讨论的问题,对会议的评价等。主体部分,写会议的主要精神和会议情况,包括研究的问题,讨论的意见,制定的措施等。结尾部分,一般提出希望和要求。也有的会议纪要事完文止,不写结尾。

会议纪要在行文时,通常使用一些较为固定的用语。如前言部分的常用语"现将这次会议研究的几个问题纪要如下"、"现将会议主要精神纪要如下"。主体部分也常常用"会议认为"、"会议指出"、"会议听取了"、"会议决定"等语句。

(三) 落款

由制发文件的机关或单位印章、成文日期两个要素构成。如果标题下已经注明会议名称和通过事项的日期,则可以不落款。

阅读例文:

<h3 style="text-align:center">武进区花园街北延工程房屋征收补偿方案
征求意见座谈会纪要</h3>

(二〇一一年六月五日)

2011年6月2日上午9:00,武进区花园街北延工程指挥部在中凉综合市场二楼会议室召开座谈会,征求对《花园街工程建设项目国有土地上房屋征收补偿方案(征求意见稿)》的意见。会议由工程指挥部办公室居杏芬主任主持。参加会议的有花园街北延工程中被拆迁的四个国有土地住宅小区的全体居民、武进区住房和城乡建设局领导、武进区湖塘镇房屋征收服务中心、嘉禾地产评估公司、真诚拆迁公司、武进区信访局等有关单位和部门的工作人员。

会议介绍了花园街北延工程的主要情况。花园街北延工程南起于定安路,向北经过人民路、聚湖路、金鸡路、312国道、京杭大运河、运河路,向北穿越中凉新村及规划中的夏雷路、富盛路,终于中吴大道,全长3.5公里,武进区段长3公里,规划红线宽度36米(其中夏雷路以北段属于天宁区,宽度30米),工程计划投资约4.5亿元人民币(其中跨运河桥梁投资约1.5亿元)。由于此路段向北穿越的中凉新村涉及四个住宅小区,且居民都为常州市区的拆迁户、外来人口、被征收农用土地人口、退休及下岗职工,情况比较复杂。房屋征收工作启动后,遇到的阻力较大,工作开展进度慢,干群矛盾有激化的趋势,所以,及时召开这次座谈会,解释房屋征收补偿方案,听取被拆迁居民的意见,是非常必要的。

经过广泛征求被拆迁居民的意见,平等协商,反复讨论,各方最终达成了基本一致的认识。会议对房屋征收补偿方案做了相应的调整,并作出如下决定:

一、进一步征求被拆迁居民意见,延长意见收集期限

二、增设拆迁丈量评估奖励

在规定拆迁丈量奖励期限内配合完成入户丈量评估的,给予丈量评估奖,标准为5 000元/户。具体丈量奖励期限自征收决定公告后在征收现场另行公布;在丈量奖励期限内未配合丈量的不予奖励。

三、增设拆迁签约奖励

在拆迁签约奖励期内签订征收补偿协议的给予签约奖,奖励标准为:

1. 在第一签约奖励期内签约的,奖励3万元/户。
2. 在第二签约奖励期内签约的,奖励2万元/户。
3. 在第三签约奖励期内签约的,奖励1万元/户。

签约奖励期开始之日和各档签约奖励具体期限,自征收决定公告后,在征收现场另行公布;超出签约奖励期限签约的不予奖励。

四、修改完善货币化补偿补助的相关内容

具体修改为:征收个人住宅,被征收人选择货币补偿自行解决住宅问题的,以被征收房屋实行货币补偿的合法建筑面积为计算单位,由房屋征收部门按被征收房屋评估总额(不含装修、车库及附属设施)的10%给予补助。在签约期限内签订补偿协议的,以被征收房屋实行货币补偿的合法建筑面积为计算单位,此项补助不足1 000元/平方米的补足1 000元/平方米。

会议强调,花园街北延工程,是武进区2012年重点工程。工程指挥部本着"阳光、透明、公平、公正"的原则,认真负责地做好房屋征收工作。决不让积极配合工程进展、先签约、先搬空的被征收户吃亏,一定做到"前高后低"。希望广大被征收户相信花园街北延工程指挥部的承诺,积极配合工程指挥部做好拆迁的各项工作。

例文评析:

　　这份会议纪要的标题由会议名称"武进区花园街北延工程房屋征收补偿方案征求意见座谈会"和文种"纪要"两个要素构成,标题下居中位置用汉字注明成文日期。正文开头部分,交代了会议时间、地点、主持人、会议主要议题、与会人员等情况。主体部分,首先用叙述的表达方式介绍了会议召开的背景,用说明的表达方式说明会议召开的必要性;其次记录了会议的四项决定,这既是讨论结果,也是会议决议。结尾部分,强调工程的重要性,重申花园街北延工程指挥部的工作原则,对被征收户的承诺及希望。正文的结构模块为:开头(说明式)→主体(纪要的核心部分,递进式、并列式混合)→结尾(希望式)。全文符合会议纪要的写作规范,详略得当,用语专业。因标题中已写明发文单位,标题下已标注成文日期,所以不需要落款。

四、会议纪要与会议记录的区别

会议纪要和会议记录都是因为会议而产生的,这是它们的共性,但是,它们又有着明显的区别。

(一) 文种不同

会议纪要是用来记录会议要点的,是法定的行政公文;会议记录是会议上讨论发言的实录,属于事务文书。

(二) 功能不同

会议纪要需要在一定场合传阅或传达,需要贯彻执行;会议记录仅仅作为资料保存,一般不对外公开。

(三) 载体不同

会议纪要需要以文件形式发送,具有法律效力;而会议记录一般只记录于会议记录簿上。

(四) 用语不同

会议纪要通常用第三人称的写法,以介绍和叙述情况为主;而会议记录只需要如实记录发言内容即可。

(五) 适用对象不同

会议纪要具有传达告知功能,有明确的读者对象和适用范围;而会议记录仅仅作为会议资料,供需要者查阅而已。

小贴士:写作会议纪要要注意的问题

1. 遵循纪实原则。会议纪要必须忠实于会议的实际内容,尤其是会议的议决事项,不能随主观意愿增减或更改。对没有取得一致意见的内容,一般不写入纪要。

2. 突出会议的要点。会议纪要是在对会议中的各种材料、与会人员的发言以及会议简报等进行综合分析和概括的基础上形成的,撰写会议纪要应围绕会议主旨以及主要成果来整理和概括,重点应介绍会议成果,而不是会议过程,绝不能写成流水账。会议纪要应该重点反映会议所讨论的问题以及形成的统一意见,即会议明确和解决的问题。要对会议所研究的问题和决定的事项逐条归纳,做到条理清晰,简明扼要。

3. 会议纪要一般采用第三人称写法。由于会议纪要反映的是与会人员的集体意见和意愿,常以"会议"作为表述主体。常用"会议认为"、"会议决定"、"会议要求"等常用语言。

4. 写作要及时。会议纪要必须及时撰写，时间长了，不但给人"时过境迁"的感觉，还会耽误当前的工作。

会议记录的写作

项目目标

一、知识点
1. 会议记录的含义和特点
2. 会议记录的分类
3. 会议记录的结构和写法

二、技能要求
1. 能够分析会议记录的类型
2. 能够根据资料整理会议记录

任务导向

一、会议记录的含义和特点

（一）会议记录的含义

会议记录是在会议过程中，由专门记录人员把会议的组织情况和会议的具体内容如实笔录而形成的书面材料。记录的主要目的是为会后形成会议纪要、编发会议简报、执行会议决定或处理某些问题等作为资料和依据，也是一个单位的宝贵档案材料。

（二）会议记录的特点

1. 依附性。会议记录是依附于会议和会议言论而被动存在的。没有会议就没有会议记录。有会议，但没有讨论也不会有会议记录。

2. 实录性。会议记录要根据会议内容实事求是地记录，发言者如何说，记录者就如何记，不在记录中掺杂记录者个人的观点和倾向。

3. 即时性。会议记录必须与说话者声音同步，过于慢的记录，有可能遗漏内容，所以，记录要讲究速度。

二、会议记录的分类

(一) 详细式会议记录

这类会议记录对会议的全过程、会上每个人发言的原话和语态声调都做详细记录。

(二) 摘要式会议记录

这类会议记录只要求将发言人有关会议议题的讲话要点、重要数据和材料记录下来。

(三) 重点式会议记录

这类会议记录只要求提纲挈领地记录会议上的主要内容或会议决议。

三、会议记录的结构和写法

会议记录由标题、会议组织概况、会议内容和结尾四个部分组成。

(一) 标题

会议记录的标题由会议名称和文种两个要素构成。如《大地公司招聘工作会议记录》。

(二) 会议组织概况

1. 会议时间。写明会议举行的具体时间,年、月、日必须齐全,必要时写明时刻。

2. 会议地点。如"三楼会议室"、"学术报告厅"、"第一会议室"等。

3. 主持人。需要写出主持人的姓名、职务等信息。

4. 出席人。根据会议的性质、规模和重要程度的不同,出席人一项的详略也会不同,要根据会议的性质和内容决定。

5. 列席人。即听取会议内容但没有表决权或选举权的人员。如有必要可以写明列席人员的姓名和职务等信息。

6. 缺席人。如有重要人物缺席,应作记录,并写明缺席原因。

7. 记录人。即负责记录的工作人员,需要注明姓名、部门以及职务。

(三) 会议内容

这部分一般没有固定格式要求,大多是按照会议进程,如实地记录会议上的发言及有关动态。

1. 基本内容。一般包括会议的议题、主旨、目的、会议议程、表决情况、会议遗留问题等几个方面内容。

2. 重点内容。主要有会议报告和讲话、会议讨论和发言、会议决定和决议等内容。具体地说,包括会议中心议题以及围绕中心议题展开的有关活动,会议讨论、争论的焦点以及各方的见解;权威人士或代表人物的言论,会议开始时定调性言论和结束前的总结性言论,会议已经决议和未决议的事项,对会议产生较大影响的其他活动或言论等。

(四) 结尾

可将主持人宣布散会一项记入,也可以将散会一项略去不记。

主持人和记录人对记录进行认真校对后,分别签上姓名,表示对会议记录负责。

阅读例文：

钟楼区芳村街道城管支队办公会议记录

时　　间:2011年5月6日上午9:00

地　　点:街道办事处四楼会议室

主持人:武郑彪(城管支队队长)

出席者:张岚(城管支队政委)、周雷宏(城管支队副队长)、李耀进(钟楼区城管大队队长)、蒋西芳(芳村街道党委副书记)、陈洪武(综合治理科科长)

列席者:街道有关科室干部

记录人:刘进友(城管支队办公室秘书)

会议议题:

1. 清潭菜市场周边环境整治问题。

2. 清潭地区方家村、董家村违章建筑拆除问题。

武郑彪队长主持会议:

我支队在钟楼区城管大队的直接领导下,齐心协力,在常州市创建全国文明城市活动中取得了很好的成绩,整个街道无论城市还是乡村,面貌焕然一新,成果斐然。可近半年来,特别是常州市获得全国文明城市称号后,少数人放松了管理,小区出现脏乱差的现象,清潭菜市场周围的市场秩序也出现倒退,街道上小商贩逐渐多了起来,水果摊、农民的菜担、小百货又沿街乱摆……方家村、董家村也开始出现违章搭棚、乱堆放材料、乱放杂物的情况。这些做法严重破坏了市容市貌,使整个芳村街道变得又乱又脏,社会各界反应强烈。因此,我们城管支队今天牵头先开个会,讨论两个问题:一是如何整顿清潭菜市场周边环境秩序;二是如何治理方家村、董家村的违章建筑,维护街道的整洁和安宁。

讨论发言:

张岚:个体商贩、农村种菜户等不按规定到菜市场指定地点经营,是因为我们城管的管理不到位,处理方式欠妥,我们是有责任的。我们要好好总结前面工作出成果的经验,认真吸取这次被批评的教训,做法是:反复宣传城管的有关规定,印发相应的宣传单,让小贩们自觉进菜市场经营,农民卖蔬菜主动去相应的区域,希望街道能出一部分人员,协助我们做好这项工作。另外,也希望村委会配合行动,说服农民,服从菜市场的管理。具体的行动方案我们回去再考虑。一周内把执行方案拿出来。

李耀进：芳村街道城管支队在创建全国文明城市活动中，表现积极，解决了许多长期没有解决的管理问题，曾获得过表扬。现在，出现这个情况，与我们没有指导到位也有关系。通过这次会议，我们希望支队领导能从全局出发，拿出具体得力的措施，彻底治理好菜市场周边的环境和经营秩序。如果有需要区里协调的，你们提出来，我们一定做好支持配合工作。

蒋西芳：方家村和董家村的乱搭建和乱摆摊设点是一个老大难问题。那里的居民都是刚从农民变成居民的，乱搭建乱摆放物品已是老问题，甚至还有人在花园里毁树种菜。不过也不能怪他们，原来他们天天在地里干活，现在突然没有了地，同城市人一样生活，他们不习惯。我们将争取村委会的积极配合和支持，用说服的方法解决，如果还是解决不了，再采取其他行政措施。

周雷宏：我认为，加强我们支队的队伍建设也很重要。有些刚进队的青年，只想着如何多休息，很少考虑如何把工作做好。只要有矛盾，他们总是躲在后面，让领导出面帮他们解决处理，这样的工作方式，这样的态度，怎么能把工作做好呢？我觉得，除了对他们加强教育外，还必须有积极的奖惩措施，促进他们快速成长，让他们能独立处理事务，把工作做好。

陈洪武：从综合治理角度讲，清潭菜市场周边地区的问题也确实难处理。去年参评全国文明城市的时候，我们是花大力气，派专人，每天二十四小时值班，才杜绝了很多无秩序的经营行为，最后评估才过了关。现在，检查力度没有以前大了，很多人就又开始钻空子了。我们应该拿出长期有效的治理办法，让那些爱钻空子的人无空子可钻。

与会人员经过充分讨论、协商，一致决定：

1. 由城管支队牵头，全街道其他部门密切配合，展开行动。第一周为宣传周，暂定名为"清潭菜市场周边整治月宣传周"；第二周为劝告周，对照整治措施，先行对乱设摊点，乱堆放物品，乱搭建的人员进行教育劝告；第三周为措施监督落实周，做到道路整洁，小区干净，摊贩归点，菜农进场，彻底改变秩序混乱的状况；第四周为扫尾周，针对拒不执行整顿规定的，拿出比较强硬的措施，用行政手段和经济处罚等办法，给予彻底地整治，确保清潭菜市场周边环境达到优良。

2. 由街道牵头，对两个村的违章搭建者进行说服教育，争取一个月内改变面貌。限时限刻，要求他们自行拆除违章建筑，恢复到全国文明城市检查时的状态，对于过时不改者，坚决照章严肃处理。

散会。

主持人：武郑彪（签名盖章）
记录人：刘进友（签名盖章）
二〇一一年五月六日

例文评析：

这是一份会议记录。标题由会议名称"钟楼区芳村街道城管支队办公会议"和文种"会议记录"两个要素构成。会议组织概况列出了：会议时间、地点、主持人、出席人、列席人、记录人等。会议内容按照会议进程，分三部分记录：先记录会议主持人的开头发言，提出会议主要议题；其次记录了参会者的发言；再次记录了会议决定。结尾写"散会"二字。主持人、记录人在右下角主持人、记录人的位置签字确认。其结构模块为：标题（要素式）→开头：会议组织概况（说明式）→主体（议题，并列式）→发言记录（并列式）→结尾（宣布散会）→落款（签名盖章和记录日期）。全文条理清晰，内容概括扼要，是一份要素齐备的会议记录。

技能训练

一、分析会议纪要和会议记录的结构，根据提供的材料写作会议纪要和会议记录

清代学者唐彪指出："多读乃藉人之功夫，多做乃切实求己功夫。……谚云：'读十篇不如做一篇'。"（《文章唯多做始能精熟》）只要反复实践，就能提高会议纪要和会议记录的写作技能。

分析与写作 1：

蓝旗公园于 2011 年 4 月 25 日，在行政办公楼二楼会议室召开公园改制工作会议，改制工作领导小组全体成员出席了会议。市园林管理局副局长管利常出席，并主持会议。会议讨论了公园改制的相关事项，并对前阶段的改制调研工作情况进行了通报，对下一阶段工作进行了布置规划。会议首先介绍了本市园林管理局管辖的各公园改制情况，特别是对巷江公园的改制情况进行了详细介绍。这个公园的情况与蓝旗公园有很多相似处，它们的成功经验值得借鉴。其中最关键的问题是病退和退休人员的待遇问题，如何既照顾他们的利益，又不影响公园的发展。其次，需要以改制为抓手，促进公园管理再上一个新台阶。特别是对临时工、编外人员的管理，如何更好地调动其工作积极性，也值得探讨。再次，加大清产力度，进一步规范国有资产管理权限，充分利用现有设施和设备，营造更舒适的娱乐环境。请根据以上材料，写作一份会议纪要。

互动与交流：

1. 应选择什么文种？标题怎样写？
2. 成文日期写在什么位置？
3. 正文开头部分应写哪些内容？主体部分要写哪些内容？
4. 结尾部分写哪些内容？

写作例文：

蓝旗公园改制工作会议纪要

（二〇一一年四月二十八日）

2011年4月25日，蓝旗公园在园行政办公楼二楼会议室召开了公园改制工作领导小组会议，改制工作领导小组全体成员出席了会议。市园林管理局副局长管利常出席并主持了会议。本次会议是市园林局调整领导班子后，在蓝旗公园召开的第一次会议。会议对全市各公园改制情况进行了通报，对蓝旗公园的改制工作进行了安排布置。

一、会议通报了全市各公园的改制进展情况，特别是对与蓝旗公园相似的巷江公园的改制情况进行了详细介绍。该公园与蓝旗公园有很大的相似性，如建园时间长、老员工数量多、公园设备陈旧、新引进人员未培训就上岗、新老交替后服务质量亟待提升等等。改制后编制问题如何解决，退休病休职工如何安排，企业文化如何继承，职工代表会议如何建立等问题，都是困扰改制的关键问题。会议对这些问题逐一进行了讨论，也提出了一些建设性意见，待提交市园林管理局审批后公布。

二、会议决定以改制为抓手，促进公园管理再上一个新台阶。在制定新的管理措施后，需要加强员工的思想教育、纪律教育、安全教育及素质提升。特别是对临时工、编外人员的管理，需要更好地从思想上帮助他们，从物质上照顾他们，充分调动他们的工作积极性，让改制成为促进工作的有力推手。

三、会议决定进一步加大资产清理力度，进一步规范国有资产管理权限，充分利用现有设施和设备，营造更舒适的娱乐环境。

1. 会议责成财务处完成如下工作。（略）
2. 会议责成人力资源部完成如下工作。（略）
3. 会议责成资产管理处完成如下工作。（略）
4. 会议责成设备处完成如下工作。（略）
5. 会议责成综合办公室完成如下工作。（略）

四、会议决定由成思冉园长负责，清查账目。

五、会议要求在半个月内，召开全园各级各类人员座谈会，统一思想，征求意见，把改制工作落到实处。

例文评析：

这份会议纪要记述了蓝旗公园改制工作领导小组会议的情况和会议议定的事项，对公园改制的各项工作做了具体的安排和部署，并确定改制为现阶段公园工作的重点。标题由会议名称和文种两个要素构成，具体明确。会议纪要的成文日期写在标题下,成文日期比会议时间晚 3 天,符合实际情况,标注位置合适。正文开头部分明确了会议时间、地点、主持人等要素,并交代了会议背景,明确了会议的主要议题,表述准确。主体部分采用横式结构分条列项,从五个方面概括了会议议定的事项和内容,归类合理,要言不烦,涉及具体工作又有详有略。正文没有结尾。正文的结构模块为:标题(要素式)→前言(会议组织概况,说明式)→主体(议定事项,并列式)→结尾(秃尾)。这是一份规范的会议纪要,可以作样本使用。因标题中已写明发文单位名称,标题下已标注成文日期,所以没有落款一项。

分析与写作 2:

2011 年 6 月 22 日上午,兰新废旧物资回收公司在公司会议室召开办公会议,讨论解决废品仓库改建扩容移库、环境卫生整治、车队调度等相关问题。会议由公司副总贺天鸿主持,办公室秘书张晓军记录。仓库管理科韩斌科长、综合科陈晨科长、车队总调度吴丽丽、人力资源科郝航科长、基建科李健副科长等出席了会议。

贺天鸿副总主持会议:今天的办公会议,我们要解决几个大问题。首先是仓库扩容问题。因为运输渠道不畅,这些天的物资堆满了大楼的走廊,宿舍区也成仓库了,大家意见很大,特别是六月天,气温高,有些物资发出阵阵臭味,让人无法生活,连走过仓库区也不愿意,急需解决仓库储存问题。我们几个经理已经研究决定,在周边寻找适合的地点堆放这些货物。但资金问题还没有解决,大家看看是否有更好的办法,处理好这个问题。

陈晨科长:我们检查发现,很多人趁堆放物资多的机会,不顾平时一再强调保持环境卫生的要求,乱扔乱放,甚至乱扔烟头,危险得很呢!我昨天就踩灭了两个烟头,要是不及时,附近的那些塑料易燃品也许就被点燃了。我认为,找仓库是一个事,全部动员起来搞好环境卫生,并注意卫生行为教育更重要,不然等事故发生了,就来不及了。

韩斌科长:有些人不注意细节,可仓库真的是太满太满了,无法再容下今天所收的物资了。你们不知道,我每天都愁怎么放。车队,你们是否也想想办法,解决我们的难题呢?

车队总调度吴丽丽:这也不光是车队的事,车队只管运输,你们联系不好商家,没有谈好价钱,协议签不下来,我们往哪里运呢?

郝航科长:我们已经去云南招聘工人了,争取今明两天有消息,但最快也要 25 号才能有人来工作。临时工有 5 个,正加快打包速度,装车也快了。分库工作安排给基建科了,李科长,你们明天能完成吗?

李健副科长:我们也正加快进度,但质量也不能放松啊!明天下午 6 点前,一定能转移部分货物到新建的 5 号库去的。你们车队做好准备吧!

贺天鸿经理：车队的调度需要加快，汽车队的任务重，时间紧，还望车队能顾及公司利益，克服天热路远的困难，尽快把分库工作做到位。仓库管理中，需要增加人手的，要及时提出来，公司也尽全力帮助解决。

郝航科长：如果人力实在紧张，我们用发加班工资的方式，留住一部分工人。

车队总调度吴丽丽：我们争取多发车，鼓励师傅们每天早晚加班，避开高温，尽快完成转库任务。

韩斌科长：仓库的整理、新仓库的消毒等工作，我们已经安排好了。

贺天鸿经理：希望各位把今天会议精神带回去，到各自的岗位上，发挥作用哦！总之，公司全力解决价格问题，尽早撤空库存，调度尽力调整出车时间，增加运力，基建科新库尽早能用，人力资源科注意工人劳动安全，调动人的积极性，综合科加强环境卫生检查，让干净整洁的厂区还原。散会。

请根据以上材料，整理出一份会议记录。要求按照正规会议记录格式写作，中心明确，语言通顺，符合会议记录格式要求。

互动与交流：
1. 这份会议记录的标题应怎样拟写？
2. 会议记录的规范格式分几部分？
3. 会议概况一般要写哪些内容？
4. 会议内容按什么步骤写？
5. 会议是否有决定和决议？结尾怎样写？

写作例文：

兰新废旧物资回收公司办公会议记录

时　　间：2011年6月22日上午
地　　点：公司会议室
主持人：贺天鸿（公司副总经理）
出席者：韩斌（仓库管理科科长）　陈晨（综合科科长）
　　　　吴丽丽（车队总调度）　郝航（人力资源科科长）
　　　　李健（基建科副科长）
列席者：各部门办事员若干
记录人：张晓军（总经理办公室秘书）
会议讨论议题：
1. 讨论解决废品仓库移库问题。
2. 环境卫生整治问题。
3. 车队管理及人力资源问题。

贺副总：今天的办公会议，我们要解决仓库改建扩容和移库问题。因为运输渠道不畅，这些天的物资堆满了大楼的走廊，宿舍区也成了仓库，急需解决仓库储存问题。我们几个经理已经研究决定，在周边寻找适合的地点，堆放这些货物。但资金问题还没有解决，大家看看是否有更好的办法解决这个问题。

陈晨：检查发现，很多人趁堆放货物多的机会，不顾平时一再强调保持环境卫生的要求，乱扔乱放，甚至乱扔烟头，非常危险。所以，在找仓库的同时，应该全公司总动员，搞好环境卫生，并注意卫生行为教育。

韩斌：仓库已经非常满，无法装下今天所回收的货物。车队是否能想想办法，解决难题？

吴丽丽：车队只管运输，公司联系不上卖家，没有谈好价钱，协议签不下来，我们往哪里运呢？

郝航：已经去云南招聘工人了，争取今明两天有消息，但最快也要25日才能有人来工作。临时工正加快打包装车速度。在附近找到地方做仓库前，新建的仓库建造得怎样了？基建科李科长，什么时候能完成？

李健：我们也正加快进度，但质量也不能放松啊！明天下午6点前，一定能转移部分货物到新建的5号库去。你们车队做好准备吧！

贺副总：车队的调度需要加快，汽车队的任务重，时间紧，还望车队能顾及公司利益，克服天热路远的困难，尽快把分库工作做到位。仓库整理中，需要增加人手的，要及时提出来，公司也尽全力帮助解决。

郝航：如果人力实在紧张，我们发加班工资。

吴丽丽：我们鼓励师傅们每天早晚加班，避开高温，完成移库任务。

韩斌：旧仓库的整理、新仓库的消毒等工作，我们已经安排好了。

贺副总：希望各位把今天会议精神带回去，到各自的岗位上，发挥作用。总之，公司全力解决价格问题，尽早撤空库存货物；调度尽力调整出车时间，增加运力；基建科新库建设还要抓紧；人力资源科一定要注意工人劳动安全，调动人的积极性；综合科加强环境卫生检查，尽快恢复厂区干净整洁的面貌。

散会。

主持人：贺天鸿（签名盖章）
记录人：张晓军（签名盖章）
二〇一一年六月二十二日

例文评析：

这是一份会议记录。标题由会议名称和文种两个要素构成。会议组织概况交代清楚。会议内容记录，根据发言顺序，条理清晰，符合会议记录的要求。记录时，删去了一些口头语和与中心议题关系不大的语句，详略得当。因为会议没有形成决定或决议,故记录中也没有。结尾记录了会议主持者的总结发言,最后宣布散会。其结构模块为:标题(要素式)→开头:会议组织概况(说明式)→主体(议题,并列式)→发言记录(并列式)→结尾(宣布散会)→落款(签名盖章和记录日期)。

二、综合测试

(一) 填空

1. 按内容划分,会议纪要可分为_____会议纪要和_____会议纪要。
2. 会议纪要有_____、_____、_____等三大特点。
3. 会议记录正文的主要内容有_____、_____等两项。
4. 会议纪要一般用"第_____人称"来写。

(二) 名称解释

1. 综合性会议纪要
2. 会议记录

(三) 简答

1. 会议纪要与会议记录有什么区别?
2. 写作会议纪要要注意哪些问题?

(四) 写作

蓝天街道办事处碧云社区会议记录:2011年8月17日下午15:30。碧云社区全体工作人员在社区会议室召开了社区干部队伍建设培训会。主持人为社区主任刘德凡,记录人为冯永年。会议一致认为,新建的这个社区,必须有一支优秀的社区干部队伍,无论是招聘的,上级委派的,还是合同制的,都必须把社区当成一个大家庭,认真踏实地做好社区每一项工作,踏踏实实地为社区居民服务。请根据以上材料,撰写一份格式规范的会议记录。缺少的项目,可以按照会议记录的格式虚构补写出来。

项目十一　计划的写作

项目目标

一、知识点

1. 计划的含义和用途
2. 计划的特点
3. 计划的分类
4. 计划的结构和写法
5. 写作计划要注意的问题

二、技能要求

1. 能够分析计划的结构类型
2. 能够根据提供的材料或自己的生活与工作写作计划

任务导向

一、计划的含义和用途

(一) 计划的含义

计划是党政军机关、企事业单位、社会团体以及个人，在工作、生产、学习以及日常生活中，为完成某项任务，预先对一定时期拟定的目标、措施、步骤、要求及规定完成期限并加以安排的条理化或表格化的应用文书。

(二) 计划的用途

古人说："凡事预则立，不预则废。"这个"预"指的就是计划。计划可以提高工作预见性和自觉性，使工作围绕目标，更好地分工合作，充分利用人力、物力和财力，提高工作效率，同时可以为日后检查工作进度，总结、评价和考核工作的完成情况提供必要的依据。

计划是一个统称。工作中常见的规划、纲要、设想、方案、要点、安排、打算等，都是人们对今后的工作或活动做出的部署和安排，都属于计划这个范畴，只不过它们的范围大小、时间长短、内容详略等方面各有不同,因而拟写计划时必须根据不同情况用不同名称。

二、计划的特点

(一) 预见性
计划是为未来工作目标或实现具体的目标而制定的预想性的部署和安排,具有一定的预见性。

(二) 可行性
一份完整的计划,必须有为实现具体的目标而制定的可行性措施、办法和要求,而且各项措施、办法和要求必须具体明确,切实可行,符合实际。

(三) 针对性
计划要根据党和国家的方针政策、上级部门的工作安排和指示精神而定,同时要针对本单位的工作任务、主客观条件和相应能力而定。

(四) 约束性
计划是内部的执行文件,是具有鞭策力的行为准则。计划一经会议通过和批准,就具有了权威性和约束力。在一般情况下,必须按计划的步骤、措施、进度认真组织实施。

三、计划的分类

(一) 按计划性质分
计划可以分为综合计划、专题计划两种类型。

(二) 按计划内容分
计划可以分为工作计划、生产计划、学习计划、实验计划等类型。

(三) 按计划时间分
计划可以分为远景规划、年度计划、季度计划、月份计划、旬计划、周计划等类型。

(四) 按计划范围分
计划可以分为单位计划、部门计划、个人计划等类型。

(五) 按计划格式分
计划可以分为条文式计划、表格式计划、条文加表格式计划等类型。

因划分的标准不同,同一篇计划,往往可以归为不同的类型。一份计划既可以是专题性计划,又可以是学习计划、年度计划、个人计划、条文式计划等。

四、计划的结构和写法

计划通常由标题、正文和落款三个部分组成。

(一) 标题

标题即计划的名称,一般包括制发单位、时限、计划内容、文种四个要素。如《西湖公司2010年引进人才计划》。有时计划的标题会省略某一个要素,有以下几种写法:

1. 省略时限的标题,如《华新公司财务工作计划》。
2. 省略制发单位名称的标题,如《2010年植树绿化工作计划》。
3. 只有计划内容和文种两个要素的标题,如《办公大楼装修计划》。

(二) 正文

正文一般包括以下几个方面内容:

1. 前言。即计划的序言,是全文的导语。前言一般扼要说明制定该计划的缘由、根据以及计划的对象。

2. 主体。即计划的核心部分。包括目标、措施和步骤三个部分。目标就是"做什么","做到什么程度"。根据需要和可能性,提出一定时期的任务和要求,这是计划的灵魂。措施就是"怎么做"、"谁来做"。这是实现计划的切实保证,是解决"做什么","做到什么程度"的关键环节。步骤就是"什么时候做","在哪里做",这是工作的进度、时序和范围。主体的写作要求清晰、实在,达到目标清楚、确切,措施具体、得力,步骤稳妥、恰当。

3. 结束语。即正文的结尾。通常是提出工作的重点或强调有关事项,有的计划则是发出简短的号召。也有的计划不写结束语,计划事项写完后自然结束。

(三) 落款

落款包括计划的制发单位名称或作者姓名、成文日期两项内容,位于正文之后的右下方。如果标题中已出现制发单位名称,落款处只标明成文日期即可。

阅读例文1:

建国钢铁股份有限公司健全岗位责任制工作计划

为了贯彻市经委四月初的会议精神,学习首钢健全岗位责任制的先进经验,提高我公司的管理水平,根据公司职工代表大会的决议和公司总部的意见,经过总经理办公室的初步调查研究,特制定如下健全岗位责任制工作计划。

一、限时全面改进管理

在5、6、7三个月内,全公司以健全岗位责任制为中心工作,改进企业管理,更有效地调动广大职工的积极性,迅速扭转本公司的落后状况,用老设备创出新水平,保证完成和超额完成本年度各项工作指标。

二、落实岗位责任制

各生产部门把各项指标分配到各个生产岗位,建立明确的岗位责任制,制定明确的考核标准。对每个岗位的员工,明确规定工作的数量、质量和完成的时限等。

三、健全科室管理制度

各科室制定管理人员办事细则,要求每个管理人员分管的指标必须完成,基础工作必须健全,专业资料必须齐全;要求逐项定出办事程序、协作关系、完成时限和进度。细则要有明确的定额、数量、质量和时间要求,要能够据以考核。

四、制定落实考核办法

各生产部门和职能部门制定考核办法和制度,与奖惩制度挂钩。员工实行班统计、日公布、周分析、月总结的制度,用百分制按月计算。管理人员按人建立考核手册,按日登记,按周由领导签字记分。计分奖励实行百分制,按分领奖。

五、实施步骤和负责人

(一)5月上、中旬,分批组织全公司各级领导干部学习有关文件,统一思想认识(李文明负责)。

(二)5月中、下旬,在三车间和技术科试点(章苗成负责)。

(三)6月至7月中旬,各部门全面铺开(各部门负责人负责)。

(四)7月下旬,检查、验收(公司组织各部门互相检查)。

(五)党、团、工会分别制定工作计划,密切配合这一中心工作。

(六)计划执行情况,每月末由总经理办公室检查,并向全公司通报。

二〇一一年四月十五日

例文评析:

这是一份条文式计划。标题由制发单位、计划内容和文种三个要素构成,没有写明时限要素。正文前言部分以目的式开头,用启承语引起主体部分的条文。主体部分分条列项写明了计划的目标,做什么和做到什么程度;写明了计划的措施,谁来做,怎么做;也写明了做的步骤,就是什么时候做和怎样做,即安排了岗位责任制实施的具体步骤。这份计划没有独立的结尾。因标题中已有计划单位的名称,故不再署名,只写明计划的成文日期。正文的结构模块为:开头(目的式)→承启语(承上启下)→主体(计划的核心,并列式)→结尾(秃尾)。

阅读例文2:

钟楼街道鸿文社区2011年图书资料室工作计划

一、指导思想

为充分发挥图书在社区教育和终身教育中的作用,社区图书资料室应该主动、热情地为社区居民服务,积极努力增加图书的流通量,当好社区居民的好帮手,促进社区文化建设,积极参与青少年课外辅导活动,为青少年的健康成长出力。社区图书资料室应该科学地管理好图书资料的出借和阅览工作,为创造文明社区、读书型社区作出应有的贡献。

二、基本目标

争创常州市钟楼区钟楼街道社区示范图书资料室。

三、具体措施

1. 提高管理人员素质,全心全意为社区居民读者服务

(1) 延续以往优良的学习传统,认真学习社区图书室管理的相关文件,以理论指导工作实践,树立面向社区全体居民提供优质服务的意识,讲奉献,献爱心,努力达到读者满意度100%。无论年龄大小,无论职位高低,无论亲疏远近,对所有借书者,做到一视同仁,认真做好每一次服务工作。让社区图书资料室成为欢乐之家。

(2) 努力实行全方位、全开架、全天候服务。除每天下午正常开放图书馆外,节假日争取延长开放时间,让休息在家的社区居民,包括外来工和外来工子弟,都能分享社区的图书资料。

(3) 做好宣传教育工作,为读者提供周到服务。对外来工子弟进行借书及阅览室规范介绍,让其了解图书资料室管理制度,更好地利用图书资料室资源。引导读者自觉遵守图书资料室的规章制度,养成爱护图书资料的好习惯。图书资料管理人员要牢固树立为读者服务的思想,主动咨询他们的需求,帮助他们查找所需的图书资料,并进行图书资料预约借阅服务。

(4) 为创建和谐社区做贡献。切实开展好每月的读好书、书评、影评、读者联欢等系列活动,促进社区文化建设,共创和谐文明社区。

2. 加强图书资料室管理人员的工作责任心

(1) 做好图书装订、入库工作。确保防盗、防火、防蛀、防潮,及时修补破损书刊,延长图书资料的使用寿命。

(2) 做好新书简介和重要信息发布工作,为居民读好书,及时了解各类生产、生活信息,当好和谐社会正确舆论导向宣传员。

(3) 做好图书资料介绍工作。特别是上级配备的新书、新光盘,都要及时进行介绍。

(4) 充分利用图书资料室这个阵地,让其成为社区居民交流阵地,让管理水平再上新台阶。

(5) 营造整洁、安静的阅览环境,让每一个读者都能感受到社区的良好读书氛围。

四、活动计划

序号	月份	活动内容
1	1月	迎新年系列活动:写春联、送春联活动;迎新年茶话会等。
2	2月	小小读者节活动:邀请市青少年心理中心老师开讲座。
3	4月	开展诗歌赏读活动。
4	5月	演讲活动。题目:我与书。
5	6月	夏至节读书活动。
6	8月	暑期小读者活动。
7	9月	实用知识培训活动。
8	10月	日常家居安全知识讲座;房产知识讲座。
9	11月	读者联欢活动。
10	12月	腊八节节俗介绍活动;邻里共吃腊八粥活动。

(具体活动安排每月在社区活动宣传栏公布)

二〇一〇年十二月二十五日

例文评析:

　　这是一篇条文加表格式计划。标题由制发单位、时限、计划内容、文种四个要素构成。正文分指导思想、基本目标、具体措施、活动计划四个部分,包括了计划写作核心内容,即做什么,怎么做和什么时候做,对社区图书资料室的工作做了明确安排。计划的目的性明确,从两个方面对管理人员提出要求,可以检查,可以考核,措施具体。活动计划用表格式呈现,清晰醒目,给执行提供便利。正文的结构模块为:开头(目的式)→主体:基本目标(说明式)→具体措施(并列式)→计划内容(表格式)。这份计划主题集中,层次分明,内容实在,达到了目标清楚、确切,措施具体、得力,步骤稳妥、恰当的要求。

小贴士:写作计划要注意的问题

　　1. 目标明确,重点突出。计划确定的任务目标要在数量、质量上清晰明确,分清主次及先后,切忌流水账式的全部罗列出来。

　　2. 方法、措施及实施步骤必须切实可行。计划采取的措施、步骤在时间、人力、物力、财力的安排上,必须具体可行,并且做到有实施,可检查。

　　3. 条理清晰,结构合理。写作计划时,应该根据内容的需要,采取恰当的结构形式,灵活运用条文式和表格式,努力做到条理清晰,一目了然。

技能训练

一、分析计划的结构,根据提供的材料写作计划

分析与写作1：

神牛家具有限公司在全行业的竞争中,尽管产品销售量连年上升,口碑不错,但是面对市场竞争的压力,公司决定全面提升管理质量,向现代企业管理要效率,要质量,要产量。公司要求全员投入质量管理活动,抓好每一个生产管理环节。为此,公司领导要求总经理办公室写出质量管理工作计划。请代该公司总经理办公室秘书撰写一份"质量管理工作计划"。

互动与交流：

1. 标题中制发单位名称、时限、计划内容、文种等要素怎样呈现出来？
2. 正文前言写哪些内容？主体部分的目标、措施、步骤有哪些？是否需要写结尾？
3. 署名和日期写在什么位置？
4. 从材料要求看,这份计划适合使用哪一种格式？
5. 适合采用第几人称写作？

写作例文：

神牛家具有限公司2012年质量管理工作计划

面对国际金融危机带来的出口放缓,国内家具行业的激烈竞争,提高产品质量,增效节能,已成为我们战胜压力的重要手段。在2011年创下销售量历史新高的基础上,2012年应更好地总结经验,开拓创新,争取创造更好的效益。为此,公司决定把2012年定为质量管理年,为圆满完成全年的质量管理目标,特制定如下计划。

一、质量工作目标

1. 彻底改变不讲究板材质量、低价位的用料习惯,坚持用环保板材生产洁净家具。与国内品牌基材各公司建立和巩固长期合作关系,如大亚、吉林森工等,进口材料,如奥地利的爱格等。3月底前,至少要与两到三个品牌基材公司建立长期合作关系。

2. 6月底前,增加两台跟踪型自动封边机,换下两台手动封边机,以此提高家具成品美观度和整体质量。

3. 8月份起,全面启用后进料式全自动电子裁板锯。操作人员培训及技术资料准备工作最晚不超过5月底完成。以此全面提高家具制造效率,从根本上提高产品质量。

二、质量工作措施

1. 建立全员质量管理意识,进行全公司质量管理培训。重点培训中层干部和技术骨干。

2. 成立技改组,由副总工程师李强负责。为提高产品质量而引进的一系列机器,准备引进的器械,技术改革必要的准备,创新改革可行性论证,都由技改组负责。公司技术科协调,人力资源部负责督查。

3. 建立质量保证体系,并完善质量管理制度。把提高产品质量列入主管生产的副总经理工作职责,年终根据产品质量提升状况分配奖金,执行奖惩分明的激励机制(具体奖惩办法由人力资源管理部制定)。

4. 本计划纳入2012年全公司工作计划。总经理办公室负责监督、实施。各部门、各科室共同配合,保证计划执行落到实处。

神牛家具有限公司

二〇一一年十二月二十五日

例文评析:

这是一份完整的企业专题计划。标题由制发单位名称、时限、计划内容和文种四个要素构成。标题要素齐全,属于完全式标题。正文开头,即前言,简单明了地交代了制定计划的背景和缘由,属缘由式开头。主体部分采用并列式结构,分"质量工作目标"和"质量工作措施"两部分,写出提高产品质量的打算。其中"质量工作目标"按照时间顺序,确定完成期限;"质量工作措施"则分别从全员质量管理意识、领导体制保障、质量保证体系和质量管理制度以及检查督促等方面全面提出要求。这份计划没有独立的结尾,属于秃尾文。落款写明计划制定者名称和成文日期,以备日后查验。正文的结构模块为:开头(缘由式)→承启语(承上启下)→主体(计划的核心,并列式)→结尾(秃尾)→落款(单位名称和成文日期)。

分析与写作2:

红叶餐饮服务总公司为提升青年员工的工作积极性,打算在"五四"青年节开展系列文体活动,如篮球比赛、演讲比赛、文艺联欢会、书画摄影展、电影专场、游艺活动等。请为该餐饮服务总公司人力资源部撰写一份活动计划。可以用条文加表格形式,活动安排用表格呈现,有关内容如时间、地点、负责人等可以虚拟。要求语言简洁明了,表格条理清晰,具有可执行性和可检查性。

项目十一 计划的写作

互动与交流：

1. 计划是由哪个部门制定的？标题应该如何拟写？时限和计划内容是否需要在标题中呈现？用完全式标题还是用省略式标题？
2. 计划前言怎样写？计划是否有目标？表格应怎样设计？
3. 计划中的活动内容怎样安排？时间、地点、负责人等内容怎样在表格中体现？
4. 措施和步骤如何体现？
5. 结尾是否需要发出号召？落款写于何处？

二、综合测试

(一) 填空

1. 计划有_____、_____、_____和可行性等四个特点。
2. 计划的正文部分由_____、_____、_____三个部分组成。
3. 按格式分，计划有_____计划、_____计划、_____计划三种类型。

(二) 解释名词

1. 综合计划
2. 专题计划

(三) 简答

1. 怎样理解计划的约束性特点？
2. 写作计划要注意哪些问题？

(四) 写作

阳光大酒店人力资源部准备对新近应聘的60名员工进行入职培训，培训的主要内容有英语口语、社交礼仪、沟通能力、消防知识、急救知识、文化素养、岗位服务标准等，时间为一周。培训采用集中授课、网络培训、专家讲座等多种形式，培训结束后进行书面考核。请仔细阅读以上材料，补充完整下面的计划。

标题：_____

前言：_____
_____。

目标任务：_____
_____
_____。

具体措施：_____
_____
_____。

时间安排：

	时间	培训内容	学习形式	培训地点
一	上午	英语口语	网络培训	酒店会议室
	下午	社交礼仪	集中授课	酒店会议室
二	上午	英语口语	网络培训	酒店会议室
	下午	沟通能力	集中授课	酒店会议室
三	上午	消防知识	现场演示	酒店花园
	下午	急救知识	现场演示	酒店大厅
四	上午	文化素养	专家讲座	酒店会议室
	下午	文化素养	外出考察	民俗文化村
五	上午	岗位服务	师徒结对	各楼层岗位
	下午	岗位服务	师徒结对	各楼层岗位

落款：_____

日期：_____

项目十二　总结的写作

项目目标

一、知识点
1. 总结的含义和特点
2. 总结的分类
3. 总结的结构和写法
4. 写作总结要注意的问题

二、技能要求
1. 能够分析总结的结构类型
2. 能够根据提供的材料或自己的学习与工作写作总结

任务导向

一、总结的含义和特点

（一）总结的含义

总结是党政军机关、企事业单位、社会团体或个人对过去一个时期内的实践活动做出系统回顾归纳、分析评价，从中得出规律性认识用以指导今后工作的事务性文书。常用的小结、体会、回顾等，都属于总结的范畴。

（二）总结的特点

1. 实践性。总结是对本单位、本部门或个人的实践进行的回顾、检查，没有实践也就不能总结。实践性是总结的基本特点。

2. 客观性。总结是对实践的回顾、分析，它必须以客观事实为依据，真实地、客观地分析情况，总结经验，不能言过其实，也不能文过饰非。

3. 概括性。总结是通过对材料的分析、综合、归纳上升为理性认识，重点是从实践中总结出经验和教训，得出规律性的认识，这样才能指导实践。

二、总结的分类

按照总结内容涉及的项目多少或范围大小,一般分为综合性总结和专题性总结。

(一) 综合性总结

综合性总结,也称全面总结,是一个单位、部门或个人对某一时期各方面工作进行的总结。

(二) 专题性总结

专题性总结,也称单项总结,是一个单位、部门或个人对某项特定工作或某个方面的情况所作的专门性的总结。

三、总结的结构和写法

总结一般由标题、正文和落款三个部分组成。

(一) 标题

总结的标题有以下几种构成方式:

1. 要素式标题。由单位名称、时限、内容范围和文种构成,如《边疆城市职业学院2011年招生工作总结》。

2. 论断式标题。由正、副两个标题组成,正标题概括总结的内容或基本观点,副标题标明单位名称、内容范围、时限和文种,如《还是生一个好——西塘乡2011年计划生育工作总结》。正标题"还是生一个好"概括了总结的主旨,副标题写明总结的单位名称、时限、内容范围和文种。

3. 概括式标题。根据总结的内容概括出标题,类似一般文章标题的写法,如《丰富校园文化,营造良好的学习氛围》。

(二) 正文

正文通常包括前言、主体和结尾三个部分。

1. 前言。概括基本情况,包括交代总结所涉及的时间、地点、对象和背景;概述基本经验、点明主旨;引用数据扼要说明主要成绩和问题,让读者对全文有个大体印象。

2. 主体。即总结的核心部分,包括如下内容:

(1) 概述总结事件的过程。要求语言简洁,重点突出。

(2) 主要成绩和收获。这部分内容在不同的总结中有不同的写法。若是综合性工作总结则在前言中概写成绩和收获,在主体中详细地、具体地归纳成绩和收获;若是专题性经验总结,除了在前言部分扼要点明成绩和收获外,其他具体的成绩常常在下面写的"主要经验体会"中作为各论题的例证之用,不必专门写出"主要成绩和收获"。

(3) 主要经验体会。经验是指取得优良成绩的原因、条件以及具体做法。体会则是经验的升华,理论的概括。这部分是总结的重心,应下工夫分析、研究、提炼、概括,对是非得失、成败利弊做出科学判断,找出规律性认识,上升为精辟的理论概括。若是写经验性总结,则应根据推广经验的需要而使侧重点不同,有的重点阐明工作的成效,有的重点阐明做法的先进,有的重点阐明体会的深刻、认识的提高。

(4)存在的问题和教训。查找工作中应当解决而没有解决的问题,分析造成问题的原因,从思想方法、工作方法或者其他主客观原因等方面去查找,从而总结出失误的教训。

不同的总结,写作结构也有所不同。有的总结采用条目式写法,即把材料概括为要点,按一定的次序分条列项地写。这种结构,条理较清楚,但有时显得不够紧凑。有的总结采用三段式写法,即从认识事物的习惯来安排顺序,先对总结的内容作概括性交代,表明基本观点;接着叙述事情经过,同时配合议论,进行初步分析;最后总结出体会、经验和存在问题。这种结构单纯、易学。有的采用分项式写法,即不按事件的发展顺序写,而是把做的事情分几个项目,也就是几类,一类一项地写下去。每类问题又按先介绍基本情况,再叙述事情经过,再归纳出经验、问题的顺序写下去。这种方式较复杂,只有涉及面广、内容复杂的总结才采用这种结构形式。还有的总结在向别人介绍自己的学习经验时,常采用漫谈式写法,把自己的实践、认识、体会慢慢叙述出来。这种写法多用于对自己亲身经历的事物的总结。

3. 结尾。一般写两层意思:一是今后努力方向。在总结经验教训的基础上,明确今后工作的方向,提出新的目标和任务。二是针对问题和教训,提出改进措施和新的设想。结尾应简短有力,成为画龙点睛之笔。

(三)落款

落款包括署名和成文日期。单位总结的署名,一般在标题之中或标题与正文之间的位置。标题中已有单位名称,可以不署名。个人总结的署名,可放在标题与正文之间的位置,也可以放在文后的右下方。成文日期,一般写在文后的右下方。

阅读例文 1:

夏汤市旅游开发投资公司 2011 年工作总结

2011 年是夏汤市旅游开发投资公司全面开展工作的第一年。在本年度,公司以"加快发展,造福市民"为宗旨,在市旅游局、政府投资项目办公室的直接领导下,拓展思路、抓住机遇、积极进取、锐意改革,全面完成了投资建设任务,为我市旅游事业的发展做出了较大贡献。为了公司下一年的更好发展,特作如下总结。

一、主要成绩

(一)目标明确

1. 明确旅游开发投资公司的融资地位。(展开部分略)

2. 明确在政府旅游开发投资中的作用。(展开部分略)

3. 明确旅游开发投资公司的主要任务和项目。(展开部分略)

4. 明确发展方式和前景。(展开部分略)

(二)制度完备

1. 建立法人依法治理体系。(展开部分略)

2. 建立健全各项规章制度。(展开部分略)

3. 建立公司各部门运行规范。(展开部分略)

4. 建立公司部门间协调机制。(展开部分略)

(三)运作规范

1. 规范每年投资计划编制工作。(展开部分略)

2. 规范项目招标工作程序。(展开部分略)

3. 规范资金使用程序。(展开部分略)

4. 规范应聘人员入职程序。(展开部分略)

(四)重点突出

1. 融资工作取得重大进展。(展开部分略)

2. 新项目开发取得突破。(展开部分略)

3. 公司加农户形式获肯定。(展开部分略)

(五)争取协助

1. 做好横向联系,与其他开发公司建立紧密合作关系。(展开部分略)

2. 与相关职能部门建立定期联系。(展开部分略)

3. 拓展外地市场,拓宽投资渠道。(展开部分略)

(六)强化监管

1. 发挥监管部门作用,加强投资项目监管。(展开部分略)

2. 发挥舆论监督作用,做好信息收集与反馈工作。(展开部分略)

3. 落实奖惩制度,使监管常规化。(展开部分略)

二、存在问题

(一)资金流转问题没有彻底解决。(展开部分略)

(二)项目投资成本控制有待加强。(展开部分略)

(三)招标工作需要进一步规范。(展开部分略)

(四)部门实际工作协同不够。(展开部分略)

在我省成为全国旅游大省的时候,我们应该抓住这个大好时机,做大做强投资文章。总结今年成功经验,分析不足和失败,为明年更快发展打基础。相信凭借我们的聪明才智,加上全体同仁共同努力,明年公司一定会有更大的发展。

二〇一一年十二月五日

例文评析:

这是一篇综合性总结。标题由单位名称、时限、总结内容和文种四个要素构成。前言概括了公司基本情况和在一年中取得的主要成绩,同时也标明了这篇总结的价值。主体部分写主要成绩和存在问题两项内容。主要成绩采用分条列项的方式,对取得的成绩进行了全面归纳概括,体现了总结的概括性特点,这是把复杂的工作内容条理化,便于在今后工作中运用借鉴。为了条理清晰,文章还采用小标题概括的方式,这样写,既全面具体,又突出重点。存在问题列出了四大项,采用概写方式,不展开叙述。这样写,给人成绩主要,问题次之的感觉,是总结常用的手法。结尾表明态度和决心。标题中已有单位名称,落款处只需标明成文日期。全文的结构模块为:标题(四要素式)→开头(说明式)→承启语(承上启下)→成绩(并列式)→存在问题(并列式)→结尾(总结式)→落款(成文日期)。材料具体,主题鲜明,结构完整,语言顺畅是这篇总结的突出特点。

阅读例文2:

平塘县交通系统民主评议行风工作总结

我局按照市、县关于在交通部门开展民主评议行风工作的部署,以"三个代表"重要思想为指导,以科学发展观为引路,以加快发展我县交通事业为主题,按照"谁主管、谁负责"的原则,调整人员,充实力量,研究制定方案,扎实有效地开展民主评议行风工作,有力地促进了交通行风建设,为全县交通事业的健康发展创造了良好的环境。现将主要工作总结如下:

一、主要做法

(一)领导重视,机构健全,责任落实

交通系统点多、面广、线长,交通行风建设任务重。我局领导高度重视,把行风建设摆上重要议事日程,与其他工作同安排、同部署、同检查、同考核,强化组织领导,落实责任。

1. 健全机构,加强领导。(展开部分略)

2. 明确目标,落实责任。为了保证行风评议工作有序开展,我局与所属各单位签订了《平塘县交通系统行风建设责任书》,把行风建设纳入领导班子、领导干部目标管理,与各单位工作紧密结合。

3. 广泛发动,加强监督。(展开部分略)

(二)加强学习,典型引路,提高服务质量

职业道德建设是交通行风建设的一项重要内容,直接关系到交通建设及服务窗口的形象。我局全力加强职业道德建设,提高干部职工素质。

1. 把加强学习,提高认识,作为职业道德建设的基础。(展开部分略)

2. 优化队伍,提高素质。(展开部分略)
3. 舆论宣传,典型引路。(展开部分略)
4. 强化监督,提高服务质量。(展开部分略)

(三)规范收费管理,树立清正廉洁的交通执法新形象

我局把规范收费管理,切实减轻服务对象负担,作为树立交通执法新形象的突破口,抓紧、抓实、抓好。

1. 建章立制,使收费管理工作法制化、规范化。(展开部分略)
2. 落实责任,实行责任追究制度。(展开部分略)
3. 标本兼治,防止反弹。(展开部分略)

(四)进一步提高政务公开水平,全力营造公正透明的交通环境

交通系统进一步加强政务公开,推进依法行政,加强民主监督与管理,全力营造公正透明的交通环境,加强交通行风建设。

1. 进一步扩大政务公开内容。(展开部分略)
2. 强化督察,务求实效。(展开部分略)
3. 健全机构,民主管理。(展开部分略)

(五)加强制度建设,提高服务水平,认真抓好机关效能建设

加强制度化、规范化建设,增强公仆意识,抓好机关效能建设,是加强行风建设的重要保证。我局将行风评议与"解放思想,加快发展"大讨论、党风廉政建设活动紧密结合起来,努力转变机关作风,塑造务实高效的交通新形象。

1. 加强领导,提高认识。(展开部分略)
2. 完善制度,强化行为。(展开部分略)
3. 推行阳光政务,塑造诚信机关。(展开部分略)

二、存在的问题

(一)各单位行风建设发展不平衡

一些单位对行风建设的重要性和紧迫性认识不足,重视不够,执法不严,处理不力。

(二)职工道德建设仍存在薄弱环节

个别职工工作方法不当,法纪观念不强,存在执法不严的现象。

这些问题,反映了交通系统行风建设的艰巨性和长期性。我们将进一步认清形势,切实增强抓好行风建设的紧迫感和责任感。我们将正视存在的问题,主动争取各级领导的关心和社会各界的监督,组织和带领广大干部职工共同努力,切实加强与服务对象的配合,扎扎实实地抓好交通系统行风建设工作。

平塘县交通局
二〇一一年一月五日

例文评析：

　　这是一篇专题性总结。标题由总结的行业、时限、总结内容和文种四个要素构成。正文前言写明工作进展和取得的主要成绩，结局承上启下，转入主体的写作。主体部分采用横式结构，分为"主要做法"和"存在问题"两个部分。"主要做法"即取得的成绩，也采用并列式结构分条列项从五个方面总结抓好行风工作的经验。五个方面先轻后重，从领导到收费，分层次、分部门写出，材料丰富，条理清晰，语言通顺。"存在的问题"同样采用并列式结构，从面到点，提出存在的两个方面问题。主要做法即成绩写得详细，存在的问题写得简略，能给人以鼓舞的力量，同时又找到了前进的方向。结尾针对存在问题，提升了认识高度，对存在问题提出今后改进的具体措施。正文的结构模块为：开头（叙述情况，说明式）→承启语（承上启下）→主要做法（即成绩，并列式）→存在问题（并列式）→结尾（说明式）。全文材料具体，主题明确，层次清楚，语言简明。落款的署名和成文日期格式规范。

小贴士：写作总结要注意的问题

　　1. 充分掌握材料。只有全面了解和掌握工作情况才能使总结言之有物，不写成流水账。而平时工作中的勤于记录，不断积累，长于概括，对总结写作有很大的意义和价值。

　　2. 认真分析材料。仅仅对材料加以罗列，不能算总结。应该深入分析，概括出带有普遍规律性的认识和结论，如工作中存在的问题，得到的经验教训，找到成功或失败的原因等。只有这样的总结才能指导今后的工作实践，发挥其应有的作用。

　　3. 详略得当，重点突出。不论是总结经验还是教训，总结都应该突出重点，不应该是平铺直叙的。详略得当，突出重点是对总结的基本要求。

技能训练

一、分析总结的结构，根据提供的材料写作总结

分析与写作：

　　由江苏广播电视大学图书馆组织的"第三届开放教育读书节"读书征文活动已经圆满结束。读书征文已于 2011 年 5 月 20 日截止。常州市广播电视大学图书馆按照省校图书馆的统一安排，精心组织了这次活动。回顾活动过程，师生们一致认为"让阅读与快乐相伴"是读书节活动的最大收获。

读书节活动分教师组和学生组。教师组征文内容为"读一本好书",图书馆向每位老师赠送了一本《英才是怎样造就的》,广大教师撰写了一批征文。学生组发动宣传力度大,参与面广,征文数量较多。教师参加读书节活动不仅和学生密切了联系,提高了自己的素养,还促进了教育教学的改革;学生通过活动,提高了阅读兴趣,扩大了知识面,也养成了读书思考的习惯。请根据以上材料,撰写一篇读书节活动总结。

互动与交流:
1. 这份总结的标题应该怎样写?以上材料适合采用单行标题还是双行标题?
2. 总结的前言需要写哪些内容?
3. 总结的主体部分如果分两部分来写,先写什么,后写什么?
4. 结尾一般写哪些内容?

写作例文:

让阅读与快乐相伴
——常州市电大图书馆第三届开放教育读书节活动总结

　　由江苏广播电视大学图书馆组织的"第三届开放教育读书节"读书征文活动已于5月20日截稿。常州市广播电视大学图书馆按照省校图书馆的统一安排,成功组织了这次读书征文活动。回顾活动过程,"让阅读与快乐相伴"是此次活动的最大收获。

　　一、教师组

　　(一)全员阅读,提高素养

　　2010年下半年,我校为提高广大教师的教育教学素养,更新教育教学观念,进一步推动教育教学改革,决定在全校教师中开展"读一本好书"活动。学校选购了流行很广的教育叙事作品《英才是怎样造就的》赠送给每一位教师。学校图书馆随书奉送了由馆长拟就的密切联系本校教育教学实际,密切联系家庭教育实际的十个导读题。同年12月份,学校专门请本校教育学硕士为全体教师作了集体导读,这让大家对书中崭新的教育教学观念有了更深刻的理解和感悟。

　　(二)深度阅读,硕果累累

　　在阅读和探讨中,在反思和实践中,传统观念、陈旧意识、习惯做法开始被怀疑,遭到了挑战。特别是年轻的一代,更是带着疑问去阅读、去探索。从校图书馆收到的几十篇征文中,可以看到教师们深刻的感悟,心灵的震撼,观念的更新,心态的自由和快乐!

　　从推荐到省校的教师组征文标题,我们就能看出教师们的阅读是联系实际的,真诚而有实效的。10篇征文中,有从心理角度写的,有从教育学生角度讲的,有从尊重人的角度谈的,有从教师素养提高角度谈的,也有从班主任、辅导员角度谈的。总之,充分发挥了好书的功效,引发了读者的心灵震撼。

这次"读一本好书"征文活动,改变了原先形式主义的阅读方式。让大家读得有兴趣,有实效,有思考,有收获,真正起到了以好书为引导,促进学校教育教学改革的作用。

(三)以身作则,榜样示范

在整个读书节活动中,领导始终带头。分管教学的副校长在忙碌之余抽时间写了征文,和大家探讨"英才"的真正内涵,造就真正英才的主观和客观条件。此举获得了师生们的广泛赞誉。

尽管学校办公室主任工作繁忙,但依然一遍遍地反复阅读文本,与大家一起探讨交流,形成文字,畅谈体会,以身作则,起到了领导带头学习、榜样示范的作用。

二、学生组

(一)及时发动,全员参与

常州市电大有着为开放教育学生举办读书活动的惯例。从接到省校读书征文活动通知开始,学校即在校园网的"最新公告"栏里发出通知,号召广大开放教育学生积极参与活动,要求他们写出感悟最深的读后感。在短短10天时间里,共收到开放教育学生征文85篇。

纵观参与活动的班级组成,有本科的,有专科的;有文科的汉语言文学专业,小学教育专业,教育管理专业,有理科的计算机应用专业;有新生班,也有老生班。学生们联系自己的切身体会和感悟,把平时读书的体会形成文字。一篇篇征文给人更多的是生活的思考和快乐的生命启迪。

(二)面广量大,好中选精

图书馆的老师们夜以继日地对征文进行阅读和筛选,对遴选出来的征文提出修改意见。在征文修改过程中,教师通过QQ聊天方式指导学生修改征文,突出了远程教育的特色,培养了学生远程学习的习惯。

从挑选出来的优秀征文看,此次参加征文比赛的学生作品水平明显超过了以往两届。从所读的书看,有外国文学名著,像盛冬娜的《幸福婚姻的基石是美德》是看了《傲慢与偏见》的读后感;有当代励志书籍《羊皮卷》的读后感;有职业规划书籍《今天怎么做老师》的读后感;有和电大老师共读一本书的《英才是怎样造就的》读后感;有专业书籍《安全经济学》的读后感等。文章无不给人耳目一新的感觉。推荐到省校参评的10篇文章中,每篇文章都有鲜明的时代特征和学生的个性特点,读后如见其人,如闻其声。读书节活动真正让学生在阅读中体会了快乐和幸福。

这次读书节活动极大地提高了师生们的阅读兴趣,提升了写作热情。联系工作和生活实际的思考、讨论,也让参加者感受到读书带来的精神享受。师生们一致表示,今后将更多地参与这种活动,在读书活动中吸收更多的精神养料。

常州市广播电视大学图书馆
二○一一年八月六日

例文评析:

　　这是一篇专题性工作总结。双行标题中,正标题突出读书活动中的体会和感悟,即总结的主旨,副标题由单位名称、总结对象和文种三个要素构成,有鲜明的特色。前言部分要言不烦,简介了活动概况,包括活动组织者、活动时间、参与人员、活动收获等。主体部分采用分条列项的写法,先重后轻,师生分别总结,符合应用文书的写作规律。主体部分详细叙述了教师的读书活动,教师组写出了阅读中的导读、自读等一系列活动。学生组的读书征文,从面到点,写出学生读书的感受,即与快乐相伴。结尾概括这届读书节活动的主要价值和意义,指出今后的努力方向。这份总结正文的结构模块为:开头(说明式)→主体(并列式)→结尾(总结式)。落款为此项活动的组织者署名和成文日期。

二、综合测试

(一) 填空

1. 总结是一种_____文书。
2. 总结一般由_____、_____、_____三个部分构成。
3. 总结的主体部分包括_____、_____、_____、存在的问题和教训等四项内容。
4. 总结常见的结构形式有_____、_____、_____和漫谈式几种。

(二) 解释名词

1. 专题性总结
2. 要素式标题

(三) 简答

1. 简要说明总结的特点。
2. 总结的结尾一般写哪两层意思?

(四) 写作

　　下面是陆宏区图书馆撰写的年度工作总结,请按照总结的一般结构,把下面两组不同层级的小标题填在相应的横线或波浪线上,使之结构完整,条理清晰。

1. 把相应的小标题填在横线上:(1)完成目标情况;(2)所创特色情况;(3)一年来的工作情况;(4)存在的主要问题;(5)整改提高措施。

项目十二　总结的写作　149

2. 把相应的小标题填在波浪线上:(1)成功组织各种类型的读书活动;(2)读者满意度不断攀升;(3)图书经费利用最大化;(4)日常工作无差错;(5)阅览室管理有条不紊。

2011年陆宏区公共图书馆工作总结

一、_____

一年来,陆宏区公共图书馆工作基本情况良好。阅览室、流通室、采编部三部门工作井然有条,大家相互之间配合默契,共同努力做好工作,为读者营造了一个良好的读书空间。

二、_____

1. _____

(1) 流通室:随着新书不断上架,图书整理和借阅工作量也不断增加。

(2) 2010年下半年采购的图书及杂志合订本已经全部完成编目。

(3) 流通室借书、还书秩序正常。

(4) 2010年期刊征订工作按时按质按量完成。

(5) 阅览室义务为个人订阅报纸和杂志。

2. _____

(1) 阅览室试行周末开放,便于市民阅读。

(2) 读者对阅览室管理基本满意。

(3) 将2009年过期文艺期刊赠送给几个街道社区图书室,受到广大读者的欢迎。

3. _____

(1) 2010年度全年计划采购图书的经费为17.7万元,购书折扣率为80%。

(2) 根据需要进书,杜绝人情进书。

(3) 根据需要,图书馆购书账目可供任何部门、任何领导查询,保证廉洁购书。

4. _____

(1) 读者满意度100%。市民借阅方便,做到了让广大读者都满意。

(2) 流通室和阅览室准时开放,台账资料齐全。

(3) 购书协商采购。经费由区财政统一支付,节省费用20%。获得领导的好评。

5. _____

(1) 2010年下半年成功组织了读一本好书活动。

(2) 2011年上半年成功组织"好书大家读"评选活动。

(3) 参与江苏省新华书店举办的"名家在线"视频读书报告活动。

(4) 2011年参与民政部组织的读书节活动。

(5) 2011春组织开展"大爱无疆"读书活动,共收到征文202篇。

(6) 读书评比活动形成制度性,搞活了全区文化常规活动。

三、_____

1. 按上级要求,每个部门每年必须在区政府网站发表新闻报道稿件6篇以上。本部门已超额完成年度任务,共发表新闻报道稿件10篇。

2. 参与团市委组织的暑期学生读书活动。暑假中,图书馆成了学生们最好的实践场所,营造了良好的人文环境。

四、_____

1. 由于2010年调整了购书方式,变原来的自己采购为政府采购,上半年所购图书下半年才到,影响了图书的正常借阅。

2. 图书馆场地太小,图书摆放困难。

3. 服务质量还可以继续提高。要训练面带笑容服务,要求图书管理员轻言细语地与读者交流。

4. 劳动纪律要进一步加强,还有个别图书管理员上下班有迟到早退现象。

五、_____

1. 继续调整书库图书布局,腾出地方摆放常借图书。

2. 做好图书馆搬迁准备工作,吸收志愿者参与图书管理工作。

3. 继续完善图书资料的台账。

4. 建立周一学习制度,提高全馆人员为读者服务的水平。

二〇一一年十二月十二日

项目十三　简报的写作

项目目标

一、知识点
1. 简报的含义和特点
2. 简报的分类
3. 简报的结构和写法
4. 写作简报要注意的问题

二、技能要求
1. 能够分析简报的结构
2. 能根据提供的材料编写简报

任务导向

一、简报的含义和特点

（一）简报的含义

简报是党政军机关、企事业单位、社会团体向上级汇报工作、反映问题，或与下级、平级单位互通情况、交流经验、传播信息时常用的事务性文书。

（二）简报的特点

1. 交流范围的有限性。简报不是公文，也不同于报纸、刊物，简报的有些内容可给新闻单位提供新闻线索，但多数情况下，简报只在内部交流。有的简报专门给领导人传阅，保密要求高，并非任何人都能阅读。

2. 表达的简明性。简明扼要是简报的突出特点。简报主要用于反映问题，传播信息，要求用语精炼，篇幅短小。

3. 内容的时效性。简报非常讲究时效，编发快是它的重要特点。简报不仅反映思想动态要快，报告工作情况要快，而且编发也要快。所以，简报要快编、快印、快发。否则，时过境迁，就会失去编写简报的价值和意义。

二、简报的分类

(一)会议简报

会议简报指会议期间为反映会议进展情况、会议发言中的意见和建议、会议决议事项等内容而编写的简报。一些规模大的重要会议,会议代表不能及时了解会议的整体情况,比如分组会议的重要发言、有价值的提案等,需要依靠简报来了解会议的基本情况。重要会议的简报往往具有连续性的特点,就是通过多期简报将会议进程中的情况不断地反映出来。会议简报一般由会议秘书处或主持单位编写。

(二)情况简报

情况简报即为反映本单位、本系统各方面的情况、信息而编写的简报。这种简报着重反映与本单位、本系统关系密切的正反两面的情况、动态、问题,为领导和相关部门研究工作、做出决策提供第一手材料和信息。

(三)工作简报

工作简报即为了推进日常工作而编写的简报。它主要用来反映工作进展情况、介绍工作经验、报告工作问题等。工作简报又可分为综合工作简报和专题工作简报两种。

三、简报的结构和写法

简报由报头、报体和报尾三部分组成。

(一)报头

报头位于简报首页上端1/3处,由分割线将报头和报体部分分开;报头由以下四个要素组成:

1. 简报名称。一般套红、居中、字体稍大印刷。如"简报"、"情况简报"等。
2. 期数。印于简报名称正下方。
3. 编印机关。一般为制发简报单位的办公室或会议秘书处等,要求用全称或规范化简称,印于分割线左上方。
4. 编印日期。印于分割线右上方,要求年、月、日齐全。

除了上面四个要素外,根据简报内容和保密要求,还可以增加简报编号、密级等要素。

(二)报体

报体部分包括按语和正文。

1. 按语。有的简报正文前写有按语。按语是表明办报单位的主张和意图的文字,是对文稿及使用作出说明、评价,如说明材料来源、转引目的、转发范围等,表明对简报内容的倾向性意见及表示对所提问题引起讨论研究的希望等。按语的位置在报头的分割线下方、正文标题的上方。

按语的写法有三种：一是题解性按语,它类似前言,主要对简报正文产生的过程、作者情况、主体内容作简要介绍;二是提示性按语,它侧重于对简报内容的揭示或是针对当前应注意的问题的提醒;三是批示性按语,它往往援引领导人原话或上级机关指示,结合简报内容对实际工作提出批示性意见。并不是每篇简报都必须有按语,要根据情况而定。一般在转引体、总结体及重要的报道体简报前才使用按语。

2. 标题。根据简报的体式,标题也有不同写法。动态性较强的内容多采用单行标题,简明地交代事实、揭示主旨;在总结体简报和其他体式的简报中,一般使用双行标题,主标题揭示主旨,副标题说明情况。

3. 正文。根据文体性质和文稿来源不同,简报的体式可分成四种:一是报道体,它及时、简明、准确地叙述报告部门、行业、系统或领域内最新发生的情况、动态,其文体类似于动态消息。二是汇编体,是在众多稿子基础上剪辑而成的类似综合消息的简报文体,它信息量大、涉及面广,能做到点面结合地反映全局情况。三是总结体,类似于一般意义上的总结,但内容有典型性,有推广价值,编入简报能发挥指导一般的作用。四是转引体,即将其他单位有参考借鉴意义的材料完整地或片段地摘编转引。因体式不同,简报正文的格式也不同。报道体、汇编体等类型的简报结构往往前有前言,后有主体、署名等;总结体可完整地将总结登于简报;转引体因引的文章不同,正文既可以是片段文章,也可以是整篇文章。

(1) 前言。亦称导语。用简洁、明确的一句话概括全文的主旨或主要事实,给读者一个整体印象。

(2) 主体。即简报的核心部分。是对前言的展开,使其具体化。

(3) 署名。即写明提供简报的单位名称或个人姓名。写在正文后右下方,并用括号括上。

（三）报尾

报尾位于简报末页下 1/3 处,用分割线与报体隔开,分割线下与之平行的另一横线内,左边标明本期简报"报"、"送"或"发"的单位名称,右侧注明本期简报印发的份数。

阅读例文：

编者按： 省委、省政府于 2008 在全省农村开展了脱贫攻坚工程,目的是要动员全省党员干部以及企、事业单位积极落实学习实践科学发展观活动,广泛参与到农村贫困人口的脱贫行动中,使广大党员同志更加密切关注和关心农村贫困群众,让农村贫困人口尽早脱贫致富。

丹阳市 2009 年度农村贫困人口脱贫率位居全省第一

  我市在市委、市政府的正确领导下,开展了一场轰轰烈烈的脱贫攻坚"两消除"行动。全市约有 1.5 万名党员干部和近百个市属部门单位企业参与了此项活动,共投入帮扶资金约 4 500 万元,其中丹阳市级投入约 2 000 万元,争取镇江市及省级项目帮扶资金约 2 500 万元,落实增收项目 78 个。通过活动的开展,有效地改善了贫困村和贫困人口的生产生活条件,成效是显著的,农村广大贫困群众也深切感受到了党和政府的关怀。

  省扶贫办、民政厅、财政厅、统计局和江苏省调查总队对全省有脱贫攻坚任务的 9 个地级市共计 49 个县、市、区进行了抽查验收,依据入户核查、电话寻访等多种因素综合评估,形成了 2009 年全省各地农村贫困人口脱贫数据。丹阳市农村贫困人口脱贫率在镇江市位居第一,在全省范围内也位居第一。

  附:2009 年全省农村贫困人口脱贫情况表

(丹阳市扶贫工作领导小组办公室)

例文评析:

  这份简报正文前有按语,为题解性按语,对简报的主体内容作了简要提示。标题揭示了简报的主旨,即 2009 年度丹阳市农村贫困人口脱贫率在全省位居第一。正文第一段前言和主体合二为一,叙述丹阳市扶贫工作的基本情况和农村扶贫工作产生的重大作用。第二段叙述经省有关部门组织的抽查验收和综合评估,丹阳市农村扶贫工作取得了显著的成效,结尾揭示了全文的主旨。这份简报的结构模块为:按语(解题性)→标题(揭示主旨)→正文(报道体)→附件。最后为简报的撰稿者署名,并用括号括起来。这份简报采用第一人称写作,表达方式以叙述为主。

小贴士:写作简报要注意的问题

  1. 内容要真实。简报反映事件的背景、过程、结果、人物、地点等必须准确无误,不能有任何失误。

  2. 材料要新颖。简报的内容要反映工作中的新情况、新问题。

  3. 语言要简明。简报要用最精炼的文字,表达最丰富的内容。

技能训练

一、分析简报的结构,根据提供的材料写作简报

分析与写作 1:

长期以来,农村集体经济转变为承包制后,公用设施的维护和保养成了大问题。特别是与农民和农村生产密切相关的水利设施的维护管养,成了农村公共设施管理的难题。浙江省金华市开创了"农村水务员队伍"管理制度,不但解决了这个难题,还为农村水务的可持续发展开辟了一条全新的道路。他们首先选聘水务员,再从两级财政中拿出水务员补贴,对水务员进行考核培训,持证上岗,绩效为上,年终奖励。水务员们职责清晰,权利义务分明,这调动了他们的积极性,为农民管好水、用好水,起到监督、检查的作用。这一创举的意义在于,从机制上解决了农村水利设施主体不明、责任不清、效益不高的问题,发挥了"五员"的作用,即"宣传员"、"监管员"、"巡查员"、"协调员"、"疏导员"的作用。请根据以上材料编写一份简报。要求条理清楚,主题明确,语言得体,格式正确。

互动与交流:

1. 以上材料适合写成哪一种类型的简报?
2. 这份简报的标题应该怎样写?
3. 正文写成报道体还是总结体好?
4. 这份简报适合采用什么样的结构写作?

写作例文:

浙江金华建立农民水务员队伍
成功破解村级水利设施管护难题

为解决农村基层水管人员缺失、村级水利设施无人管的难题,近年来,浙江省金华市采取财政补贴方式,在所辖婺城、金东区和市经济开发区 1 126 个行政村通过设置村级农民水务员,落实了村级涉水事务的管理主体和责任,为村级水利设施良性运行奠定了坚实的基础。其主要做法:

一是从严选聘农民水务员。农民水务员以行政村为单元,每个行政村配置 1 名农民水务员。农民水务员自愿报名,村"两委"择优推荐具有初中以上文化,且常年在家务农,热爱水务工作,有责任心,能够承担水务各项任务的村民,并在村内张榜公示,送乡镇(街道)审批,报区水务局审核并备案。

二是财政按月发放补贴。市、区两级财政各按每人每月 100 元的标准补贴村级农民水务员,年终考核为"优秀"的,还将给予奖励。同时,还统一为村级农民水务员配备了必要的工作用具,办理了意外伤害保险。

三是持证上岗。选聘的农民水务员必须经过防汛抗旱基本知识、水利工程日常维护、农村饮用水管网巡查、水行政执法等知识和技能培训,培训合格后持证上岗。

四是明确职责。市水利局、财政局负责制订农民水务员队伍建设实施意见;区水务局、财政局负责农民水务员的上岗培训;区水务局、乡镇(街道)水管员负责农民水务员技术指导;农民水务员负责村级公共水利设施(村级渠道、山塘、泵站、堰坝、河道和饮用水管网)的日常巡查、管理和维护,农村节水工作和水资源保护,农村水利突发事件应急处置和上报等工作。村"两委"负责农民水务员的管理和考核,并与农民水务员签订管护责任书。

实践证明,农民水务员队伍的组建,从机制上解决了农村水利设施主体不明、责任不清、效益不高的问题,发挥了"五员"的作用。

一是"宣传员"。农民水务员生活在农村,能以农民最容易接受的方式,及时将水利法规知识、水雨风旱险情、村社水事动态等信息宣传到各家各户,提高了农民群众的水患意识。

二是"监管员"。农民水务员负责编报本村水利建设计划,监督管理水利工程的建设,及时掌握水利工程建设的进度和质量,促进了农村水利建设的顺利开展。

三是"巡查员"。农民水务员按要求履行日常巡查和维护管理职责,时刻关注着村内水利设施的运行状况,及时将各类工程隐患消灭在萌芽状态,保障水利设施效益的发挥。

四是"协调员"。农民水务员对村内及邻村水利设施和农民对水的需求较为了解,能有效化解灌溉用水矛盾,保证了农业用水的合理分配和高效利用。

五是"疏导员"。农民水务员熟悉本村地形地貌和村民情况,能有效处理各类突发性自然灾害,疏导群众转移,协助村两委及时组织群众开展抢险自救,减少人员伤亡和财产损失。

例文评析:

这是一份动态性较强的工作简报。标题揭示了简报的主旨。正文前言概括全文的主旨和主要事实,先给读者留下一个整体印象。主体部分采用报道体写法,具体介绍浙江省金华市建立农民水务员队伍,成功破解村级水利设施管护难题的成功做法,以及农民水务员发挥"五员"作用取得的成效。全文的结构模块为:标题(单行标题)→前言(目的式)→承启语(承上启下)→主体(递进式、并列式混合)→

结尾(秃尾)。全文主旨鲜明,层次清晰,语言简洁,是一篇优秀的简报。

分析与写作2：

南京轻工机械厂仓库保管员、共产党员于葆林同志于2009年4月18日下午,在白下区常府街看到两名歹徒抢劫一名妇女钱财时,与数名市民奋不顾身、勇斗歹徒,不幸身负重伤、壮烈牺牲。经南京市人民政府报请,江苏省人民政府追认于葆林同志为革命烈士,南京市总工会追授于葆林同志"南京市五一劳动奖章"。为弘扬正气,学习英雄,南京轻纺产业集团党委发出了《关于向共产党员于葆林同志学习的决定》。集团工会要求:全系统各基层工会要积极响应集团党委号召,紧密结合深入学习实践科学发展观活动,掀起学习英雄、勇于奉献的高潮,团结带领广大职工同舟共济、战胜危机,为企业的发展、社会的和谐做出积极贡献。请根据以上材料编写一份完整的简报,并在正文前加上按语。

互动与交流：

1. 编写反映以上内容的简报采用什么样的标题比较合适?
2. 如果有按语,按语应该写哪些内容?
3. 这篇简报的正文应该分几个部分写?
4. 全文哪些内容是重点写在前面?哪些内容作为背景资料写在后面?

写作例文：

编者按： 南京轻工机械厂仓库保管员、共产党员于葆林同志于2009年4月18日下午,在白下区常府街看见两名歹徒抢劫一名妇女钱财时,与数名市民奋不顾身、勇斗歹徒,不幸身负重伤、壮烈牺牲。省、市领导,中国建筑材料总公司、市国资委和产业集团领导都分别前往吊唁、慰问。经南京市人民政府报请,江苏省人民政府追认葆林同志为革命烈士,南京市总工会追授于葆林同志"南京市五一劳动奖章"。这是我系统继周光裕烈士后,又涌现出的一位革命烈士。为弘扬正气,学习英雄,南京轻纺产业集团党委发出了《关于向共产党员于葆林同志学习的决定》。集团工会要求:全系统各基层工会要积极响应集团党委号召,紧密结合深入学习实践科学发展观活动,掀起学习英雄、勇于奉献的高潮,团结带领广大职工同舟共济、战胜危机,为企业的发展、社会的和谐做出积极贡献。

南京轻纺产业集团优秀共产党员、平民英雄
于葆林同志先进事迹介绍

2009年4月18日下午,南京市龙蟠中路发生一起暴力抢劫案件,南京轻工机械厂共产党员于葆林在勇斗歹徒过程中身负重伤,经抢救无效英勇献身。

当天下午4时许,市民梁某在常府街农行网点取2万元人民币后,在步行至常

府街与三条巷路口时,突然被人从后方用钝器打击头部并抢走其装有两万元现金的钱包。南京轻工机械厂职工、共产党员于葆林同志听到受害人梁某大声呼救后,迅速冲上前去,追击其中一名抢包歹徒。在龙蟠路南京报业大厦附近,这名歹徒被于葆林等同志及受害人梁某抓获并夺回被抢现金。这时,另一名嫌疑人突然混入人群,从背后持利器将于葆林同志和受害人捅伤,事后两歹徒随即逃跑。路过群众及时将于葆林同志送至南京军区总医院抢救,52岁的于葆林同志因被利器刺中肝部、失血过多,经抢救无效于下午6时许英勇牺牲。

事件发生后,省、市领导、中国建筑材料集团总公司、市国资委和产业集团领导分别看望慰问了于葆林同志的亲属,并称赞于葆林同志在关键时刻挺身而出制服歹徒,有胆量、有魄力,他见义勇为的英雄事迹值得全市人民学习。

于葆林同志的老母亲深明大义,感谢各级领导的关心,感谢组织上将她的孩子培养成为一名优秀的共产党员;也为自己拥有这么一位好儿子感到自豪。

生活中的于葆林,给人们留下最深刻的印象也许就是他的普通和平凡。然而,正是在许多看似平淡的生活点滴中,我们越来越清晰地感受到一个普通党员身上所具有的可贵品质。所有与他相识相知的人,只要提起于葆林都会异口同声地说,他是一个好人。无论是对工作,对生活,对他人,对家庭,还是对社会,于葆林都默默坚守着一个优秀公民的道德操守和做人准则,几十年如一日无怨无悔。人淡如菊,这是一种平凡,但更是一种境界。

对工作,于葆林同志兢兢业业而又默默无闻。30多年的工作经历,多个不同的工作岗位,他那认真负责的态度始终如一。哪怕工作再苦再累再脏,他都踏踏实实,一丝不苟,力求做好,做得更好。

于葆林1977年进入南京轻工机械厂工作,有32年工龄,在单位的管理岗位一直兢兢业业地本分工作。自己虽不富裕,但只要单位哪个职工家庭有困难,他肯定毫不犹豫地第一个出来帮助,买东西,接送老人,单位职工对其都是称赞不绝。

于葆林同志作为一名党员,每当单位党委组织献爱心活动,他都是第一个站出来响应号召。像四川特大地震发生后,单位党委组织大家献爱心,向灾区的群众捐款,于葆林同志不仅第一个将捐款交上,还帮助党组织宣传号召,其所在部门的职工也都纷纷第一时间交上捐款。

在企业工作期间,他负责公司所有生产产品配套的领取和入库工作。一台杀菌机的配套数量有100多种,而一台洗瓶机的配套数量达到了600多种,公司一年要生产几十台杀菌机和洗瓶机,要将这么多种类的配套件准确无误地从总厂领回交到公司库房,是一件非常复杂而又繁琐的工作,不仅要吃苦,而且心要细,从总厂到公司每天来回两次,风雨无阻,他在这一岗位上一干就是八年,从不叫苦叫累。

于葆林同志1986年就写了入党申请书,在改革开放的浪潮中,他始终如一坚定自己的信念,在平凡的岗位上,多年如一日,辛勤工作,严格要求自己,用自己的实际行动向党组织靠拢,在2004年6月光荣加入了中国共产党,实现了自己多年的夙愿。在2001年南京市开展向周光裕烈士学习的时候,他就说过,对待坏人坏事,我们要坚决斗争,不怕流血牺牲,城市需要精神、人间呼唤正气。他是这么说的,也是这么做的,八年后他成为了另一个周光裕。

在供应处担任保管员以来,他努力学习业务知识,提高自己的业务技能,对新来的年轻同志,手把手地教,不厌其烦。在做好自己工作的同时,协助组长做好班组管理工作,每天来得早走得晚,上班前打好开水、拖好地,使大家有一个舒心的工作环境。工作中电脑有时会出现物料号被替换等错误信息,他总是及时向有关部门反映情况,使问题得到及早处理,避免问题进一步扩大。

于葆林同志虽然不幸牺牲了,但他的精神激励着更多的人。道德的力量被进一步激发,社会的正气被进一步弘扬。我们坚信,这就是新时期的南京市民精神,这就是南京富民强市、加快发展的不竭动力。

在这次事件中,于葆林同志完全体现出共产党员大无畏的精神,勇敢地与歹徒进行搏斗。于葆林同志虽然牺牲了,但他永远活在每个人的心中。英雄的血,不会白流!

(南京轻纺产业集团工会)

例文评析:

这是一份宣传先进人物英雄事迹的情况简报。正文前有解题性的按语,按语先用叙述式语言概括于葆林的先进事迹和社会评价,再用议论性语言揭示其行为价值,最后以号召性语句提出希望,主旨明确,思路清晰,要言不烦。正文的标题用叙述式语句,揭示简报的主旨。正文采用报道体写作。第一段是导语,揭示全文的主旨和主要事实,给读者留下一个整体印象。以下各段用叙述方式写出英雄的不平凡人生,最后两段是结尾,用抒情式语言,发出号召,使全文具有震撼人心的逻辑力量。正文的结构模块为:标题(概括式)→正文(报道体):导语(概括式)→主体(递进式)→结尾(号召式)。这份简报采用第三人称写作,表达方式以叙述为主。最后为简报的撰稿者署名,外加括号。

二、综合测试

(一) 填空

1. 简报具有交流范围的_____、_____和_____三个特点。
2. 简报的正文由_____、_____和_____三个部分组成。
3. 简报的按语分_____按语、_____按语和_____按语三种类型。

(二) 解释名词

1. 按语

2. 工作简报

(三) 简答

1. 简报可以分为哪些类型?
2. 写作简报要注意哪些问题?

(四) 写作

请根据以下材料编写一份简报,向消费者通报近期家电价格战的情况。

2011年8月14日,京东商城首席执行官刘强东发布微博:8月15日9点起,京东商城所有大家电均比苏宁线上线下便宜。苏宁易购执行副总裁李斌回应:9点起,网友如发现价格高于京东,双倍赔付!随后国美电器加入混战:京东卖1元,国美就卖9毛5,价格一定比京东低5%。家电商上演"三国杀",一场大家电的"价格血战"已然打响。

京东:大家电比国美、苏宁便宜10%

"如果三年内,任何采销人员在大家电加上哪怕一元的毛利,都将立即遭到辞退。"刘强东称。从昨天起,京东所有大家电保证比国美、苏宁连锁店便宜至少10%以上,公司很快公布实施方案。20多分钟后,他又补充保证京东价格低于苏宁、国美10%的方法:即日起,在全国招收5 000名价格情报员,在每个国美、苏宁门店派驻2名,任何客户到国美、苏宁购买大家电的时候,拿出手机用京东客户端比价,如果便宜不足10%,价格情报员现场查核属实,京东立即降价或者现场返券,确保便宜10%。刘强东还称,欢迎退休人员报名,月薪不低于3 000元。

苏宁:线上所有家电价格低于京东

8月14日下午,苏宁易购执行副总裁李斌发布微博称,保持价格优势是苏宁易购对消费者最基本的承诺。他重申:苏宁易购包括家电在内的所有产品价格必然低于京东,任何网友发现苏宁易购价格高于京东,我们都会即时调价,并给予已经购买的反馈者两倍差价赔付。李斌还宣布:"明天9点开始,苏宁易购将启动史上最强力度的促销。"

对于苏宁这番回击,刘强东昨天下午又发布了最新战书:从今天(8月15日)上午9点开始,京东商城所有大家电价格都比苏宁线上线下便宜,并且无底线地便宜。刘强东举例,如果苏宁敢卖1元,那京东的价格一定是0元,买大家电的人,不关注京东必吃亏。

国美:京东卖1元,国美就卖9毛5

此后不久,国美电器也加入了这场家电价格的混战,发微博称:京东卖1元,国美就卖9毛5!废话不多说,从8月15日9:00起,国美电器电子商品价格比京东便宜5%。

项目十四　经济合同与协议书的写作

■ 经济合同的写作

项目目标

一、知识点
1. 经济合同的含义和用途
2. 经济合同的特点
3. 经济合同的分类
4. 经济合同的结构和写法
5. 经济合同和协议书的区别
6. 写作经济合同要注意的问题

二、技能要求
1. 能够分析经济合同的结构和类型
2. 能够根据提供的材料写作经济合同

任务导向

一、经济合同的含义和用途

(一) 经济合同的含义

合同,又称契约,是双方或多方当事人,为了实现各自的目的,通过平等协商而达成的协议。根据《中华人民共和国合同法》(以下简称《合同法》)的规定,合同是"平等主体的自然人、法人、其他组织之间设立、变更、终止民事权利义务关系的书面协议"。

经济合同,是自然人、法人、其他组织之间为实现一定的经济目的,明确相互的权利义务关系而订立的书面协议。

(二) 经济合同的用途

1. 有利于维护合同当事人的合法权益和明确当事人的权利、义务。
2. 有利于维护社会经济秩序,促进市场经济健康发展。
3. 对生产企业来说,有利于促进企业加强经济核算,改善经营管理。
4. 对订立合同的各方来说,有利于促进交易安全,一旦发生纠纷可以将经济合同作为证据进行司法裁决。

二、经济合同的特点

(一) 合法性

《合同法》规定:"当事人订立、履行合同,应当遵守法律、行政法规,尊重社会公德,不得扰乱社会经济秩序,损害社会公共利益。""工商行政管理部门和其他有关行政主管部门在各自的职权范围内,依照法律、行政法规的规定,对利用合同危害国家利益、社会公共利益的违法行为,负责监督管理;构成犯罪的,依法追究刑事责任。"

(二) 制约性

依法签订的经济合同对双方当事人具有同等的法律约束力,各方当事人必须严格履行合同内容,否则就将承担违约责任。

(三) 规范性

经济合同的主要条款和不同种类的经济合同应该包含的主要内容,《合同法》中都有明确规定。经济合同示范文本的推行对经济合同格式的规范性要求更为严格。

(四) 平等性

经济合同当事人的法律地位是平等的,经济合同的签订应遵循平等互利、协商一致、等价有偿的原则。经济合同的任何一方都不得采取欺骗、强制等手段把自己的意志强加给对方。

三、经济合同的分类

根据不同的标准,可以把经济合同分为不同的类型。

(一) 按经济合同内容分

经济合同可分为买卖合同、供用电(水、气、热力)合同、赠与合同、借款合同、租赁合同、融资租赁合同、承揽合同、建设工程合同、运输合同、技术合同、保管合同、仓储合同、委托合同、行纪合同、居间合同等。

(二) 按经济合同形式分

经济合同可分为条款式合同、表格式合同和条款表格结合式合同三种类型。

(三) 按经济合同期限分

经济合同可分为长期合同、中期合同和短期合同三种类型。

(四) 按经济合同是否立即交付标的分

经济合同可分为诺成合同和实践合同两种类型。诺成合同,即订立合同后不马上交付标的的合同,如建设工程合同;实践合同,即合同订立后立即交付标的物的合同,如借款合同。

(五) 按经济合同主体的数量分

经济合同可分为双边经济合同和多边经济合同两种类型。

四、经济合同的结构和写法

经济合同一般由标题、立约人、正文和结尾四个部分组成。

(一) 标题

经济合同首页最上方正中位置是合同标题。标题要写明经济合同的性质,如"租赁合同"、"买卖合同"等。有的经济合同还在标题右下方标明合同编号。

(二) 立约人

立约人就是经济合同签订的当事人名称或姓名,也就是写出签订合同双方或多方的名称或姓名。要准确写出合同单位或个人的全称、全名,并在其后注明双方约定的固定指代:"甲方"、"乙方",如果有第三方,则为"丙方"。在对外贸易合同中,有时可用"买方"和"卖方"。但经济合同中应避免使用不定指代"你方"、"我方"。

(三) 正文

正文分为引言、主体(主要条款和其他条款)两个部分。

1. 引言。即经济合同的开头部分,主要写签订经济合同的目的或依据。常用句式为:"为了……"或"根据……"。如果选用表格式合同,则依据有关部门制定的经济合同规范文本要求,填写相关内容。

2. 主体。是经济合同的核心部分。一般大多采用条文式,按照双方当事人的约定,详细写明主要条款和其他条款的内容。

(1) 主要条款。即经济合同的主要内容,由双方当事人约定,一般应该具备如下条款。

① 标的。即经济合同当事人权利义务所共同指向的对象,是经济合同的基本条款。无标的的合同是无效合同。标的可以是物品、货币、劳务、智力成果等,一般可以用货物、劳务、工程项目名称表示。例如,借款合同的标的为一定数量金额的货币,要注明是哪种货币;工程承包合同的标的为应完成的工程项目。签订合同的双方对标的的表述要一致,而且必须明确具体。

② 数量和质量。指从数量和质量的角度对标的进行精确的确定,它决定双方当事人承担的权利义务的大小范围。数量要有具体的计量,如金额、工作量等,要

有明确的计量单位,如吨、米、件、车、小时等;质量就是对标的物有质的要求,标志着标的物的优劣程度。如有必要,要对应明确质量的技术标准(如国家标准、行业标准)、等级、检测依据等。

③ 价款或报酬。标的的价格是经济合同当事人根据国家法律、法规、政策和有关规定对标的议定的价格,是经济合同一方以货币形式取得对方商品或接受对方劳务所应支付的货币数量。要明确标的的总价、单价、货币计算标准、付款方式、程序、结算方式。如果是与外方交易,还应写明支付币种。

④ 合同履行期限、地点和方式。履行期限就是经济合同的有效期限,是经济合同法律效力的时限和责任界限,过时则属于违约;日期采用公元纪年,年、月、日书写齐全。地点是指当事人履行经济合同义务、完成标的任务的地点。履行方式是当事人履约的具体办法。如借贷合同的出资方要以提供一定的货币来履约;劳务合同的某一方要提供某种具体的劳动服务,如打扫卫生、做饭洗衣等。

⑤ 违约责任。是指经济合同当事人不能履约或不能完全履约时,所要承担的经济责任和法律后果,具体包括违约金、赔偿金和其他承担责任的法律形式等。违约责任是履行经济合同的重要保证,也是出现矛盾纠纷时解决问题的最重要的依据。

(2) 其他条款。指除了上面的必备条款外,有时还要写上经双方当事人商定的其他条款。

① 不可抗力条款。如果发生了当事人不能预见、不能避免和克服的客观事故(例如地震、台风、火灾等)而导致经济合同履行困难时,当事人可根据这一条款,依据《合同法》规定,部分或全部免除责任。

② 解决争议的方法。该条款约定了在履行经济合同发生争议时解决问题的方式和程序,要明确写出是通过仲裁解决、协商解决还是诉讼解决。

(四) 结尾

经济合同的结尾一般包括有效期限和文本保存、落款等内容。

1. 经济合同有效期。指经济合同生效、终止的时间,是合同当事人共同约定的时间。

2. 经济合同的文本保存。文本保存是注明文本的保管方式,即合同一式几份及当事人保管的份数。

3. 落款。这部分是经济合同特定的内容和格式,即在经济合同的有效期限和保管条款下方,依次写上当事人的名称、签章、通讯地址、法人代表、银行账号、签约日期及地点等。当事人的这些信息要分列排序,以示平等。

有些合同有特殊要求,或有附件,也需要在尾部注明。通常是在合同正文其他条款之后注明"合同附件、附表均为本合同组成部分,且具有同等法律效力"。如工程承包合同要在附件中列出:工程项目表、工程进度表、工程图纸等。这些附件、附表均标在合同落款的最下方,即年、月、日以后的地方。

阅读例文:

电子设备产品买卖合同

甲方(采购单位):南方信息职业技术学院

乙方(供货单位):联想计算机公司

签订时间:2010年3月10日

签订地点:南方信息职业技术学院

甲乙双方本着诚实守信的原则,经公平协商签订如下买卖合同,以资遵守。

第一条 标的物

1. 乙方根据甲方要求提供以下货物:

序号	名称	品牌型号	数量	单价(元)	合计(元)
1	U盘	朗科512M	8只	40	320
		朗科256M	5只	30	150
2	移动硬盘	希捷40G	7只	140	980
3	投影仪	日立X900(1024×768/2000流明)	1台	2 800	2 800
4	DVD	先科	6台	180	1 080
5	照相机	凤凰DC505	15台	500	7 500
6	录音笔	译讯通32M/9小时	25只	1 200	30 000
7	电视机	长虹25英寸	2台	1 299	2 598
8	激光打印机	联想、	4台	820	3 280
9	录音机	雷登PC-9076可读CD	3台	250	750
10	讲台	钢制讲台	1台	1 500	1 500
11	投影	NEC VT670+2200流明1024×768 2.9 kg LCD	1台	4 400	4 400
	合计		78	13 159	1 026 402

2. 交易数量:78台(只)

3. 总价为人民币(大写):壹佰零贰万六仟肆佰零贰元整

4. 质量

(1)乙方须提供全新的、符合国家有关质量标准和规范、环保要求的货物,其质量、规格及技术特征符合合同附件的要求。

1915-2025

（2）每台（只）货物上均应钉有铭牌，内容包括货物名称、型号规格、出厂日期、制造商名称等，并附有产品质量检验合格标志。

（3）货物质量出现问题，乙方应负责三包（包修、包换、包退），费用由乙方负责。

（4）货到现场后由于甲方保管不当造成的质量问题，乙方亦应负责修理，但费用由甲方负担。

第二条　运输

运输办理方：　乙方　

运输费用负担方：　乙方　

运输方式：　公路运输　

始发地点：　联想计算机公司仓库　

到货地点：　南方信息职业技术学院（广州市文澜路99号）　

承运人：　乙方　

第三条　交付

双方按照以下第　2　种方式完成交付。

（1）乙方将货物交付第一承运人并取得提取货物的单证，乙方将提取货物的单证交付甲方则交付完成。

（2）甲方收到货物并且验收完毕则交付完成。

（3）甲方自己提货，提货装车（船）完成则交付完成。

乙方应于　2010　年　3　月　20　日前完成交付。

第四条　风险转移

货物毁损灭失的风险交付前由乙方负担，交付后由甲方负担。该风险的负担不影响违约责任和产品侵权责任的主张。

第五条　所有权的转移

所有权的转移遵照以下第　1　项执行。

（1）货物交付后所有权即转移至甲方。

（2）货款完全结清前乙方保留相当于未结清的货款价值的货物所有权，具体执行办法另行协商。

第六条　检验

自货物交付后的　3　日内完成检验，若对质量有异议，甲方应当在　7　日内向乙方书面提出，并且妥善保管质量瑕疵货物，等待协商处理。

检验人：　乙方　

检验合格的标准：　合格　

第七条　产品不合要求的补救措施

经检验,若产品质量合格率为　95％　以上,则乙方对不合格产品可以采取以下补救措施:退货、修理、更换,费用由　乙　方负担。

经检验,若产品质量合格率为　95％　以下,则甲方享有对整个合同或者不合格部分的解除权,甲方仅解除不合格部分的,合同其余部分有效。

第八条　货款支付

支付方式:　银行转账　(可以约定使用银行转账、支票、本票、汇票、现款等方式)

支付时间或者期限:　10天

支付地点:　中国农业银行珠江分理处

第九条　担保

甲方于　2010　年　3　月　10　日前支付定金　200 000　元。

第十条　售后服务

乙方负责对产品的安装、调试、技术培训,费用由　乙　方负担,这些工作应于　2010　年　3　月　30　日前完成。

产品正式投入使用后的　两年　内(时间)维修由　乙　方负责,费用由　乙　方负担。工具、配件的供应由　乙　方提供,费用由　甲　方负担。

第十一条　违约责任

1. 甲方无正当理由拒收货物、拒付货款,由甲方向乙方偿付合同总价的5‰的违约金。

2. 甲方应在合同规定时间内向乙方支付货款,每逾期1天甲方向乙方偿付欠款总额的5‰滞纳金,累计滞纳金总额不超过欠款总额的5‰。

3. 乙方不能交付货物,则由乙方向甲方支付合同总价的5‰的违约金。

4. 乙方逾期交付货物,每逾期1天,乙方向甲方偿付逾期交货部分货款总额的5‰的滞纳金,累计滞纳金不超过逾期交货部分货款总额的5‰,逾期交货超过10天,甲方有权终止合同,并按第七条第3款处理。

5. 乙方所交的货物品种、型号、规格不符合合同规定的,甲方有权拒收设备。乙方向甲方支付货款总额的5‰的违约金。

6. 如经乙方两次维修,货物仍不能达到合同约定质量标准,甲方有权退货,乙方退回全部货款,并按第七条第3款处理,同时,乙方还须赔偿甲方因此遭受的损失。

7. 乙方所供货物必须权属清楚,不得侵害他人的知识产权,否则构成对甲方违约,违约金按第七条第3~4款执行。

第十二条　争议及仲裁

1. 因货物的质量问题发生争议,由南京市技术监督局或其指定的质量鉴定单位进行质量鉴定。货物符合标准的,鉴定费由甲方承担;货物不符合质量标准的,鉴定费由乙方承担。

2. 因本合同引起的争议,甲、乙双方应首先通过友好协商解决,如果协商或调解不能解决争议,则可向合同签订所在地人民法院提出诉讼。

第十三条　本合同项下的各项债权债务未经对方同意均不得转让给第三人,否则对方可以直接解除合同。

第十四条　本合同中关于产品本身以及其使用技术方面的专用词汇的解释由乙方出具附件专门解释。附件在本合同签署之前确定并为本合同的一部分。

第十五条　保护商业秘密约定

第十六条　本合同签订地点是：__南方信息职业技术学院__

甲方(公章或者私章)：　　　　　　乙方(公章或者私章)：

南方信息职业技术学院　　　　　　联想计算机公司

住所:广州市文澜路99号　　　　　住所:南京市湖北路132号

法定代表人(公章或私章):张大卫　　法定代表人(公章或者私章):李国宝

联系电话:__52381057__　　　　　联系电话:__13314299966__

传　　真:__85238077__　　　　　传　　真:__45851761__

签约时间(以最后签字盖章为准):2010年3月10日

附件：

1. 电子产品质量、规格及技术证明书
2. 产品使用说明书

例文评析：

　　这是一份条款表格结合式买卖合同,标题由标的和文种两个要素构成。立约人写明买卖双方名称,同时写明经济合同签订的时间和地点。正文引言说明买卖缘由。主体部分是经济合同的重要组成部分,它包括了明确双方权利义务的具体条款。这份经济合同的标的物是电子设备产品,合同第一条就用表格形式,清晰地列出了所需产品的清单,并写明数量、单价、总价和质量;下面依次列出了运输、交付、风险转移、所有权转移、检验、产品不合要求的补救措施、付款方式、担保、售后服务等一系列具体内容。同时,在其他条款部分,本合同还详细规定了违约责任、争议与仲裁、债权债务问题处理、附件等内容。该经济合同的条款周详而完备。结尾平等地列出了落款:甲乙双方的名称、住所、法人代表、联系方式及签约时间。因为电子产品使用的期限较长,该合同未规定有效期,这是根据其标的物情况决定的,符合现实情况。其结构模块为:标题(要素式)→立约人情况(说明式)→正文:开头(缘由式)→主体(并列式)→结尾(说明式,包括签署地点和落款)。总之,这是一份比较完备的经济合同,可以作为写作样本进行模仿。

项目十四　经济合同与协议书的写作　　169

五、经济合同和协议书的区别

合同和协议书都是由双方当事人共同订立的一种契约。但协议书与合同有一定的区别。合同内容一般限于经济活动方面,协议书内容适用范围较为广泛。合同一经签订就产生法律效力,双方必须严格遵守,认真履行,任何一方违约都将承担相应的经济责任和法律责任;协议书往往要经过行政主管部门签证或公证机关公证才能产生法律效力。

> **小贴士:写作经济合同要注意的问题**
>
> 1. 内容明确具体。经济合同具有法律效力,它既能保障双方当事人享有的权利,又要求双方认真履行各自应尽的义务,因此,经济合同的内容必须写得明确具体。
>
> 2. 格式规范。对经济合同的主要条款及不同种类的合同所应具备的主要内容,《合同法》都有明确的规定,写作时不能随便撰写。
>
> 3. 条款完备。经济合同由许多条款组成,每个条款都要订得具体、全面、周详,不能有遗漏。
>
> 4. 措辞严谨。为了避免出现漏洞,经济合同的用词要十分准确、严密,不能模棱两可或含糊不清,以免造成理解歧义而产生纠纷。

协议书的写作

项目目标

一、知识点
1. 协议书的含义和用途
2. 协议书的特点
3. 协议书的分类
4. 协议书的结构和写法
5. 写作协议书要注意的问题

二、技能要求
1. 能够分析协议书的结构
2. 能够根据提供的材料写作协议书

任务导向

一、协议书的含义和用途

（一）协议书的含义

协议书指党政机关、企事业单位、社会团体或个人就某个问题经过谈判或共同协商，取得一致意见后订立的一种具有经济或其他关系的契约性文书。

（二）协议书的用途

协议书与合同有相似之处，能够明确双方的权利和义务，为双方的合作事宜确定大致的方向，有助于合作的持续和深化。如果双方发生纠纷，也可以将协议书作为依法诉讼的依据。

二、协议书的特点

协议书与合同除在平等性、互利性、法规性等方面有相似之处外，还有自己的特点：

（一）宽泛性

协议书涉及的领域非常广泛，凡是不适合签订合同的合作形式，只要双方当事人协商一致，都可以签订协议书。

（二）灵活性

协议书的写法比较灵活，协议的内容、条款的形式等都可以由当事人协商议定。

（三）原则性

与合同相比，协议书的可执行性不如合同。它规定的协议双方的权利和义务比较笼统和抽象，比较原则。

三、协议书的分类

（一）经销协议书

经销协议书是一个企业为另一个企业销售产品而订立的、明确相互之间权利和义务关系的应用文书。如某大型超市为某企业销售产品时订立的销售协议书。

（二）委托协议书

委托协议书是委托人和受委托人约定，由受托人为委托人处理事务的应用文书。其主要特征是受托人以委托人的名义和费用，为委托人处理事务，由委托人承担法律责任，当然，受委托人不能超越委托人的权限。

此外，还有联营协议书、捐赠协议书、补偿协议书、代理协议书等。

四、协议书的结构和写法

协议书的格式和合同有相似之处,有条文式、表格式和条文表格结合式三种格式;它的结构也与合同相似,即由标题、立约人、正文、落款四部分组成。

(一) 标题

协议书的标题有三种形式。第一种,直接用文种"协议书"三个字做标题,这种写法比较普遍;第二种由协议事项和文种两个要素构成,即写明协议书的性质,如《补偿协议书》、《代理协议书》、《委托协议书》等;第三种由当事人名称、协议事项和文种三个要素构成,如《兰香鞋厂与建国中等专业学校合作办班协议书》。

(二) 立约人

即签订协议单位名称或立约当事人。在标题下,正文前,写明拟定协议各方当事人单位或个人名称,并在立约各方当事人名称之后注明一方为甲方,一方为乙方,便于在正文中称呼。最好是把立约人并列排列,以表明双方地位平等。

(三) 正文

正文包括开头、协议条款、结尾三个部分。

1. 开头。协议书的开头比较简洁,主要用目的式、缘由式等方式写明订立协议的目的和依据,以引起下文。

2. 协议条款。这是协议书的核心部分。一般分条列项将当事人协商确定好的事项罗列出来。不同性质的协议书,所列条款也不一样。一般情况下,协议书的内容比较原则,不像合同那样具体、细致。

3. 结尾。一般写本协议书一式几份,如何保存,还要注明协议书的附件、有效期限等信息。

(四) 落款

落款一般包括署名、印章和成文日期等项目。

1. 署名。要写明协议当事人的全称,并签署法人代表的姓名或代理人的姓名。

2. 印章。在署名上加盖公章或私章。

3. 签订日期。写明协议书签订的年、月、日。

阅读例文:

合作办学协议书

甲方:明光市高飞留学中介公司　　　　乙方:安徽省机电高等职业学院

根据徽发〔2011〕43号文件精神,甲乙双方愿意在派员出国培训工作中进行合作,经协商达成协议如下:

一、甲、乙双方按照上级有关政策规定,联合刊发招生宣传信息。

二、乙方根据招生通知,负责培训班的招生工作。

三、乙方负责与有关国家委托办学机构联系教学等各项业务工作。

四、甲方负责办理出国培训人员和管理人员的审批手续。

五、乙方负责出国培训人员的管理、交通和食宿等。

六、乙方按照招生通知的要求收取出国培训人员的学杂费,负责培训中各类费用开支。甲方按比例收取出国培训人员审批手续费(手续费为:招收学员100人以内,收取学费总额的8%;招收学员100人以上,收取学费总额12%),其余部分由乙方支配。

七、本协议书自双方盖章后生效。

八、本协议书一式四份,双方各执两份。

  甲 方:明光市高飞留学中介公司 乙 方:安徽省机电高等职业学院
  法人代表:张 灿   法人代表:林兰兰

二○一一年三月十三日

例文评析:

  这份协议书标题由协议事项和文种两个要素构成,协议事项规定协议的性质。立约人并列排序,体现了双方的平等地位。正文开头说明协议的依据,尾句承上启下,引出主体部分的协议条款;条款一至六条,对各自的职责和权利、利益分配等相关问题做了约定;七、八两条属于结尾,规定本协议书生效期限、各自保存份数。落款包括署名和协议书签订日期两项。全文条理清晰,甲乙双方权利和义务规定明确,具有可执行性,是一份规范的协议书。正文的结构模块为:开头(根据式)→承启语(承上启下)→主体(并列式)→结尾(说明式)→落款(签署和生效日期)。

小贴士:写作协议书要注意的问题

  1.内容合法。即协议书的内容、形式、程序都必须符合国家的法律、法规。

  2.平等互利,协商一致。无论级别高低、条件好坏、经济优劣,订立协议的双方地位是完全平等的,应该相互尊重,任何一方不能把自己的意志强加给对方。

  3.诚信执行。协议书一旦订立,就具有相应的法律约束力,违约者将承担相应责任。

项目十四 经济合同与协议书的写作

技能训练

一、分析经济合同和协议书的结构,根据提供的材料写作合同和协议书

分析与写作1:

陆小清刚从学校毕业,为了靠近工作单位,上下班方便,她从网上寻找到了出租房。经过与房主易周协商,房主易周同意把宝善新村 32 幢 3102 号房出租给她。租期为一年,租金每月 2 000 元,付款方式为预交三个月,保证金为一个月房租。另外,水、电、煤气、宽带等费用都由陆小清支付。为了使双方的权利和义务规定得更加详细,房主易周希望陆小清拟写一个租房合同文本。请根据以上材料,代陆小清拟写这份租房合同。

互动与交流:

1. 租赁合同的结构包括哪几个部分?
2. 这份合同的标题应该怎样写?
3. 正文部分需要写哪几项内容?
4. 结尾部分怎样写?

写作例文:

租赁合同

甲方(出租人):<u>易　周</u>　签名/盖章　　身份证号码:<u>223345609876123432</u>
乙方(承租人):<u>陆小清</u>　签名/盖章　　身份证号码:<u>212201977080904121</u>

一、甲方将<u>宝善</u>新村<u>32</u>幢<u>3102</u>号房屋出租给乙方作为<u>住宅</u>使用。

二、租期从<u>2011</u>年<u>3</u>月<u>3</u>日起到<u>2012</u>年<u>3</u>月<u>2</u>日止,租期<u>壹年</u>。

三、月租金为人民币<u>2 000</u>元,采用三月一次性预付方式,乙方共需支付首季房租<u>6 000</u>元整(大写<u>陆仟</u>元整)。

四、保证金

1. 交付租金同时,乙方应另付保证金人民币<u>2 000</u>元整(大写<u>贰仟</u>元整)。
2. 保证金支付方式:现金支付。

五、乙方租用后应注意以下事项

1. 乙方应遵纪守法,合法居住,并自行办理相关手续,承担相关责任。

2. 乙方应注意居住安全,自行采取防火、防盗等安全措施。加强用电安全,不得乱拖、乱接电线;对于防盗、防火、用电安全进行经常检查。如乙方措施不当造成的所有损失由乙方自行承担;造成甲方房屋财产损失,由乙方全额赔偿给甲方;造成第三方房屋财产损失,由乙方负责处理,由乙方全额赔偿对方,并按违约处理。

3. 乙方对租用房没有处理权,不能擅自与人合租、转租或借给他人,也不能改变其用途,否则属于违约。如有此类情况发生除支付违约金外,甲方有权解除协议并收回房屋。

4. 电、水、电视、煤气、宽带及其他设施由乙方使用,产生的费用(包括治安、政府部门的各项管理费用)由乙方按时、足额缴纳。如有失误,造成麻烦,乙方自行解决,确需甲方出面协助解决时,乙方应支付甲方必要费用。

  附:电表底数__3 275__;水表底数__6 635__;煤气底数__596__。

5. 乙方在租用期内,不得改变房屋结构及其设施;使用中如有损坏或管道堵塞,应予修复、疏通,费用自理。乙方装修须合理且费用自理;乙方退租或租期到期如需拆除装修请同时恢复房屋原貌,产生费用由乙方自理。

六、本合同经甲乙双方协商、同意、签名盖章后生效,签订之日为本合同的生效日期。所有条款必须执行,本合同内所涉违约金金额为人民币__叁仟元整__,如乙方违约除支付给甲方违约金外,同时甲方收回房屋,并且乙方根据本合同条款缴清各种应付款项。

七、本租房合同为甲乙双方约定的正式合同,以此为执行文本。

八、本合同一式__2__份,每份贰页,甲乙各方各执壹份。

甲 方:__易 周__签名/盖章(红印) 乙 方:__陆小清__签名/盖章
联系电话:13122345678   联系电话:14323456765
本合同签订于:2011年3月3日,即日生效

例文评析:

  这是一份租房合同。租房合同有时以"租房协议"的名称出现,所以,合同有时等同于协议。立约人项目中,用甲方、乙方规定各自文中称呼,还写出了各自身份证号,排列顺序符合规范,给人诚信的印象。正文没有前言,直接写约定条款,简洁晓畅。从房屋坐落写起,符合合同写法,也符合人们认识习惯;条款一到六,严格规定了各自的权利与义务,明确付款责任及违约责任。条款七和八为结尾部分,规定了合同的执行效力、合同的各自保存份数。落款包括签署、联系方式和合同生效日期等内容。这份租赁合同比较简单,但对双方权利义务的约定,还是比较全面、齐备和公平的,可以作为学习写作这类经济合同的范本。

分析与写作 2：

在"大学生工资不如农民工"、"大学生找工作难"的现实情况下，李小立顺利地从省内一所高校毕业了，她努力地找工作，终于找到了芜湖市恒利公司。该公司人力资源部答应让她来试试总经理办公室秘书职位，试用期 3 个月。根据《中华人民共和国劳动合同法》规定，该公司要与李小立订立一份试用期用工协议书。请根据以上材料，代李小立拟写一份试用协议书。

互动与交流：

1. 协议书的标题应该怎样写？
2. 立约人部分是否需要并排写？
3. 这份协议书的正文应该分几个部分写？
4. 协议书必须写明哪些条款？
5. 落款需要写明哪些内容？

写作例文：

芜湖市恒利公司员工试用协议书

甲方：芜湖市恒利公司

法人代表：张莉

地址：芜湖市马鞍山路 561 号

联系电话：2298710

乙方：李小立

年龄：23 岁；性别：女；学历：本科；所学专业：文秘

身份证号：212201977080904121　　　联系方式：13877623111

根据《中华人民共和国劳动合同法》，经过甲乙双方认真协商，共同确认本协议如下内容：

一、乙方在甲方总经理办公室试用，试用时间为 2011 年 7 月 20 日至 2011 年 10 月 20 日，共 3 个月。

二、甲方负责安排乙方工作，为其提供必要的工作条件。

三、甲方负责对乙方进行职业道德、业务技能和公司规章制度的教育和培训。

四、甲方按照公司的规章制度考核乙方，如乙方对公司有突出贡献，经申请批准后可提前正式录用。

五、乙方享受公司试用期规定的工资待遇。

六、乙方必须遵守甲方所规定的一切规章制度，尽职尽责，服从领导，与公司全体同仁团结合作，如违反规章制度，甲方可随时解除此协议。

七、乙方应严守工作中获得的有关本公司经营、财务、人事等机密,如违反《保密法》条款,应承担相应责任并接受处罚。

八、乙方如因工作业绩不佳,品德不良,有重大失误或给公司带来较大经济损失和形象损害,甲方可随时解除此协议,甲方不负任何责任。

九、乙方如被解聘或自动解聘时,一经批准,应立即办理工作移交手续。

十、乙方应于试用期满前一周向甲方提交工作总结及转正申请,甲方根据乙方表现作出书面答复和评价。

十一、本协议书签字后立即生效,甲乙双方各执一份。

甲方(盖章):芜湖市恒利公司　　　　　乙方(签字):李小立
负责人(签字):张　莉
二〇一一年七月十八日　　　　　　　　二〇一一年七月十八日

例文评析:

　　这份用工协议书标题由用工单位、事项和文种三个要素构成。标题显示了协议书的内容。立约人部分,招聘公司为甲方,被聘者为乙方,表述清晰。正文前言采用根据式写法,尾句承上启下。主体分条列项写明双方的权利和义务。协议条款和合同比较,显示出原则性,规定的是一般应聘者应遵守的制度、规范,没有具体说明如工资、奖金、福利待遇等内容。结尾条款十一说明了生效期和协议书保存情况。落款处各自签字盖章、注明日期,完全符合协议书结构要求。全文的结构模块为:标题(三要素式)→立约人(主次式)→承启语(承上启下)→正文:开头(根据式)→主体(并列式)→结尾(说明式)→落款(签字盖章和日期)。主题鲜明,结构完整,语言顺畅是这份协议书的特点。

二、综合测试

(一) 填空

1. 经济合同具有_____、_____、_____和平等性等四个特点。
2. 经济合同的正文由标题、_____、_____和_____四个部分组成。
3. 经济合同中应避免使用不定指代_____、_____。
4. 协议书具有_____、_____和_____三个特点。

(二) 名词解释

1. 实践合同
2. 标的
3. 不可抗力

(三) 简答

1. 经济合同的正文由哪几部分组成？
2. 写作经济合同要注意哪些问题？
3. 经济合同和协议书有什么区别？

(四) 写作

1. 甲方：建波果品有限公司；乙方：常焦农场。为了保证市场水果供应，满足市民秋季消费水果需求，双方代表经过平等协商，订立本合同。主要内容为：其一，乙方向甲方提供八成熟香水梨 2 万公斤，其中一级、二级各半，即每种 1 万公斤。一级每公斤 10 元，二级每公斤 6 元，总货款为人民币 16 万元整。其二，乙方于 2011 年 8 月 12 日用汽车直接将货运至甲方仓库，运费由乙方承担。香水梨用二皮篾竹箩包装，每只竹箩 5 元，费用由甲方承担，乙方以 4 折价回收旧箩。其三，甲方过秤验收后，于 3 天内把货款和包装竹箩费用一并汇至乙方银行账号。其四，在正常情况下，乙方拒不交货，应处以货物总款 20％罚金；数量不足则按不足部分的货款 20％处以罚金；质量不合格则重新计算货款；如逾期交货则每天处以货款 5％的滞罚金。在正常情况下，甲方拒不收货，则处以货物总款 20％的罚金；逾期付款，则每天处以货款 5％的滞罚金。如因自然灾害或特殊情况双方不能履行合同时，应提前 20 天通知对方，并赔偿对方 10％损失费。其五，合同一式三份，甲乙双方各执一份，鉴证机关一份。合同自签订之日起生效，至双方义务履行完毕之日失效。请根据以上材料撰写一份经济合同。缺少的项目，如双方代表的姓名、开户银行、银行账号、地址、电话等可以虚构。

2. 东菱汽车租赁有限公司和华表汽修有限公司经过实地考察，市场调研，决定联手合作投资创办出租汽车公司。双方决定合营企业定名为东华出租汽车公司，经营的大小车共 100 辆。其中德国奔驰 280 轿车 7 辆（二手车，行车里程不超过 17 000 公里，外表较新），日产丰田轿车 83 辆（50 辆含里程表、金额计数表、空调、步话机等），面包车 10 辆。双方约定合营企业为有限公司。投资比例为 3∶7，华表公司占 30％，东菱公司占 70％，总投资额 140 万美元，其中，东菱公司 98 万美元（含库房等公用设施），华表公司 42 万美元。合作期限 5 年。公司设董事会，人数为 5 人，东菱公司 3 人，华表公司 2 人。董事长 1 人由东菱公司担任，副董事长 1 人由华表公司担任。合营企业所得净利润，根据双方投资比例进行分配。合作期间，华表公司纯利润达到投资额（包括本息）后，企业资产即归东菱公司所有。双方共同遵守我国政府制定的外汇、税收、合资经营以及劳动等法规。双方商定，在适当时间，就有关事项做进一步协商，提出具体方案，再签订合同。请根据以上材料为东菱汽车租赁有限公司和华表汽修有限公司的合作事项，拟写一份协议书。缺少的项目，如双方代表的姓名、开户银行、银行账号、地址、电话等可以虚构。

项目十五　市场调查报告的写作

项目目标

一、知识点
1. 市场调查报告的含义和用途
2. 市场调查报告的特点
3. 市场调查报告的分类
4. 市场调查常用的方法
5. 市场调查报告的结构和写法
6. 写作市场调查报告要注意的问题

二、技能要求
1. 能够分辨不同类型的市场调查报告
2. 能够根据提供的材料写作相应类型的市场调查报告

任务导向

一、市场调查报告的含义和用途

(一)市场调查报告的含义

市场调查报告,指通过对市场的营销情况和经济运行现象进行调查,对调查的信息经过分析、研究和处理后而写成的关于市场现状的报告性文书。市场调查报告是从调查报告中派生出来的一个分支。

(二)市场调查报告的用途

市场调查报告可以为政府或经济部门、企业了解市场行情,进而做出经济决策提供帮助。

二、市场调查报告的特点

(一)针对性

市场调查一般是针对市场经营中某一方面的问题有选择地进行。一般是抓住产供销中某一环节开展调查,然后写出调查报告。

(二) 真实性

市场调查的范围是市场某一方面问题的过去和现状,通过调查获取真实的、反映市场现状和变化规律的信息,写出客观的市场调查报告,为企业经营决策服务。

(三) 时效性

市场调查报告只有及时、迅速和准确地发现和反映市场的新情况、新问题,才能让经营决策者及时掌握情况,不失时机地做出相应的决策,调整经营方向,提高企业的应变能力和竞争能力,确保产销对路,避免和减少风险。

三、市场调查报告的分类

(一) 市场需求调查报告

这类调查报告调查对象主要为市场对某种产品的需求量和影响需求量的因素,如购买力、购买动机和潜在需求等。

(二) 竞争对手调查报告

这类调查报告主要调查竞争对手的情况、竞争能力及新产品开发情况等。

(三) 市场价格调查报告

这类调查报告主要反映市场同类商品的价格变动情况和消费者对价格及价格变动的态度等。

(四) 市场消费行为调查报告

这类调查报告的对象主要为消费者的分布地区及经济状况、消费习惯,消费水平及广告对消费者的影响等。

四、市场调查的常用方法

(一) 现场调查法

指调查人员到现场直接观察、记录调查对象的言行等情况,向消费者直接了解购买意向和对商品的意见的方法。这种调查法简便易行,但调查范围小。

(二) 访问调查法

指根据事先确定的调查问题,用口头或书面的方式向被调查者询问,以获取有关情报资料的方法。调查方式有开座谈会、电话询问、邮件调查和个人访问等。

(三) 统计分析法

指利用企业的销售情况表、会计报表等现成的资料进行统计分析的调查方法。这种调查方法带有总结本企业目前产品及现行的经营策略是否能适应市场的因素,比较现实可行。

(四) 实验调查法

这类调查法多以试行销售的方式进行,常见的试销会、展销会、订货会、博览会等都属于实验调查法。

五、市场调查报告的结构和写法

市场调查报告由标题、正文和落款三个部分组成。

(一) 标题

市场调查报告的标题没有固定的写作格式。常见的格式有两种：一种是公文式标题，如《2011年度格力空调市场销售前景调查》，"2011年度"是时限，"格力空调"是调查对象，"市场销售前景"是调查内容，"调查"是文种。另一种是揭示调查对象式的标题，如《北京房地产市场的调查报告》，"北京房地产市场"是调查对象，"调查报告"是文种。标题必须概括全文的基本内容。文种中"报告"二字经常被省略。

(二) 正文

正文由导言、主体和结尾三个部分构成。

1. 导言。也称前言，要写明调查的具体情况，如调查的目的、时间、地点、对象、范围以及调查方法等。也可以简要介绍报告的主要内容和观点，使读者获得初步印象。导言必须高度概括，简明扼要。

2. 主体。即市场调查报告的核心部分，一般包含三方面内容。

（1）基本情况。即介绍通过调查获得、且经过归纳整理的资料数据及图表，说明被调查对象的过去和目前的情况。

（2）分析及结论。这部分内容包括：①说明对调查得来的资料数据分析、归纳的方法。②写出发现的问题和得出的关于市场状况分析的结论。这部分内容也可以和基本情况糅在一起写，即边介绍情况边进行分析。

（3）建议。根据上文的分析及结论，提出有针对性的对策和措施。

3. 结尾。市场调查报告的结尾没有固定的格式，可以用总结式概括全文的观点，也可以用说明式说明调查中存在的问题、主要的倾向，或预测可能出现的风险等。也可以事完文止，不写结尾。

(三) 落款

落款包括市场调查报告撰稿单位名称或撰稿人姓名、成文日期两项内容。撰稿单位名称或撰稿人姓名也可以写在标题的下面。

阅读例文：

武陵县2011年上半年消费品零售市场调查

最近，我们对武陵县消费品市场做了一次统计资料调查。调查结果显示，该县上半年消费市场延续了去年增长较快的势头，继续呈现繁荣、活跃的良好运行态势。全县累计实现社会消费品零售总额52.78亿元,同比增长17.1%。现将调查的情况报告如下。

一、消费品市场总体情况

1. 城乡基本实现同步增长。城乡居民收入稳步提高,推动消费快速增长。城镇零售额45.79亿元,同比增长17.3%;农村零售额6.99亿元,同比增长15.6%。

2. 限额以上批发和零售业企业贡献突出。随着居民生活水平的提高,人们对购物环境和服务有了更多选择,大商场、大型超市良好的购物氛围和优质服务,吸引城乡居民源源不断地涌入,加上企业良好的环境和服务,赢得了销售额的不断增长。上半年,该县批发和零售业实现零售额43.89亿元,比去年同期增长17.2%,其中限额以上批发和零售业实现零售额13.67亿元,比去年同期增长24.4%。

3. 住宿餐饮市场依然红火。随着居民生活水平的不断提高以及该县餐饮业市场多种经济成分共同发展,餐饮业呈现持续快速发展的增长势头。上半年,该县住宿餐饮业实现零售额8.89亿元,同比增长16.7%,其中限额以上住宿餐饮业实现零售额1.63亿元,同比增长15.5%。

4. 消费结构升级,热点商品相对集中。随着人们收入的不断增长,大众消费由数量型向质量型过渡、单一型向多元化发展、实用型向享受型转变。上半年消费品市场吃、穿、用等基本生活消费类商品销售持续活跃,消费结构升级产品的销售增长较快。根据限额以上批发零售企业的统计,上半年服装、鞋帽、针纺织品类实现零售额1.42亿元,比上年同期增长40.2%,显示出居民在富裕之后越来越注重美化自我;市民对美的追求,使化妆品和金银珠宝类商品备受青睐,分别实现零售额0.22亿元和0.74亿元,同比增长50.4%和38.6%;汽车消费增长迅速,上半年汽车类商品实现零售额2.68亿元,比去年同期增长20.1%;随着收入的提高,市民花在文化产品上的钱也越来越多,上半年书报杂志类实现零售额0.38亿元,同比增长17.3%。

二、消费品市场运行中存在的主要问题

1. 农村消费市场发展相对滞后。农村消费品市场建设的投入不足,商业网点布局不够合理。大型商场主要集中在县城,农村销售网点少,市场规模小,超级市场、专业店、专卖店等现代流通方式在农村才刚起步。适合消费的产品少,售后服务差,运输、维修等服务环节尚不健全,在客观上制约了农村居民消费水平的提高。消费品价格不断上升,对农村居民的消费抑制也不容忽视。

2. 市场秩序不规范,消费环境有待进一步改善。尽管近几年各级政府不断清理消费环节上的不合理政策,但一些影响消费进一步发展的因素依然存在。如汽车使用费用过高,商品房价格居高不下,一般老百姓难以承受,抑制了消费热情,阻碍了新消费热点的形成。部分产品质量低劣,虚假广告等非诚信现象仍然存在,售后服务不到位等，都影响居民消费信心和居民购买力的顺利实现。

3. 新建社区商业发展滞后。随着住房商品化和居民个人对住房需求的增加，新建住宅小区如雨后春笋般涌现，但是新建社区商业建设滞后的情况较为普遍，缺少配套的超市、便利店、餐饮店等，社区居民为了购物、就餐常常要跑到较远的地方。新建社区蕴藏着很强的购买力，相关部门如何做好新建社区商业配套的规划和建设，对扩大消费品市场将产生不可忽视的直接影响。

三、拓展消费品市场的几点建议

1. 以新农村建设为契机，进一步扩大农村居民消费。充分挖掘农村居民消费潜力，推动消费品市场发展，不仅是建设社会主义新农村的重要内容，也是扩大内需的着力点。政府应继续加大对农村基础设施建设的投入力度，使农村居民消费既有收入保障，又有环境支持，激发农村居民消费欲望，扩大农村消费市场。

2. 完善收入分配制度，提高中低收入群体消费水平。中低收入群体是拉动消费增长的潜在力量，消费倾向较高，增加的收入最容易转化为直接的消费。政府要充分发挥收入分配调节功能，完善社会保障体系，巩固和扩大中等收入人群比重，保障最低收入，努力提高中低收入群体的消费水平。

3. 加大对市场秩序整顿和监管力度，提升居民消费信心。虽然政府在优化消费环境，加强市场监管方面做了大量卓有成效的工作，但仍存在假冒伪劣商品屡禁不绝，食品、药品安全等诸多损害消费者利益、抑制居民消费的问题。政府应进一步规范市场经营行为，创造和谐、有序的市场环境，激活居民即期购买力。

4. 依托消费升级，增强有效供给。针对消费品市场出现的新特点和新趋势，引导企业优化和调整现有产品结构，增强供给对消费需求的适应能力，力求满足由消费结构升级引发的热点商品的旺盛需求，同时避免市场饱和商品的过度供应，使供给与需求进一步衔接，促进市场良性发展。

武陵县发改委市场调查组
二〇一〇年七月二十六日

例文评析：

这是一份市场消费行为类的调查报告。采用公文式标题，由调查地区、调查时限、调查对象和文种四个要素构成，反映了全文的基本内容。文种省略了"报告"二字。正文的导言写明了调查时间、地区、调查方法和调查对象，概括了全文的主旨。"现将调查的情况报告如下"承上启下，转入主体部分。主体部分采用横式结构，分三个小标题叙述和分析说明。每个小标题下均采用横式结构写作，分条列项，层次清楚。第一部分采用统计分析法和对比分析法叙述消费品零售市场总体情况。数据具体，说服力强。第二部分采用因素分析法分析消费品零售市场运行中存在的主要问题，并找出问题的原因所在，具有重要参考价值。第三部分对拓展消费品零售市场提出几点建议,持论有据,针对性强。对县政府了解消费品零售市场情况从而进行正确决策具有重要参考价值。事完文止,没有独立的结尾。正文的结构模块为:导言(递进式)→承启语→主体(并列式):基本情况(并列式)→分析与结论(并列式)→建议(并列式)→结尾(秃尾)。落款为撰稿单位名称和成文日期。全文材料丰富,真实可靠,主旨单一、鲜明,结构严谨,层次分明,语言简明,是一份优秀的市场调查报告。

> **小贴士:写作市场调查报告要注意的问题**
>
> 1. 材料要真实、充分。真实、充分是市场调查报告的质量保证。材料不真实,市场调查报告的结论一定不可靠;材料不充分,市场调查报告就不会有说服力。
>
> 2. 分析处理材料的方法要科学。写进市场调查报告的材料必须是经过认真分析、深入研究过的材料。必要时有些材料要运用数学、经济学的原理和方法进行处理。
>
> 3. 报告的问题要单一。一份市场调查报告只能写一个问题,切忌涉及的问题太大,面面俱到。

技能训练

一、分析市场调查报告的结构,根据提供的材料写作市场调查报告

分析与写作:

靖江市2011年1至6月份房地产市场运行平稳,调控政策效果显现。开发投资呈谨慎态势,上半年商品房销售面积同比有较大幅度下降。6月份单月的商品房销售面积环比虽有所增长,但楼市中仍有观望的气氛。请以此材料为依据,撰写一篇市场调查报告。

互动与交流:

1. 适宜写成什么类型的市场调查报告?标题适宜采用哪一种类型?
2. 前言适宜采用什么方式?
3. 主体部分需要写明哪些内容?
4. 结构模块应当怎样安排?
5. 适宜采用什么调查法?分析部分适宜采用什么分析方法?
6. 如果需要写结尾,结尾适宜采用什么写作方式?

写作例文：

靖江市 2011 年上半年房地产运行情况调查

最近，我们采用统计报表的方法，对靖江市 1 至 6 月份房地产开发市场运行情况进行了分析。全市上半年房地产市场运行平稳，调控政策效果显现。开发投资呈谨慎态势，上半年商品房销售面积同比有较大幅度下降。虽然 6 月份单月的商品房销售面积环比有所增长，但楼市中仍有观望的气氛。

一、房地产市场运行总体情况与分析

1. 房地产开发投资开始出现下降趋势。1 至 6 月份，全市房地产开发完成投资 21.26 亿元，同比下降 4.81%，其中商品住宅完成投资 10.81 亿元，同比下降 37.18%，占房地产开发完成投资的 50.85%；商业营业用房完成投资 7.73 亿元，占房地产开发完成投资的 36.36%。

1 至 6 月份，全市新开工房地产项目 4 个，靖江村镇建设综合开发有限公司开发的润晖国际广场项目、泰和置业开发的泰和国际城项目、靖江市百富绅置业有限公司开发的财富家居港项目、靖江中天置业开发的城市景园等项目逐渐成为靖江市房地产投资的主要组成部分，在未来的一段时间内，靖江市房地产开发投资尚有巨大的潜力。

2. 房地产施工面积有所增长，凸显较强的市场预期。1 至 6 月份，全市房地产施工面积 223.28 万平方米，同比增长 5.11%。从组成结构看，住宅施工面积 162.52 万平方米，占全部施工面积的 72.79%，同比下降 6.45%。商业营业用房施工面积 40.66 万平方米，占全部施工面积的 18.21%，商品住宅依然是房地产开发的主体，商业营业用房施工面积等所占比重逐渐增加，全市房地产市场日益成熟，逐渐趋向多元化。

3. 房地产市场观望氛围较浓，销售形势不容乐观。1 至 6 月份全市商品房销售面积为 10.90 万平方米，同比下降 62.95%，其中，商品住宅销售面积为 9.82 万平方米，同比下降 54.75%，1 至 6 月份商品房销售额为 8.40 亿元，同比下降 59.27%，其中商品住宅销售额为 6.95 亿元，同比下降 51.59%，但 6 月份单月的商品房市场销售面积有所好转，6 月份销售面积为 2.03 万平方米，环比增长 7.41%，其中 6 月份住宅销售面积为 1.93 万平方米，环比增长 32.19%，房地产市场仍显示出较浓的观望状态，销售形势不容乐观。

二、促进全市房地产健康发展的两点对策和建议

1. 跟踪解读政策，稳定房价，加强市场监管。同步解读各项调控政策，采取积极措施稳定房价，及时掌握市场运行状况及存在的问题，科学判断房地产市场走势，主动服务，及时服务，跟踪服务群众。切实加强房产中介管理，规范中介收费标

准,建立中介诚信服务体系,促进二手房交易市场健康运行。

2. 加快保障房建设速度、积极构建新的住房保障体系。今年以来,全市把保障性住房建设提上重要议事日程,明确部门责任,优先安排土地指标,多渠道筹集建设资金,积极稳妥地推进保障安居工程建设。全市2011年上半年计划开发建设经济适用住房200套,公共租赁住房600套,购买廉租房30套,廉租住房租赁补贴发放户数为110户。

2011年1至6月份全市完成公共租赁房投资2 950万元,公共租赁房施工面积为8.73万平方米,全市保障房建设工作正在切实有序展开,通过加快保障房建设速度,积极改变目前全市商品住房供给的单一模式,形成市场与保障相结合的复合供给模式,对住房需求实施有效分流,抑制房价过快上涨。

靖江市统计局
二〇一一年七月二十四日

例文评析:

这是一份市场需求调查报告。采用公文式标题,由调查地区、调查时限、调查对象和文种四个要素构成,反映了全文的基本内容。正文前言交代了调查的时间、方法、地区、对象等情况,概括了全文的主旨。主体部分采用横式结构,分两个小标题叙述情况、分析原因,并针对存在的问题提出对策和建议。每个小标题下均采用横式结构写作。第一个标题采用统计分析法和对比分析法叙述该市房地产市场运行总体情况,分析上半年商品房销售面积同比有较大幅度下降,以及楼市存有观望的原因。数据具体,分析客观,说服力较强。这一部分包含了基本情况和分析与结论两部分内容。第二个标题下提出了促进全市房地产健康发展的两点对策和建议,针对性较强,具有一定的可行性。对政府和有关部门了解房地产市场运行情况,进行正确决策和引导具有重要参考价值。结尾肯定了房地产市场与保障房建设相结合的复合供给模式。正文的结构模块为:前言(递进式)→主体(并列式):基本情况和分析与结论(并列式)→对策和建议(并列式)→结尾(递进式)。落款为撰稿单位名称和成文日期。全文材料充分、真实,主旨单一、鲜明,层次清楚,语言简洁,是一份优秀的市场调查报告。

二、综合测试

(一) 填空

1. 市场调查报告具有_____、_____和_____三个特点。

2. 市场调查报告可以分为_____调查报告、_____调查报告、_____调查报告和市场消费行为调查报告四种类型。

3. 市场调查有_____调查法、_____调查法、_____调查法和实验调查法等四种方法。

（二）解释名词

1. 市场调查报告
2. 现场调查法

（三）简答

1. 市场调查报告的导言通常要写明哪些内容？
2. 市场调查报告正文主体部分包括哪些内容？写作时有哪些要求？

（四）阅读分析

模仿任务导向阅读例文的评析方法，对下面的市场调查报告作全面评析：

青山县生猪市场情况调查分析

2009年6月，我们通过现场调查和统计报表调查的方式对我县生猪养殖户进行了调查。调查发现，国家政策和经济大环境对生猪产业的影响比较大。一方面，为扩大内需，国家加大了对畜牧业的投入，尤其是近两年加大了对生猪养殖的扶持力度，调动了农民的养猪积极性，促进了以生猪为主的畜牧业生产的快速发展。另一方面，受全球金融危机的冲击和市场价格变化以及猪流感等因素的影响，生猪价格持续下跌，从今年2月份开始，短短3个月时间，肉猪每头由盈利近200元转为亏损近100元。养猪效益剧降，农民收入减少，给畜牧业生产和农村经济发展带来了重大影响。

畜牧养殖业已成为壮大农村经济和增加农民收入的一大重要支柱产业。特别在广大农村，畜牧业是一个中间产业，对农村经济发展起着至关重要的作用，它一头连着种植业，实现了粮食及其副产品转化增值；一头连着加工业和城镇市场，使产品变成现金，直接增加农民收入。同时还对提高农民生活水平起着不可替代的作用。政府全面落实了能繁母猪补贴，实施了能繁母猪保险，保护和发展了良种母猪，生猪良种覆盖率达到了90%。近几年来，国家对畜牧业发展的投入大大增加，如实施良种补贴、标准化规模养猪小区建设以及基础设施建设等等，极大地调动了农民的养殖积极性。

今年以来，受全球金融危机、生猪市场价格大幅度下跌以及猪流感等因素的影响，畜牧业经济出现增产不增收的现象，生猪规模养殖场、户已由盈利转向亏损，引起社会的普遍关注。猪价剧跌，养殖效益下降。根据定点调查，2008年生猪市场价格一直处于高位运行，4月份达到顶峰，仔猪价格达到30元/公斤，肥猪达到13元/公斤，猪肉达到24/公斤，其间虽有小幅波动，波幅不大。但从今年2月份以来，我县生猪市场价格出现持续下跌，而且跌幅较大，到5月底，仔猪9.6元/公斤，肥猪8.0元/公斤，猪肉14元/公斤，而玉米和饲料市场价格变化不大，猪粮比价由

8∶1降至5.2∶1,已经跌到盈亏临界点以下。农民出栏一头肥猪减收500多元,规模养殖户出栏一头肥猪亏损80至100元。据西来镇泥桥村一名猪场老板反映,他今年养了20头母猪,育肥猪600头,2至5月亏损9万元,目前已处于继续养猪还是不养猪的两难境地,压力很大。

生猪市场价格下跌的主要原因表现在以下几方面。一是受全球金融危机的影响,猪肉产品外销受阻。企业减员或停产停业,农民工大量返乡创业,猪肉产品需求量减少,致使外销量减少。生猪加工屠宰,主要满足本地肉食品供应。去年三个企业每天加工销售200头左右,而今年每天屠宰加工仅60头左右。二是生猪价格进入回落期。近两年国家以前所未有的力度扶持生猪产业,陆续出台了能繁母猪补助、生猪良种补贴、生猪养殖政策性保险等一系列含金量极高的政策,促进了生猪生产发展。与此同时,2007年以来生猪价格持续攀升,且较长时间处于高位,养殖效益可观,吸引了大量社会资本投入养猪业,加速了生猪生产发展。从而形成了供大于求的格局,使生猪市场价格进入了回落期。三是甲型H1N1流感的影响。墨西哥、美国等国家暴发的甲型H1N1流感,并在全球蔓延,导致民众对吃猪肉产生了一定忧虑,购买量相对减少。往往市场行情好时,大家蜂拥而上,行情差时,甚至出现宰杀母猪的现象,已形成了一个恶性循环,严重影响畜牧业发展。

畜牧业作为农村一项基础、支柱产业,是农民增收的主要途径,对推动农村经济发展和社会主义新农村建设起着十分重要的作用。针对当前生猪市场价格持续下跌的现象,调整生猪生产结构和规模,淘汰劣质品种,更换优良品种,不等价、不压栏,对育肥猪做到适时出栏。加强饲养管理,科学搭配饲料,降低生产成本。大力提倡和发展适度规模养殖,改进生产方式,创新养殖模式已成为当务之急。

青山县畜牧业局
二〇〇九年七月十二日

项目十六　经济预测报告的写作

项目目标

一、知识点
1. 经济预测报告的含义和用途
2. 经济预测报告的特点
3. 经济预测报告的分类
4. 经济预测报告的结构和写法
5. 写作经济预测报告要注意的问题

二、技能要求
1. 能够分辨不同类型的经济预测报告
2. 能够根据提供的材料写作经济预测报告

任务导向

一、经济预测报告的含义和用途

（一）经济预测报告的含义

经济预测报告，指依据已掌握的有关经济信息和资料，通过科学的方法进行分析研究，从而预测未来经济发展趋势的一种预见性书面报告。

（二）经济预测报告的用途

经济预测报告为政府经济部门、企事业单位和决策部门提供经济决策的参考依据，有利于领导和决策部门的经营管理。市场预测报告是经济预测报告中最常见的一种。

二、经济预测报告的特点

（一）预见性

经济预测报告的性质就是对经济未来的发展趋势作出预见性的判断，它是在深入分析经济既往历史和现状的基础上的合理判断,目的是将经济需求的不确定性极小化,使预测结果和未来的实际情况的偏差概率达到最小化。

(二) 科学性

经济预测报告在内容上必须占据充分详实的资料,并运用科学的预测理论和预测方法,以周密的调查研究为基础,充分搜集各种真实可靠的数据资料,才能找出预测对象的客观运行规律,得出合乎实际的科学结论,从而有效地指导经济实践。

(三) 针对性

经济预测的内容十分广泛,但是每一次的经济调查和预测,只能针对某一具体的经济活动或某一产品的发展前景,因此,经济预测报告的针对性很强。选定的预测对象愈明确,经济预测报告的现实指导意义就愈大。

(四) 时效性

当前做出的经济预测结果是处在变化中的,因此要及时把经济预测的信息传递给有关部门或单位。只有讲求时效,才能充分发挥经济预测报告的作用。

三、经济预测报告的分类

可以从不同的角度,按照不同的标准对经济预测报告进行分类。

(一) 按预测范围分

1. 宏观经济预测报告。即对大范围或整体经济现象的未来作出综合预测的报告,常指有关国民经济乃至世界范围内各种全局性、整体性、综合性经济问题的预测报告。

2. 微观经济预测报告。即对某一经济现象或某一经济实体对特定市场商品供需变化情况、新产品开发前景等分析研究的预测报告。

(二) 按预测时间分

1. 长期预测报告。指超过五年期限的经济发展前景的预测报告。

2. 中期预测报告。指对二年至五年时间内经济发展前景的预测报告。

3. 短期预测报告。指对一年内经济发展情况的预测报告。

(三) 按预测方法分

1. 定量预测报告。包括数字预测法预测报告和经济计量法预测报告。数字预测法预测报告,指采用对某一产品(商品)已有的大量数据进行分析研究,用统计数字表达,从中找出产品(商品)的发展趋势而写成的书面报告。经济计量法预测报告,指根据各种因素的制约关系用数学方法加以预测而写成的书面报告。

2. 定性预测报告。即对影响需求量的各种因素,如质量、价格、消费者、销售点等进行调查、分析研究,在此基础上预测经济的需求量和市场的前景而写成的书面报告。

四、经济预测报告的结构和写法

经济预测报告由标题、正文和落款三个部分组成。

(一)标题

经济预测报告的标题,一般由预测期限、预测范围、预测对象和文种四个要素构成。如《2010年青山市空调机购销情况预测》。也有由预测对象和预测结论构成的标题,直接揭示预测报告的观点和主题,如《我国黑白电视机供应量即将达到饱和》等。

(二)正文

正文包括前言、主体和结尾三个部分。

1. 前言。一般说明预测的目的、缘由,介绍预测的时间、地点、对象和预测方法。一般是概述经过,或概述预测对象的主要情况,或提出主要内容、观点,或指出预测活动的主要意义、影响等。

2. 主体。是经济预测报告的中心部分,它一般包括基本情况、分析与预测、对策与建议等内容。

(1) 基本情况。所写的材料一般是现实情况、数据,要求具有准确性、真实性、全面性和可比性,防止弄虚作假,以免形成错误的判断。

(2) 分析与预测。要求针对大量的事实、数据,运用科学的分析方法,进行分析综合,准确预测发展趋势。

(3) 对策与建议。根据分析、预测结果,提出改进的意见、设想和措施。这也是写作经济预测报告的目的。这一部分内容在文字表述上要求具体可行。所谓具体,就是对策与建议清楚明白,行有目标,查有标准,而不是表面化、一般化、概念化或人云亦云的东西。所谓可行,就是从实际出发,实事求是,既不能不顾客观条件提出好高骛远的建议,也不可妄自菲薄,看不到有利因素,忽视经过努力可以达到的目标。

3. 结尾。有的以展望未来结尾,以引起读者的关注;有的是以预测中的问题结尾,以引起重视。结尾应简明扼要、干脆利落,切忌空喊口号。

(三)落款

落款一般是在正文后右下方写明撰稿单位名称或撰稿人姓名,标明成文日期。如果标题上已有单位名称,日期已写在标题下方,就不需再落款。

阅读例文：

从住宿设施建设看靖江市旅游业发展的趋势

旅游日益成为现代社会重要的生产生活方式和社会经济活动。为了真实反映我国旅游业的发展状况，2011年2月，国家旅游局提出建立国内旅游接待统计监测体系，同年7月，开始在江苏、浙江、北京、上海等部分省、市开展国内旅游接待统计试点工作。国家旅游局明确提出要进一步突出"接待国内过夜旅游人（天）数"指标，同时把"住宿业基础情况"作为重要校核指标，从而达到能客观评价各地国内旅游发展水平，全面反映旅游业战略性支柱产业地位，推动国内旅游健康可持续发展。

截至上年末，靖江市经营旅游住宿业的有377家，其中法人单位36家、个体工商户341家。客房数8 228间，床位数15 077张，餐位数13 253个，期末从业人员3 849人。详见下表：

2011年靖江市旅游住宿设施基本情况汇总表

指标名称	单位数（个）	客房数（间）	床位数（张）	餐位数（个）	期末从业人员（人）
全市合计	377	8 228	15 077	13 253	3 849
一、登记注册类型					
1. 内资	32	1 691	3 020	3 802	871
2. 港澳台商投资	1	148	226	1 000	245
3. 外商投资	3	201	335	800	131
4. 个体经营	341	6 188	11 496	7 651	2 602
二、经营形式					
1. 连锁总店					
2. 连锁门店	3	316	717	800	124
3. 独立或其他形式	374	7 912	14 360	12 453	3 725
三、主要行业分布					
1. 正餐服务	3	90	173	700	49
2. 宾馆、旅馆、住宿	334	7 394	13 168	12 352	3 360
其中：三星宾馆	1	65	122	600	102
四星宾馆	2	362	585	2 000	545
3. 洗浴、休闲、护理	35	686	1 621		380
4. 宗教组织	5	58	115	201	60

从上表可以看出，目前我市在旅游住宿设施单位结构、数量和规模上还存在以下几方面的问题：

一是单位整体规模小。从377家调查单位看，法人单位只有36家，占比不足一成，个体户341家，占90.4%，每户年末从业人员平均7人，总体规模偏小。

二是总部经济发展欠缺。在提供休闲娱乐为主的行业中，法人单位只有3家，91.4%的洗浴休闲中心都是个体户。同时，在法人单位中，还尚未建立以总部经济或集团形式经营发展的良好理念，此次调查中，仅有锦江之星、汉庭快捷、客家007知名品牌连锁门店3家，大量都是单打独斗的独立经营者和随开随关的个体经营户。

三是外商投资导向不足、星级酒店量少式微。我市旅游资源较少，没有重量级风景名胜，在旅游接待能力、宾馆配套方面也缺少特色。调查数据显示，全市港澳台商及外商投资住宿企业只有江苏扬子江大酒店有限公司和靖江南园樱花宾馆有限公司2家。上星级的旅游饭店只有4家，其中：三星级2家，四星级2家。

通过分析比较，我们认为靖江市在大力发展现代服务业、尤其是做大做强区域旅游业的空间是巨大的。

一是地域优势是大力发展区域旅游业的基础。靖江地处经济发达的长江三角洲腹地、江苏省的中部，长江岸线长达53公里，江阴长江大桥横跨大江南北，既缩短了与苏南和上海、南京、杭州等大中城市的时空距离，更缩短了城市经济和人们心理的距离，与苏南江阴等城市的"同城效应"显著增强；市内公交、城乡班车开通，城乡一体化交通格局基本形成；境内国家和江苏省"三纵三横"交通主动脉构成对外联系的便捷通道，交通枢纽地位突出。

二是经济实力是大力发展区域旅游业的保障。2011年，我市地区生产总值达到538.98亿元，其中：三次产业结构为3.23∶56.82∶39.95。全年实现财政总收入124.78亿元，同比增长38.6%，其中地方一般预算收入达到48.68亿元，同比增长32.0%。全社会固定投资232.06亿元，同比增长27.5%。综合经济实力迈上了新台阶。在如此高值位经济实力的背景下，我市有能力大力发展高品位的文化和旅游业态。

三是民众需求是大力发展区域旅游业的动力。据统计，全市2011年人均地区生产总值达到80 469元（按户籍人口计算），比上年增长13.8%。随着经济的发展，人们对精神层次的需求越来越突出，如何帮助人们构筑属于自己的精神栖所，这正是文化、旅游等精神建设所要发挥的力量。当物质的欲望基本满足后，精神层次的需求就会随之而增长。人们有需求社会就有动力，区域旅游业的发展才能成为真正的可能。

上述各方面说明，我市大力发展区域旅游业、旅游文化的良好时机已经来临，为此对下阶段全市旅游业以及旅游文化的建设发展提出几点设想和建议。

一要做好区域旅游规划。按照发展目标科学、区域划分合理、功能定位准确、整体优势互补的原则,编制好全市旅游业发展总规划。立足全市现有资源、可用资源,靖江美食扬名海内外,名点、名菜、名厨效应凸显,美食已成为靖江一张亮丽的名片,可拉动靖江的旅游消费。2008年靖江汤包、肉脯、季市小吃入选靖江非物质文化遗产,近年来又荣获"中国·汤包之乡"、"中国·河豚之乡"、"中国江鲜菜之乡"的美誉。孤山景观区扩容2.67公顷工程竣工,景观区总面积达12公顷;《生祠镇风景名胜区保护规划》获市政府批准。以靖江造船业、沿江港口码头以及新港工业园区为载体,可大力开发工业旅游和大江风光游。将全市旅游业的发展与工业、商业、文化等相关产业和行业融合发展,从而实现全市旅游发展模式质的飞跃。

二要提供区域旅游保障。首先是强化组织保障,旅游经济的发展需要专职部门推进,目前我市还没有成立旅游局,仅有旅游工作领导小组办公室,要尽快设置旅游管理机构,重点推进我市旅游业发展;其次要强化政策保障,旅游住宿业的发展,需要政府部门在长远战略规划、相关政策的制定方面给予更多的关注,要出台鼓励住宿业发展的优惠政策,政府质监、物价、工商、卫生、消防等部门和单位,要发挥监督、协调和服务功能,对住宿企业在开办、经营等过程中遇到的问题及时帮助解决;再次是强化资金保障,应建立旅游发展专项基金。市级财政每年设立一定数量的旅游发展专项基金且逐年增加,主要用于扶持旅游开发、项目运作、宣传促销、旅游奖励等。同时加大宣传力度,引导社会资金、尤其是外资投入旅游重点项目的建设。

三是推进住宿行业品牌化战略。大力培育发展住宿业龙头企业,提高行业整体水平。要合理规划布局,加快旅游宾馆饭店建设步伐,增加星级宾馆饭店床位数量。按照"大力发展高档宾馆、合理发展中档宾馆、控制发展低档宾馆"的原则,不断推动旅游宾馆饭店上档升级,使我市所有旅游接待宾馆饭店达到星级化设施、星级化管理、星级化服务。

以上是从旅游住宿设施基本情况分析,对全市未来旅游业发展的一些思考和预测。我们深信,在市委、市政府的正确领导下,在全市人民齐心协力的共同努力下,借助全国旅游业蓬勃发展的大好东风,我市的文化、旅游业也一定能乘势而上,勇创辉煌!

靖江市统计局
二〇一二年一月二十日

例文评析:

这是一份微观的经济预测报告,也是定性的经济预测报告。标题比较特殊,为揭示内容的标题,"靖江市旅游业"是预测对象,"发展趋势"即"预测","报告"二字省略。第一段是正文的前言,说明对靖江市旅游业发展趋势进行预测的缘由。第二段起是主体部分。第二段以表格形式叙述该市旅游住宿设施基本情况,简明扼要,眉目清楚。第三段至第六段是对旅游住宿设施现状的分析,提出三点不足,并引出对该市未来旅游业发展的展望。第七段至第十段列举三个方面的优势后预测该市旅游业发展的空间巨大。这是全文的主旨所在。第十一段至第十四段就实现未来旅游业发展的目标提出三点设想和建议,比较切合实际,也具有操作性。最后一段是结尾,表示对实现未来目标充满信心。全文的结构模块为:标题(预测对象和文种)→前言(缘由式)→主体:基本情况(表格式)→分析及预测(递进式、并列式混合)→设想与建议(并列式)→结尾(展望式)。落款为撰稿单位名称和成文日期。这是一份写得较成功的经济预测报告。

小贴士:写作经济预测报告要注意的问题

1. 要全面正确地把握市场变化的趋势和规律,突出预测的重点目标,不能面面俱到。

2. 力求预测准确,建议切实可行。预测的结果要能直接服务于经济,服务于企业,为企业和经济部门科学决策提供可靠的依据。

3. 在表达方式上,要尽量使用数字说明和图表说明。

技能训练

一、分析经济预测报告的结构,根据提供的材料写作经济预测报告

分析与写作:

2011年,三元区物价总水平持续走低,1至6月CPI累计涨幅创2010年以来最低,全区通货膨胀压力有所趋缓。分析结果,主要原因为得益于政府部门执行一系列宏观调控政策措施。请据此材料,撰写一篇经济预测报告。

互动与交流:

1. 标题怎样写?需要传达哪些信息?
2. 前言是否需要显现经济预测报告的主旨?
3. 主体部分要写明哪些项目或内容?
4. 正文的结构模块应该怎样安排?
5. 是否需要写结尾?

写作例文：

2011年上半年CPI运行及下半年经济预测

今年以来，受国内外宏观环境变化影响，我区物价总水平持续走低，1至6月CPI累计涨幅创2010年以来最低，全区通货膨胀压力趋缓，主要得益于政府部门执行一系列宏观调控政策措施取得的成效。

一、总体运行情况

1. CPI指数高位回落。从去年10月份开始，我区CPI涨幅逐步回落，今年6月份同比上涨2.1%，创26个月来涨幅新低。上半年我区CPI累计上涨3.3%，涨幅较去年同期回落1.5个百分点。

2. 八大类指数七升一降。从分类指数来看，八大类指数七升一降，食品、烟酒和衣着类涨幅较高。其中，食品类上涨5.0%，烟酒类上涨3.6%，衣着类上涨3.7%，家庭设备用品及维修服务类上涨3.2%，医疗保健和个人用品类上涨2.2%，交通通信类上涨0.5%，居住类上涨1.3%，娱乐教育文化用品及服务类下降2.9%。

二、CPI运行特点

1. 食品类价格上涨仍是主要因素。上半年，食品类上涨5.0%，拉动消费价格总水平上涨1.5个百分点。16个食品中类有13个品种价格指数出现上涨，上涨面达81.2%。其中粮食类上涨9.0%、干豆类及豆制品上涨9.6%、肉禽及其制品类上涨10.1%、水产品类上涨11.0%、菜类上涨11.4%。

（1）粮食价格稳步攀升。受国家稳步提高粮食收购价格，以及干旱、洪涝气候灾害、运输成本提高和种粮成本加大等诸多因素影响，上半年我区粮食类价格累计上涨9.0%，其中大米价格累计上涨13.4%，面粉价格累计上涨3.4%。

（2）干豆类及豆制品价格涨幅较高。国内粮食和豆类价格上涨带动豆制品类价格上涨，上半年我区干豆类及豆制品类价格累计上涨9.6%。

（3）猪肉价格先升后降。今年猪肉价格呈现先高后底走势，1至2月份猪肉价格累计分别上涨14.4%和15.2%，随着节日因素的逐步退去，3至6月份猪肉价格开始连续小幅下跌，上半年市区猪肉价格累计上涨6.1%。

（4）淡水鱼价格稳步上涨。受出塘量减少、人工费用上涨以及饲料价格上涨等因素影响，今年以来淡水鱼价格持续上涨。上半年我区淡水鱼价格累计上涨23.8%。

（5）鲜菜价格波动较大。1至2月份受节日因素影响，加之气温较低不利于鲜菜生长，鲜菜价格涨幅较高，累计分别上涨20.0%和18.6%。3至4月份伴随着天气逐渐转暖，鲜菜价格累计比开始大幅回落，但仍呈增长态势。5至6月份开始随着本地菜的大量上市,以及运输成本的减少,鲜菜价格开始小幅下跌,上半年市区鲜菜价格累计上涨4.8%。

2. 非食品商品部分。主要有:

(1)酒类价格明显上涨。由于去年国内中高端的白酒价格涨声可谓此起彼伏,轮番响起,且涨幅最大的时间集中在下半年,如52度五粮液价格去年1月每瓶789.00元,2月涨为889.00元,9月涨到1 109.00元,致使今年本地产白酒一直在高位上运行。上半年酒类价格累计上涨4.3%,其中白酒类价格累计上涨6.8%。

(2)成品油价格呈现先涨后跌。由于2011年上半年国际原油整体呈现先扬后抑走势,带动整个成品油市场呈现先涨后跌走势。一季度国际油价一路走高,国内93号成品油价格也随之破"8",创下历史最高价;进入二季度,国际油价走势震荡偏弱,国内成品油价格又重回"7"元时代。成品油价格下调将带动居住和交通通讯等相关商品和服务价格下降。

三、下半年CPI运行走势预测

在利率、CPI双双走低的情况下,我区人民支出负担将逐步减轻。下半年随着翘尾因素的影响逐渐减小,9月之前CPI运行预计会保持相对低位,不过四季度猪肉价格可能回暖,加上资源类价格不断走高,劳动力成本还在上涨,房屋租金涨势强劲和其他不确定因素的影响,还将可能出现先抑后扬的情况。

三元区物价局
二〇一一年七月二十日

例文评析:

这是一份微观的经济预测报告,也是定性的经济预测报告。标题由时限"2011年上半年"、预测对象和时限"CPI运行及下半年"、文种"经济预测"等三个要素构成。"报告"二字省略。第一段是正文的前言,说明"全区通货膨胀压力趋缓"的缘由,同时揭示了全文的主旨。主体部分采用横式结构分三个小标题叙述、分析和预测。其中第一、二个标题下仍采用横式结构写作。第一个小标题下是概述上半年CPI运行情况。采用统计分析法和数据对比法,言简意明。第二个小标题下采用统计分析法和数据对比法分析上半年CPI运行的特点,分条列项,纲目清楚。第三个小标题下是对下半年CPI运行走势的预测,写得过于简略,没有展开分析,使这份预测报告的价值大大减弱。此外,没有写实现预测目标的"建议"也是这份预测报告的不足之处。事完文止,没有独立的结尾。正文的结构模块为:前言(缘由式,显现主旨)→主体:总体运行情况(并列式)→分析(并列式)→预测(递进式)→结尾(秃尾)。落款为撰稿单位名称和成文日期。

二、综合测试

(一) 填空

1. 经济预测报告具有_____、_____、_____和科学性四个特点。
2. 经济预测报告的标题,一般由预测_____、预测_____、预测_____和文种四个要素构成。

(二) 解释名词

1. 经济预测报告
2. 长期经济预测报告
3. 定性经济预测报告

(三) 简答

1. 经济预测报告的主体部分要写明哪些内容?
2. 写作经济预测报告要注意哪些问题?

(四) 阅读分析

模仿任务导向阅读例文的评析方法,对下面的经济预测报告作全面评析:

透过全市汽车市场看桥北汽车市场发展前景

汪国胜

桥北汽车市场是近年来浦口区消费品市场迅速崛起的一颗璀璨的明珠,零售额增幅迅猛,市场份额不断跃升,对市场增长的贡献显著,逐渐成为全区市场的支柱产业,有力地支撑了全区市场的发展。透过全市汽车市场不难看出桥北汽车市场拥有区位优势、城市化进程加快优势和主城区汽车市场产业转移机遇期优势,若以规划引领,全区上下积极打造汽车市场发展氛围,桥北汽车市场必将迎来新一轮发展高潮。

一、桥北汽车市场在全市汽车市场中的优势

1. 区位优势。桥北地区位于闻名遐迩的南京长江大桥北堡之下,汽车市场不仅可以覆盖南京江北地区,还能辐射苏北、安徽等地,还能有效辐射部分江南主城区。现阶段,桥北汽车市场主要辐射浦口区、六合区、下关区和鼓楼区,随着桥北汽车市场规模聚集效应逐渐彰显,辐射能力必将进一步增强。

2. 城市化进程加快优势。近年来,南京市加速推进"跨江发展"战略,现代化江北新城建设已有序拉开,城市化进程加快,市政基础设施不断完善,尤其是纬七路过江隧道的开通,过江交通"瓶颈"制约因素缓和,为汽车市场发育打造了良好的"硬环境"。与此同时,城市化的发展推动浦口经济提速发展,城乡居民收入不断增长,日益富裕起来的人群为汽车市场发育营造了良好的"软环境"。

3. 产业转移机遇期优势。全市由于主城区汽车市场趋于饱和，正处在向外围郊区转移期，主要转向城市南北两极。目前高居全市汽车市场第二名的秦淮区汽车市场，由于业态积极调整，大明路汽车市场要向外围迁移，欲到城北发展的企业，桥北必然是首选之地。

二、桥北汽车市场发展前景

近年来，全市汽车市场发展势头强劲，充分显示了消费者需求的旺盛，可以预见在较长时期内全市汽车市场难以衰退，而诸多优势彰显的桥北汽车市场作为全市汽车市场发展的江北增长极，必将长期处于上升阶段，桥北汽车市场前景非常诱人。我们不妨具体展望一下：今年1—9月份，我区汽车销售量近5 000台，占据全市市场份额仅为3.15%；汽车销售额为5.97亿元，占据全市市场份额只有2.81%。桥北汽车市场作为全市汽车市场发展的江北增长极，拥有广阔的发展空间，终极目标占领全市汽车市场半壁江山应是有可能实现的，也就是说，桥北汽车市场前景规模可达百亿元以上。

三、发展桥北汽车市场的几点建议

1. 以规划来引领桥北汽车市场发展。桥北汽车市场发展关键在于区政府要高度重视，及时加大对桥北汽车市场规划支持力度，紧紧抓住桥北汽车市场发展黄金机遇期，以规划来引领桥北汽车市场发展，消除土地等方面制约因素，建立健全两个汽车市场，合理布局高、中、低档次市场，以规模聚集效应来提速发展桥北汽车市场。

2. 加大金融市场支持力度。有效的金融服务是汽车市场繁荣兴旺的助推器，其对个人购车贷款的支持重视程度直接决定着桥北汽车市场繁荣状况，要不断提高我区金融市场工作效率和服务水平。

3. 建设和完善城市相关基础配套设施。不仅要改善老城区相关基础配套设施，在建和规划中的新城区相关基础配套设施更要到位，要把握好新能源汽车发展趋势，相关基础配套设施规划建设要具有前瞻性，同时加速推进过江通道建设，彻底消除长江天堑对江南主城区汽车消费市场的阻碍，积极营造良好汽车市场发展环境。

二〇一一年七月十二日

项目十七 可行性研究报告的写作

项目目标

一、知识点
1. 可行性研究报告的含义和用途
2. 可行性研究报告的特点
3. 可行性研究报告的分类
4. 可行性研究报告的结构和写法
5. 写作可行性研究报告要注意的问题

二、技能要求
1. 能够分辨不同类型的可行性研究报告
2. 能够根据提供的材料写作可行性研究报告

任务导向

一、可行性研究报告的含义和用途

（一）可行性研究报告的含义

可行性研究报告是对拟建的工程项目、经济活动项目或科学实验，在调查研究的基础上，进行技术上、财务上、经济效益上的可行性分析研究，并反映研究结果的书面报告。

（二）可行性研究报告的用途

可行性研究报告是项目投资决策的一项重要工作内容，是项目能否立项的论证文件。同时，也是申报建设执照及与合作单位签订合同的依据。

二、可行性研究报告的特点

（一）科学性

可行性研究报告的科学性体现在两个方面：一是所运用的数据是在调查研究

的基础上得出的,所依据的理论和原理本身是经得起实践检验的;二是其研究的方法是科学的,而不是陈旧的经验主义方法。

(二) 全面性

可行性研究报告不但要论证拟建项目或拟定方案在经济上是否有效益,而且要论证在技术上是否切实可行,此外还要论证是否符合现行的法律和政策,因而其内容往往要涉及到各个方面,具有综合性。

(三) 系统性

可行性研究报告要围绕拟建项目或拟定方案的各种因素进行全面、系统的分析和研究,既有定性的,也有定量的;既有宏观的,也有微观的;既有正面的,也有负面的;既有近期的,也有远期的,力求能够从全局出发,找到最佳方案。

三、可行性研究报告的分类

分类标准不同,可行性研究报告的类型也不同。

(一) 按照内容分

1. 政策可行性研究报告。指对经济、技术的政策和措施的必要性、有效性和实施的可行性进行分析、论证的报告。这类研究报告主要为科学决策提供依据。

2. 建设项目可行性研究报告。指国家制定的《关于建设项目进行可行性研究的试行管理办法》中规定的那些项目以及利用外资、技术改造、技术引进和进口设备等项目的可行性研究报告。

3. 开辟和拓展新市场、开发新产品和新技术、采用新的管理方法的可行性研究报告。

(二) 按照范围大小分

1. 一般可行性研究报告。主要指规模小、投资少的项目的可行性研究报告,包括小的新建和扩建项目、常规性技术改造项目、某一方面经营管理改革和单项科学实验项目等。

2. 大中型项目可行性研究报告。主要指规模大、投资多、涉及面广的项目的可行性研究报告,包括大的新建和扩建项目、工程浩大的技术改造项目、全局性的经营管理改革和重大科学实验项目等。

(三) 按照性质分

1. 肯定性可行性研究报告,即肯定项目具备实施的必要性和可行性的报告。

2. 否定性可行性研究报告,即否定项目不具备实施的必要性和可行性的报告。

四、可行性研究报告的结构和写法

可行性研究报告由标题、正文和附件三个部分组成。

(一) 标题

标题由项目主办单位、拟建项目名称和文种三个要素构成,如《南宁有限责任公司硅藻土项目可行性研究》。也有省略项目主办单位的两要素标题。

(二) 正文

正文由前言、论证、结论和建议三个部分组成。

1. 前言。也称概述或总说明。内容包括项目名称、主办单位、技术和经济负责人、参加可行性研究的人员以及项目立项的原因、目的、依据、范围等基本情况。

2. 论证。这是可行性研究报告的核心,是得出可行性研究报告结论的依据,要求使用系统分析的方法,以经济效益为核心,围绕产生效益和影响项目投资的各种因素,运用各种数据资料加以论证。国家制定的《关于建设项目进行可行性研究的试行管理办法》规定,凡是企业新上马的项目都要经过可行性论证后才能决定是否立项。项目论证一般包括以下几个方面内容:

(1) 拟建项目的规模和需求预测。对拟建项目规模设定的依据和项目投产后面向市场需求情况和发展方向做详尽的阐述和分析。这一部分是可行性研究报告写作的重点之一。

(2) 资源、原材料、动力等公用设施情况。这些关系到项目上马后能否正常生产,企业能否正常运行。

(3) 项目建设条件和选址理由。主要说明拟建项目目前可以充分估计到的优势和劣势,其优势如何能够得到保证,其劣势如何克服解决,及对选址方案的详细论证。

(4) 项目规划设计方案。主要说明项目的构成设置及选择怎样的工艺流程及技术等级。这既决定了项目建成后处于何种工艺水平,也决定了投产后面向消费市场的哪类层次,更决定了项目本身的生命周期。

(5) 项目实施的进度与监督。主要说明项目建设的工作量和工程进度,对工作量和工程进度的核定和质量监督如何进行,如何予以保障,并编出项目实施计划时间表。

(6) 投资估算和资金筹措。这也是可行性研究报告写作的重点之一。要准确估算出项目所需总资金,也要估算出项目实施的各自部分和不同时间中所需资金的具体比例。要正确估算固定资产和流动资金,要有针对性地分析项目的资金来源、筹措方式及贷款偿付方式。

(7) 经济效益与社会效益分析。投资是为了回报,一切投资者都毫无例外地追求投资效益。可行性研究报告不仅要计算项目本身的经济效益,而且要衡量项目是否具有社会效益,要使两种效益有机地相互统一。

(8) 企业组织、劳动定员和人员培训。这一项内容对新成立的企业尤为重要,必须写清楚。

(9)环境保护、劳动保护和安全防护。这一项内容对能否立项将起决定的作用,环境保护措施不力,项目常常会被一票否决。

以上只是大致要写出的内容,对于企业不同项目的可行性研究报告,其内容是有所侧重或增减的。

3. 结论和建议。凡是拟立项的项目完成了所有方面的分析研究之后,便可以提出综合性的评价或结论,指出拟上马项目的优缺点,提出项目可行或不可行的建议。

(三)附件

附件主要包括:项目建议书、批准书、有关协作意向书、可行性研究委托书、试验数据、论证材料、选址报告、环境调查报告、市场预测报告、工程项目时间表、工程设备材料一览表等。

(四)落款

落款包括署名和成文日期。即写上可行性研究报告的撰稿人姓名和报告时间。

阅读例文:

中外合营京润电子有限公司可行性研究报告

一、基本情况

(一)合营企业情况

合资企业名称:中外合资京润电子有限公司。

法定地址:珠江市长春街91号。

(二)合营各方基本情况

中方:中国天成实业总公司,中国注册。

法定地址:珠江市怀仁区九江街132号。

法定代表:王利民;职务:总经理(高级工程师);国籍:中国。

外方:美国迪帮有限公司,美国注册。

法定地址:美国旧金山市麦肯路2432号。

法定代表:奥巴尔;职务:董事长;国籍:美国。

(三)合营企业投资总额、注册资本、出资比例及出资方式(略)

(四)合营期限及利润分配、亏损分担

合营期限为20年,合营期内的盈利和亏损,均按各方出资比例分配利润或承担亏损。

(五)项目建设书的审批文件

合营双方经过充分协商,本着平等互利原则,于 2010 年 1 月 23 日签署了意向书。

上述协议的项目建设书报经珠江市发展改革委员会,于 2010 年 2 月 1 日以珠计字〔2010〕192 号文件批复立项。

(六) 可行性研究报告的技术、经济负责人

经济负责人:中国天成实业总公司,副总经理(工程师)王友成。

技术负责人:美国迪帮有限公司,詹姆斯。

可行性研究报告咨询编制单位:华生会计师事务所。

中国注册会计师:王丽娜。

助理人员:马德明。

二、生产安排及其依据

(一) 产品名称、售价(略)

(二) 国内外市场情况(略)

(三) 产品产量及内外销比例(略)

三、物料、能源的用量和依据

(一) 原料:生产所需原材料及辅助材料在质量和价格上相当或优惠的条件下,优先在国内购买;其余部分,委托外方从国外购买。

(二) 动力资源:年生产所需电 32 万度,水 2 987 吨,煤 3 562 吨,均由中方提供,合资企业有偿使用。

(三) 交通运输安排:合营企业购入各种车辆 12 台,可以完成原料和产品的短途运输。外销产品,用火车或汽车,由大连港离岸。

四、项目地址选择及其依据

(一) 设厂地址:珠江市怀仁区九江街 132 号。此地址交通便利,环境净化程度较高,适宜生产,并能满足上述产品的环境卫生要求。

(二) 合营企业占地面积 12 万平方米,包括厂房、办公室及附属设施建筑面积 121 万平方米。

五、工艺方案和技术设备的选择与依据

由外方负责提供国外先进技术和管理经验,按建厂投资计划加以安排。主要生产设备及其零配件由外方代合资企业选购。该项目工艺技术是美国同类产品现行的工艺,便于操作,保证质量。

六、生产组织安排和工资测算与依据(略)

七、环保、工业卫生和生产安全设施的安排及其依据(略)

八、建设方案和进度安排(略)

九、财务资料与估算(略)

十、项目的企业经济评价(略)

十一、不确定性分析(略)

十二、结论

本项目采用的生产设备和工艺较为先进,原材料、能源供应充足,生产条件较好,产品有销售市场。在经济效益上,本项目投资少,盈利能力强,回收期较短,资金较为充足,有支付能力,创汇高,合营12年可结余外汇39万美元。从不确定性分析上看,可承受较大幅度的波动,风险较小。

总之,本项目在技术上、经济上是合理的、可行的。

附件:(略)

项目主办单位:中国天成实业总公司

甲方:中国天成实业总公司　　　　　乙方:美国迪帮有限公司

法人代表:王利民　　　　　　　　　法人代表:奥巴尔

二〇一〇年三月三日　　　　　　　　二〇一〇年三月三日

例文评析:

这是一份立项建立"中外合营京润电子有限公司"的可行性研究报告。标题由拟建立的中美合营公司名称和文种两个要素构成,说明了该可行性报告研究的对象。正文分十二个部分,第一部分基本情况是前言,分条列项地概括说明了合营企业及法人代表情况、投资额和出资方式、合营期限和利润分配、项目建设书审批、报告的技术和经济负责人等内容,条理清楚,言简意明。第二至第十一部分是论证,即本研究报告的核心部分。作者以经济效益为核心,围绕影响项目的各个因素,运用大量的数据资料,从生产安排及其依据,物料、能源的用量和依据,项目地址选择及其依据,工艺方案和技术设备的选择与依据,生产组织安排和工资测算与依据,环保、工业卫生和生产安全设施的安排及其依据,建设方案和进度安排,财务资料与估算,项目的企业经济评价,不确定性分析等十个方面展开论证,为最后得出项目可行的结论提供了重要依据。第十二部分是结论:该项目在技术上、经济上是合理的、可行的。整个研究报告除标题外,结构模块为:前言(并列式)→论证(并列式)→结论(递进式)→附件→落款。这是一份优秀的可行性研究报告,材料真实、有力,结构完整,叙议结合,论证严密,层次清楚,主题鲜明,语言简洁。

小贴士:写作可行性研究报告要注意的问题

1. 材料要真实、可靠。撰写可行性研究报告必须从实际出发,尊重客观事实,集思广益,注意研究内容的全面性、完整性和准确性。报告中涉及到的各种数据和有关内容必须绝对真实可靠,否则,会给投资决策带来无可挽回的损失。

2. 论证要充分、有力。撰写可行性研究报告要进行大量的数据核算和理论与事实的论证，因此，一定要保证论据充足，论证严密，使可行性研究报告的具体内容既建立在科学的基础之上，又具有充分的说服力。

3. 语言基调要与可行性研究报告内容一致。可行性研究报告的语言多表现为叙述与议论结合，夹叙夹议。要求叙述清楚，分析透彻，观点明确，语言简洁，富有逻辑力量。

技能训练

一、分析可行性研究报告的结构，根据提供的材料写作可行性研究报告

分析与写作：

现代信息技术的飞跃发展，从某种程度上讲，拉大了与农业的距离，传统农业的生产流通和信息交换方法几乎没有得到改善。利用网络建设综合性的农业网站，实现农业信息的多点录入，从而使用户一起来帮助我们构筑一个全新的、及时的产品库、企业库、市场价格信息库等一系列农业综合权威信息库，是社会发展的需要，也是促进"三农"发展的需要，同时还将带来可观的经济效益。请根据以上思路，撰写一份可行性研究报告。

互动与交流：

1. 标题要包含哪些要素？标题有什么作用？
2. 前言部分必须写明哪些内容？
3. 论证部分要突出哪些内容？
4. 怎样才能使结论可靠、有力？
5. 正文的结构模块怎样安排？

写作例文：

西南农业网站建设可行性研究报告

一、实施纲要

农业是一个国家、一个民族生存与发展的根本。现代信息技术的飞跃发展，从某种程度上讲，拉大了与农业的距离，传统农业的生产流通和信息交换方法几乎没

有得到改善。互联网经过近几年的建设、发展和逐步完善,宽带网、卫星的利用,有效地解决了广大农村的上网问题,让信息交换变得更加容易。

利用现代信息技术,引入"配电盘理论",可以建立、确立企业的市场中心地位,增加行业市场对企业的依赖性。本网站正是基于这种理论,逐步建立自己的中心地位,通过信息积累,把多种经济理论和市场营销原理集于一体,让企业随着市场的要求产生内在动力来推动发展。

(一)宗旨及商业模式(略)

(二)资产负债汇总表(略)

二、公司介绍

(一)宗旨:服务农业,建设农村,致富农民

(二)公司简介

公司名称:辉煌网络有限公司(略)

(三)公司战略

公司将依托品牌战略,建立企业的核心地位,把本网站的概念进行延伸,全面提升企业在市场中不可替代的地位。实现公司战略的关键是:利用网络建立综合性大平台,实现农业信息的多点录入。更重要的是让客户录入信息,可以根据客户的行业和地域特征进行重新定位,让一般客户不用建立数据库,就可以建立自己的动态网站,从而使用户一起来帮助我们构筑一个全新的、及时的产品库、企业库、市场价格信息库等一系列农业综合权威信息库。随着客户的增加,数据库的代表性、权威性、准确性以及再利用的价值将得到充分体现。

(四)产品及服务

构筑一个农业综合信息、商务平台,一个农业产品市场监测控制体系;向客户提供综合服务,包括信息技术、农产品商务、农业技术等信息商务服务。

(五)技术

采用常规的信息技术,结合传统行业,建立农业信息交换的基础平台,提升市场与客户对信息技术的依赖性。

(六)价值评估(略)

(七)场地与设施(略)

三、市场分析

(一)市场介绍(略)

(二)目标市场

定位在政府上网、企业商务服务、农产品批发市场的信息共享、农村经济共同体的组建等。

(三)顾客的购买准则

客户利用我们的服务,可以实现发布信息的目的,即一家发布、全国利用的目的。

（四）市场计划

将利用市场营销公司的现代市场方案,推进企业的全面发展,增强项目和产品自身的内在推动力。

（五）商场渗透和销售量

全国各级农业部门、百万家农业企业、近千家农产品批发市场、千千万万的农业生产者等,都可以视为我们的客户;同样,随着我们平台影响力的提高,客户会呈几何级数增加。

（六）竞争者

有这个思路的企业,其创建尚处于起步阶段。

（七）服务与支持

通过大平台的搭建,将把政府、企业、个体、科研、教育等专业资源整合到一起。

四、财务计划

计划需求资金:

第一阶段(年):600万元(企业开发阶段)

第二阶段(年):1 200万元(企业推广阶段)

五、结论

通过以上的分析和研究,我们认为建设西南农业网站不仅是社会发展的需要,也是促进"三农"发展的需要,具有广阔的前景,同时还将带来可观的经济效益,建设西南农业网站的项目是可行的。

附件:(略)

辉煌网络有限公司
二〇〇九年一月十日

（选自曹希波《新编公文写作必备全书》,本书有所改动）

例文评析:

这是辉煌网络有限公司拟立项建设"西南农业网站"的可行性研究报告。标题由项目名称和文种两个要素构成,说明了该可行性报告研究的对象。正文分五个部分,第一部分"实施纲要"是前言,概括说明立项的依据和目的,介绍了项目实施单位辉煌网络有限公司的宗旨和商业模式以及资产负债情况。第二至第四部分是论证,即本可行性研究报告的核心部分。作者以经济效益为核心,围绕影响项目的各个因素,从公司介绍、市场分析和财务计划三个方面分条列项地展开论证,据事说理,论证有力,为该项目的可行性提出了依据。第五部分是结论:建设西南农业网站的项目是可行的。正文的结构模块为:前言(并列式)→论证(并列式)→结论(递进式)。这份可行性研究报告写得简明扼要,不少论证的内容都省略了,但必须论证的问题都涉及到了。

二、综合测试

(一) 填空

1. 可行性研究报告具有_____、_____和_____三个特点。
2. 按照性质划分,可行性研究报告可以分为_____可行性研究报告和_____可行性研究报告两种类型。
3. 可行性研究报告的正文由_____、_____和_____三个部分组成。

(二) 解释名词

1. 可行性研究报告
2. 一般可行性研究报告

(三) 简答

1. 可行性研究报告论证部分一般要写明哪些内容?
2. 写作可行性研究报告要注意哪些问题?

(四) 阅读分析

模仿任务导向阅读例文的评析方法,对下面的可行性研究报告作全面评析:

北海市动漫电影城建设可行性研究报告

一、项目名称

北海市动漫电影城

二、项目建设背景

北海市电影院始建于1954年,位于北海市商业中心的商贸城内,地理位置优越、交通十分便捷、人员流量较大。1997年在市文化局的关心和支持下,我公司自筹资金1200万元,对已使用了几十年的老影院进行了翻建和改造,建筑面积由原来的1800平方米扩大到6000平方米。建成了全省第一家70 mm八声道立体声超大银幕影院。十几年来,该影院对设施和设备不断改造和更新,先后又建成了全省第一家数码电影厅和3D立体电影厅,影院的票房收入基本能满足自收自支的需要。影院连续多年获得市级文明单位、卫生先进单位等荣誉称号,为北海市精神文明建设做出了一定的贡献。随着经济的发展,城市的不断扩大,精神文明建设的不断提升,人们的文化消费越来越多,消费档次也越来越高。目前的北海市电影院的空间已达到了极限,设施和设备已经满足不了日益发展的文化市场需求,因此,急需建设一座现代化的符合北海市文化发展需要的现代化动漫电影城。

三、项目建设理由

北海市原有5家专业影院,除北海市电影院目前还是以放映电影为主营业外,其他几家影院都已不以放映电影为主业,有的已停业出租多年,有的已转做他行。大部分影院场地狭窄,设施陈旧,由于缺乏资金而得不到维修和更新,各影院负债累累,人员臃肿,大堂式的单厅放映和环境的脏乱差严重影响着影院的发展,失去了大量的观众。面对文化市场的消费需求,我们认为在现北海市电影院地址扩建和改建北海市动漫电影城已迫在眉睫。北海市电影院地处繁华的商业中心,商业消费人群集中,把北海市电影院扩建和改建为北海市动漫电影城,对促进北海市文化发展将是一件功德无量的事情。动漫电影城集电影、音像超市、购物、书店、休闲、美食、游艺、咖啡厅、茶座、网吧、健身房等为一体,形成综合性的大型文化娱乐场所,今后将成为我市文化建设的一个亮点。

四、项目建设地址

北海市电影动漫城地址以北海市电影院现址(占地5.19亩)为主,另征地3.1亩(需要拆迁北海市电影院宿舍楼和南面的民房6间),合计占地8.29亩。

五、项目投资预算

电影动漫城建成后,建筑面积约11 500平方米,建设资金约需8 000万元,征地和拆迁约需7 000万元,两项合计,约需资金1.5亿元。

六、项目市场前景预测

1. 电影院:1 000座的1个,100座的8个,总共有1 800个座位。按照20%的上座率计算,每天每个放映厅放映电影6场,电影票平均按每张40元计算,每天的票房收入为43 200元,每年按320天计算,年票房收入约为2 700多万元。

2. 音像超市、茶座、美食、游艺、健身等其他项目经营每年估算可以收入2 800万元。

3. 以上两大项年收入可达5 500万元左右,除去税收、人员工资、水电气支出以及折旧费等成本外,每年可盈利1 000万元。预计15年可以收回投资。

七、项目建设结论

经过有关领导和专家多次论证和经济部门的预测,我们认为在北海市电影院基础上扩建和改建北海市动漫电影城既有文化市场的迫切需要,又有精神文明建设的需求,同时也有一定的经济效益,这一项目尽快上马是完全可行的。

北海市影剧公司
二〇一〇年十一月八日

项目十八　经济活动分析报告的写作

项目目标

一、知识点
1. 经济活动分析报告的含义和用途
2. 经济活动分析报告的特点
3. 经济活动分析报告的分类
4. 经济活动分析的方法
5. 经济活动分析报告的结构和写法
6. 写作经济活动分析报告要注意的问题

二、技能要求
1. 能够分辨不同类型的经济活动分析报告
2. 能够根据提供的材料写作经济活动分析报告

任务导向

一、经济活动分析报告的含义和用途

(一) 经济活动分析报告的含义

经济活动分析,是运用科学的经济理论,以现实的调查材料和历史的积累资料为依据,对一个地区、一个行业、一个单位或一个部门的经济活动,或某一项经济活动的情况进行系统的客观的分析和总结的一种行为。经济活动分析报告是表述经济活动分析过程和结果的一种书面报告。

(二) 经济活动分析报告的用途

1. 诊断经济。通过经济活动分析,可以把握当前经济情况,找到问题的症结,以便领导和决策层作出诊断,对症下药。

2. 提出建议。通过经济活动分析,总结经济发展规律,针对当前经济活动中存在的问题提出解决的办法,供领导和决策层决策时参考。

3. 预测前景。在对经济活动分析评价的基础上,预测经济未来发展的走向,可以直接为领导和决策层提供经济决策的依据。

二、经济活动分析报告的特点

(一)分析性

分析性,即对影响各项计划指标执行结果的主客观因素进行深入的分析和研究,从而对过去经济活动中的成绩和问题、经验与教训进行检验和评估,得出客观的评价性意见。

(二)总结性

经济活动分析报告对各种经济因素进行综合系统的分析和研究,对经济活动的内在发展规律进行总结,以促进经济的发展。

(三)指导性

经济活动分析报告通过当前经济情况的分析研究,说明经济活动的过程和内在联系,揭示其本质并对内在的问题提出具体的解决办法,目的是提高管理水平和经济效益。

三、经济活动分析报告的分类

可以从不同的角度,按照不同的标准对经济活动分析报告进行分类。

(一)按内容的广度和特点分

可以分为综合经济活动分析报告和专题经济活动分析报告。

(二)按分析对象分

可以分为生产、销售、成本、财务等类型的分析报告。

(三)按报告撰写的时间分

可以分为年度经济活动分析报告、季度经济活动分析报告、月份经济活动分析报告等类型。这类报告多在年度、半年度、季度、月份结合填写报表时进行,故又称定期分析报告。

(四)按所涉及的部门行业分

可以分为工业经济活动分析报告、农业经济活动分析报告、商业经济活动分析报告等类型。

四、经济活动分析的方法

(一)对比分析法

对比分析法,也叫比较分析法。即把在同一基础上可对比的数据资料加以对比,根据对比的结果来研究经济活动的情况和原因。一般可以从横向或纵向方面进行对比。运用对比法分析经济活动时,必须注意经济现象或经济指标的可比性,即被对比的现象或指标在性质上必须是同一类型的,范围上要一致,时间上要相同。否则,可能就会出现偏差。

(二) 因素分析法

因素分析法,即把对比法所确定的差异数值作为分析对象,进一步揭示影响经济活动的若干因素及其影响程度。对比分析法可以发现矛盾;因素分析法重在探索产生矛盾的原因,从而通过因素分析查出原因。对比分析法和因素分析法常在一篇分析报告中交错使用。

(三) 动态分析法

动态分析法,也称预测分析法。即以发展的眼光对经济活动的变化情况及其趋势进行研究,就今后的经济活动提出各种设想和措施的分析方法,如通过历年来费用的最高水平、最低水平、平均水平的分析,可以考察影响费用水平的各种因素以及主客观原因。

(四) 综合比算法

综合比算法,即对多种指标进行综合对比、计算的一种方法。运用这种方法可全面平衡地考虑存在的问题,以及今后应采取的相应措施。在进行综合比算时,可运用求同法、差异法、共变法、演绎法、类比法等进行综合比算。

五、经济活动分析报告的结构和写法

经济活动分析报告一般采用总结性报告的写法。通常由标题、正文和落款几个部分组成。

(一) 标题

经济活动分析报告的标题有两种形式。

1. 公文式标题。这类标题一般由单位名称、时限、分析对象和文种四个要素构成。文种有时简称"分析","报告"二字不出现,如《海南公司第一季度财务分析报告》、《华宝百货公司2010年度商品流通计划执行情况分析》等。

2. 论点式标题。这类标题用得比较多,标题上并不一定都标上"分析报告"、"……分析"等字样,是否是经济活动分析报告,完全由内容决定,如《原油价格变动原因分析》、《国有商业银行向何处去?》、《加速企业资金周转——对企业结算方式的分析》等。

(二) 正文

正文包括前言、主体和结尾三个部分。

1. 前言。前言的写法多样,有的是以简洁的语言介绍经济活动的背景,有的是说明分析对象的基本情况,有的是交代分析的原因和目的,有的是明确分析的范围和时间,有的是提出问题,有的是揭示分析结论,也有许多经济活动分析报告省略前言部分,开门见山,直接表述中心内容。从表述方式看,前言有提问式、对比式、结论式、评论式等写法。

2. 主体。主体是分析报告的核心部分。通常由现状介绍、分析和建议三部分组成。

(1) 现状介绍。这是所有分析报告都必须具备的部分。现状介绍包括主要经济指标完成情况、技术和管理措施情况、业务工作开展情况、产品质量达标情况等。写现状介绍是为了总结经验,揭示问题,为下文的分析作好铺垫。为了把现状写得具体,这部分通常要注意使用各方面的统计数据,以便把现状说得更加清楚明白。

(2) 分析。即分析现状,评析经济效益。经济活动分析报告要以"分析"为主,而不能只堆砌材料、罗列事实。缺乏有理有据、深入细致分析的报告,在写作上是不成功的。只有分析得当,才能对经济活动作出正确的评价,才能对其成败的原因有所认识,也才有可能把握经济活动的本质和规律。这一部分是分析报告核心的核心,既要分析成绩,也要揭露问题;既要找出主要原因,也要进行其他因素分析。

(3) 建议。一般根据分析的结果,回答今后的经济活动将会"怎么样"或"怎么办"的问题。在不同的经济活动分析报告中,这部分内容的侧重点是有所不同的。如果分析报告是以说明成绩、总结经验为主,应着重写明推广经验,提高经济效益的途径;如果以揭露问题、总结教训为主,应着重写明解决问题,改进工作的措施。这一部分要求提出的建议要具体,措施要切实可行。

3. 结尾。经济活动分析报告的结尾要视具体情况而定。有的报告可省去结尾这一部分。如果需要有结尾,一般情况下,多是回应标题,提出希望和要求,对全文作一个简要的总结。

(三) 落款

落款一般是写明撰写经济活动分析报告的单位名称或作者姓名,标明年、月、日等。如果标题上已有单位名称,日期已写在标题下方,就不需再落款。

阅读例文:

靖江市2011年上半年农民收入分析报告

据农村住户抽样调查,2011年上半年我市农村居民人均现金收入达10 243元,比上年同期增加1 305元,增长14.6%,增幅较上年同期回落2.2个百分点。

一、今年以来农民现金收入增长的主要特点

1. 外出务工收入较快增长。上半年农民人均工资性收入达6 608.16元,比上年同期增加1 242.49元,增长23.16%。从收入构成看:一是乡村干部、乡村教师、行政事业单位等非企业组织中劳动所得收入稳步增长,人均112.27元,增加72.49元,增长6.39%。二是本乡地域内劳动收入基本维持上年增势。上半年人均现金收入3 942.57元,增加502.34元,增长14.6%,较上年提高两个百分点。三是农民外出从业收入增速明显,增幅较上年提高14个百分点。农民外出务工收入人均2 460.2元,增加727.8元,增长42.01%。

2. 农民家庭经营收入下降。上半年农民人均家庭经营收入2 490.79元,下降6.74%。其中:一产现金收入为865.48元,减少39.82元,下降4.4%。一产收入中种植业收入542.24元,与上年持平略降;人均牧业现金收入230.20元,减少101.94元,下降30.69%。农民从家庭经营非农产业中得到人均收入为1 625.31元,比上年同期减少140.28元,下降7.95%。其中,人均家庭经营二产收入418.75元,减少189.04元,下降31.1%;人均家庭经营三产收入1 206.55元,增加48.76元,增长4.21%。

3. 财产性、转移性收入保持较快增长。上半年农民人均财产性和转移性收入1 144.06元,增加242.61元,增长26.91%,占现金收入比重较上年提高一个百分点。其中:转让承包土地经营权收入29.71元,增长1.1倍;离退休金、养老金收入对转移性收入增长的拉动最为明显,人均539.53元,增加177.23元,增长48.92%;新型农村养老保险收入87.49元,增长23.98;政府部门补贴收入72.68元,增长95.83%。

二、农民现金收入增长的主要因素

1. 本地企业工资待遇的提高稳定了农民的工资收入。今年上半年,全市企业适时提高最低工资标准,最低工资标准由上年800元调高到930元,较调整前增长了16.3%,由此拉动低层次的农民工工资待遇。

2. 新政策为农民增收带来更多实惠。今年出台了多项惠农新政策,成为促进农民转移性收入增长的重要因素。一是发放基础养老金,对于年满60周岁符合条件的农村居民,每月可以领取最低60元的基础养老金。二是提高农民最低生活保障标准。三是进一步提高新型农村合作医疗筹资水平和报销比例。四是政府加大了对农户的各种补贴力度。

三、下半年稳定农民增收需要关注的问题

1. 认真落实各项惠民政策,确保农民得到实惠。一方面要不折不扣地落实好各项支农、惠农政策,确保农民得到实惠。另一方面要继续增加对农业、农村建设发展的投入力度,可以通过投资主体多元化方式,鼓励和引导各类民间资本投向农业和农村经济的发展,来减轻部分财政负担。

2. 继续加大对农村劳动力就业技能培训力度,出台配套政策鼓励农民自主创业。具体有如下方面:与就业岗位形成有效对接,注重实用技术的技能培训,提升劳动力高附加值的就业技能和自主创业能力；加大劳动交流服务机构的建设力度，建立和完善城乡统一的劳动力市场，维护农民工的合法权益，逐步消除城乡居民在户口、报酬、保险、子女上学等就业条件上的差别，促进农村劳动力平稳有序转移。

3. 地区工资性报酬收入持续增长乏力需要引起高度关注。受大环境、大气候影响，大部分企业开工量不足，工人上班加班时间缩短，农民从企业得到工资性报酬收入有减少苗头，从上半年情况分析，增幅已明显趋缓，地区性工资的差异促使部分农民工转向外地务工，我市外出务工人数继续增加。

靖江市统计局
二〇一一年七月十四日

例文评析：

  这份经济活动分析报告采用公文式标题。标题由单位名称、时限、分析对象和文种四个要素构成。文种省略了"报告"二字。正文前言说明分析对象的基本情况并与上年同期对比，提出农村居民人均收入增加的主旨。主体部分采用横式结构分三个小标题展开分析。第一个小标题下采用并列结构，从三个方面写"今年以来农民现金收入增长的主要特点"，即介绍现状。引用大量数据并作分析比较是介绍现状这一部分的特点。第二个小标题采用并列结构和因素分析法，从两个方面分析农民现金收入增长的主要因素。第三个小标题采用并列结构写建议，从三个方面提出下半年稳定农民增收需要关注的问题，亦即作者的建议，针对性较强。事完文止，本文没有独立的结尾。落款写明撰写这份经济活动分析报告的单位名称和成文日期。全文的结构模块为：标题（公文式）→正文前言（对比式）→主体（并列式）：现状介绍（并列式）→分析（并列式）→建议（并列式）→结尾（秃尾）→落款（标明写作单位名称和成文日期）。这份分析报告材料丰富，主题鲜明，结构严谨，语言简洁明了，是一份优秀的经济活动分析报告。

小贴士：写作经济活动分析报告要注意的问题

  1. 要准确、全面地掌握材料。材料真实可靠、系统，是做好分析工作的基础。进行经济活动分析，既要充分利用平时积累的各种材料，又要针对问题进行专门的调查，定向搜集材料。应当尽量使用第一手材料，同时还要对材料进行认真的核实和查对。在掌握足够材料的基础上，还要认真核实各项经济指标的完成情况，计算其经济效益。

  2. 要抓住重点问题进行分析。撰写经济活动分析报告，不能面面俱到、主次不分，更不能单纯罗列数据，使报告成为材料汇编。分析的目的在于研究解决问题，只有抓住要点深入分析，并提出预见性建议，才能为领导和企业制订新的计划提供有益的帮助。

3. 要及时完成分析报告。经济活动分析报告的时效性很强,如果不能及时完成,就会失去实用价值。

4. 要合理运用科学的分析方法。掌握科学的分析方法,是撰写经济活动分析报告的前提之一。对比分析法、因素分析法、动态分析法等都是经常用的科学方法。一份经济活动分析报告有时要综合运用几种分析方法。

技能训练

一、分析经济活动分析报告的结构,学习写作经济活动分析报告

分析与写作:

靖江市在整体经济持续低迷的情况下,上半年服务业保持了平稳较快增长态势,全市实现服务业增加值121.22亿元,同比增长12.2%,完成全年计划的47.4%。服务业已成为全市经济转型升级中潜力最大、见效较快、拉动作用较强的产业。请以此材料为线索,撰写一篇经济活动分析报告。

互动与交流:

1. 这篇经济活动分析报告适合采用公文式标题,还是论点式标题?
2. 前言适宜采用什么写作方式?
3. 主体各部分适宜采用什么结构?适宜采用什么分析方法写作?
4. 正文的结构模块怎样安排?
5. 结尾有什么特点?

写作例文:

靖江市2011年上半年服务业运行情况分析

面对复杂的发展环境,我市坚持把发展服务业作为推动经济转型升级、促进经济稳中求进的重要举措,在整体经济持续低迷的情况下,上半年我市服务业保持了平稳较快增长态势,全市实现服务业增加值121.22亿元,同比增长12.2%,完成全年计划的47.4%。服务业已成为全市经济转型升级中潜力最大、见效较快、拉动作用较强的产业。

一、上半年服务业运行的基本情况

1. 金融业强势发展。围绕服务经济社会发展，不断加快信贷资源的优化配置和产品创新，取得了较好的经济效益。1至6月，金融业实现增加值13.05亿元，同比增长23.5%；地税累计入库2.32亿元，同比增长197.5%。6月末，全市金融系统人民币存款余额682.60亿元，较年初增加111.23亿元；人民币贷款余额411.52亿元，较年初增加29.96亿元。

2. 服务业税收形势良好。上半年我市服务业完成税收12.25亿元，同比增长32.2%，其中地税完成服务业税收8.47亿元，同比增长22.5%；国税完成服务业税收入3.79亿元，同比增长32.4%。

3. 消费市场稳中趋缓。上半年，实现社会消费品零售总额59.62亿元，增长13.0%，比去年同期回落4.1个百分点。其中批发零售业实现零售额49.35亿元，同比增长12.4%，比去年同期回落4.8个百分点。住宿餐饮实现零售额10.27亿元，同比增长15.6%，比去年同期回落1.1个百分点。

4. 房地产业下滑明显。受国家宏观调控政策影响，房地产市场观望气氛，房地产市场持续低迷。1至6月，完成房地产投资21.26亿元，同比下降4.8%。尽管部分开发商采取促销策略，但总体成交量大幅下降。1至6月，商品房销售面积10.90万平方米、销售额83 986万元，分别较去年同期下降63.0%和59.3%。入库税收大幅减少。1至6月，房地产业营业税入库18 047万元，同比减收3 084万元，下降14.6%；土地增值税入库4 342万元，同比减收7 267万元，下降62.6%。

二、服务业发展中存在的问题

1. 服务业的内部产业结构还需优化。服务业企业的行业集中度不高，传统服务业比重依然偏大，交通运输仓储及邮政业、批发零售业、住宿餐饮业、非营利性服务业等传统服务业占服务业比重达60%，具有现代服务业特征的现代物流、现代金融、现代综合技术服务企业明显缺乏，专业化程度和整体技术水平也不高，而且服务业品牌竞争力较弱。这不仅制约企业自身发展，也影响了生产性服务业和现代服务业的快速成长。

2. 产业关联度亟待提高。随着经济的发展，服务业与一、二产业的关系日益密切，产业关联度逐渐提高，这是经济发展的一般规律。产业融合度不高，城市化互动不强。导致全市制造业产品档次不高、高附加值产品少的重要原因之一，就是生产性服务业发展欠发达，信息、资金、技术、研发、现代物流等生产性服务业配套能力不强，服务业与一、二产业的关联度亟待提高。

3. 投入产出比偏低。我市服务业投入较多，占用资源十分宝贵，但投入产出率还不高，对我市税收的贡献份额还远未达到预期目标。

三、加快我市服务业发展的建议

1. 深入推进传统服务业向现代服务业转型升级。整合优化产业布局，认真组织有关部门制订现代物流、商贸服务等重点行业发展具体规划,明确行业发展方向和重点,努力为全市服务业转型升级拓展发展空间。结合现有产业基础和未来发展趋势,认真谋划中心城区现代商贸业、沿江港口现代物流业、滨江新城高端服务业等三大现代服务业集群,努力形成具有靖江特色、支撑未来发展的现代服务业产业空间布局。

2. 深入开展调查研究。密切关注上海增值税改革试点进程及我省出台的最新政策,研究其对服务业发展的影响,及时提出政策性建议,在可能范围内降低我市服务行业整体税负,破除制约服务业发展的税制障碍,努力为我市服务业发展营造宽松氛围。要加强对沿江物流企业投入产出情况进行调研,对企业普遍存在的高投入低产出问题排找原因,找出问题根源,提出政策建议。围绕发展新兴服务业,开展新型服务业态调研,有效引导服务业进行招商引资工作。

3. 服务业发展的外部环境有待进一步优化。"调结构、促转型,大力发展服务业"是迈向基本现代化的必由之路,其最直接、最有效的方式就是激励服务业经济更好、更快发展。对我市八成以上目前处于发展、完善阶段的服务业企业而言,外部环境的进一步优化显得尤为重要。因此,须在原有基础上进一步细化、拓展促进服务业发展的政策措施、激励机制,使更多的服务业企业能够享受到政府的优惠措施,突出大力发展服务业的鲜明导向。

靖江市统计局
二〇一一年七月十六日

例文评析:

　　这份经济活动分析报告采用公文式标题。标题由单位名称、时限、分析对象和文种四个要素构成。标题中省略了文种"报告"二字。正文前言说明上半年该市服务业保持平稳较快增长的态势,提出服务业已成为该市经济转型升级中潜力最大、见效较快、拉动作用较强的产业分析结论,揭示了全文的主旨。主体部分采用横式结构分三个小标题展开分析。每个小标题下均采用横式结构写作。第一个小标题下从四个方面写"上半年服务业运行的基本情况",即介绍现状,运用比较分析法和大量数据对比分析是这一部分的特点。第二个小标题下运用因素分析法从三个方面指出服务业发展中存在的主要问题,分析透彻。第三个小标题从三个方面提出加快该市服务业发展的建议,简明扼要。事完文止,没有独立的结尾。落款写明撰写这份经济活动分析报告的单位名称和成文日期。全文的结构模块为:标题(公文式)→正文前言(结论式)→主体:现状介绍(并列式)→分析(并列式)→建议(并列式)→结尾(秃尾)→落款(写作单位名称和成文日期)。

二、综合测试

(一) 填空

1. 经济活动分析报告具有_____、_____和_____三个特点。
2. 按照内容的广度和特点划分,经济活动分析报告可以分为_____经济活动分析报告和_____经济活动分析报告。
3. 分析经济活动的科学方法有_____、_____、_____和综合比算法等。

(二) 解释名词

1. 经济活动分析报告
2. 因素分析法

(三) 简答

1. 写作经济活动分析报告现状介绍、分析和建议三部分时,有哪些要求?
2. 写作经济活动分析报告要注意哪些问题?

(四) 阅读分析

模仿任务导向中阅读例文的评析方法,对这份经济活动分析报告作全面评析:

2008年固定资产投资情况分析

2008年是全面构建和谐社会、进一步落实科学发展观和国家实施宏观调控各项措施的重要一年。我县积极按照科学发展观的要求,坚持在调控中发展,在发展中调控,积极稳步推进城市建设,加大招商引资力度,大力推进重点项目建设,促进大中型投资项目的落实和资金到位,投资总量稳步攀升,规模不断扩大,速度逐渐加快,全社会投资运行态势良好。

一、固定资产投资现状

1. 投资总量保持平稳增长。2008年全县完成全社会固定资产投资210.14亿元,同比增长35.48%。其中规模以上项目完成投资202.67亿元,占全社会投资的96.4%;规模以下项目完成投资7.47亿元,占全社会投资的3.6%。规模以上项目按投资种类分,城镇项目完成投资91.67亿元,比上年增长69.31%;农村项目完成投资88.75亿元,比上年增长14.4%;房地产开发完成投资22.26亿元,比上年下降3.19%。

2. 在建投资项目规模进一步扩大。2008年全县规模以上投资项目390个,在建项目计划总投资291.89亿元,在建项目平均规模7 484万元/个,在建项目平均规模上升1 331万元/个,同比增长21.63%。在建亿元以上投资项目38个,项目计划总投资182.7亿元,本年完成投资84.73亿元,占全社会完成投资的40.3%。

其中本年新开工建设亿元项目11个,计划总投资35.15亿元,本年完成投资16.35亿元。上年结转亿元项目27个,计划总投资147.58亿元,累计完成投资105.34亿元,本年完成投资68.28亿元。

3. 民间投资继续保持旺盛需求。随着经济体制、投资体制改革的不断深入,在一系列鼓励非国有投资政策的影响下,我县民间投资发展速度明显加快,涉及领域不断拓宽,对拉动经济持续较快增长发挥了重要的作用。2008年,在规模以上项目中,民间投资完成162.96亿元,同比增长39.07%,占整个规模以上投资的80.41%。

二、存在的问题

1. 投资结构有待完善,第三产业投资比重下降。2008年我县全社会投资完成额中,第一产业投资完成1.21亿元,第二产业投资完成162.93亿元,第三产业投资完成45.99亿元,投资的三次产业结构为0.58∶77.53∶21.89。其中第三产业所占比重较2007年下降了5个百分点。

2. 新开工投资项目数量多但规模偏小。2008年新开工投资项目330个,比上年增加99个;投资额为127.98亿元,反而比去年减少12.56亿元。

3. 房地产市场销售萎缩。2008年我县商品房销售面积69.16万平方米,同比下降15.75%,其中普通住宅销售59.45万平方米,同比下降22.53%;经济适用房销售2.46万平方米,同比增长6.11%;商业营业用房销售5.86万平方米,同比增长41.71%。商品房销售额24.3亿元,同比下降14.92%。

三、几点建议

1. 抓住发展机遇,全力推进重点工程建设。要以重点工程建设作为支撑,带动全县投资快速增长。一要继续加强重点工程的协调服务,促使计划投产项目和续建项目加快建设进度。二要进一步落实重大项目前期工作计划,加快前期工作进程,争取更多项目尽快开工。三要继续做好重点工程项目用地、电力配套、信贷支持等工作,消除重点工程建设的要素瓶颈。

2. 继续加大招商引资力度,保持投资长期稳定增长。要充分调动民间投资和外商投资的积极性。积极培育多元投资主体,进一步改善投资环境,加大招商引资力度,扩大利用外资的规模,引入竞争机制。在政策环境、市场环境、信息咨询和服务环境等方面全面启动民间投资。

3. 进一步拓宽融资渠道。要进一步创新建设资金筹措和项目建设机制,大力引进和培育投资主体,更多地运用市场机制筹措建设资金。对部分有收益的基础设施项目,采用招标方式引入外资,努力扩大银行贷款规模,大力争取国家投资。

海宁县工业局
二〇〇九年一月二十日

项目十九　招标书与投标书的写作

■ 招标书的写作

项目目标

一、知识点

1. 招标书的含义和特点
2. 招标书的分类
3. 招标书的结构和写法
4. 写作招标书要注意的问题

二、技能要求

1. 能够分辨招标书的类型
2. 能够根据提供的材料写作招标文书

任务导向

一、招标书的含义和特点

（一）招标书的含义

招标书是招标方在招标过程中使用的各种文书,是招标者利用投标者之间的竞争达到优选投标者的文书。招标书又可细分为招标申请书、招标公告、招标邀请书、招标说明书、标底书、招标章程、中标通知书、中标合同等。本书只讲述招标公告、招标邀请书和招标说明书三种最常见的招标书。

（二）招标书的特点

1. 招标的公开性。招标者一般是将自己的标的物、招标意图、招标范围、招标条件、招标步骤等通过一定的媒体公布于众,广泛传播,公开号召投标者参与竞争。
2. 竞争性。招标的动机是寻找和选择最理想的合作伙伴,尽可能最广泛地造成竞争局面,以获取最佳的经济效益。

3. 约束性。招标书是招标单位以法人的名义向投标单位提出的约言,一经发出便不能更改,如果违背约言就要承担法律责任,要赔偿由此给投标单位造成的损失。

二、招标书的分类

可以从不同的角度,按照不同的标准对招标书进行分类。

(一) 按时间分

可以分为长期招标书和短期招标书两种类型。

(二) 按性质和内容分

可以分为工程建设招标书、大宗商品交易招标书、选聘企业经营者招标书、企业承包招标书、企业租赁招标书、劳务招标书、科研课题招标书、技术引进或转让招标书等类型。

(三) 按招标范围分

可以分为国际招标书和国内招标书两种类型。

三、招标书的结构和写法

(一) 招标公告

招标公告,又称招标通告、招标启事或招标广告。一般由标题、正文和落款三个部分组成。

1. 标题。常见的写法有三种:第一种,由招标单位名称、招标事项和文种三个要素构成,如《华北大学图书馆楼建筑工程招标公告》;第二种,由招标单位名称和文种两个要素构成,如《天力集团公司招标公告》;第三种,只写文种名称,如《招标公告》。

2. 正文。包括引言、主体和结尾三个部分。一般用条文式写作,也有用表格式写作的。

(1) 引言。一般写明招标目的、依据以及招标项目的名称,如"本公司负责组织建设的如意里住宅小区工程施工任务,经北海市城乡建设委员会批准,实行公开招标,择优选定承包单位,现将招标有关事项告知如下"。

(2) 主体。这是招标公告的核心。这部分要详细写明招标的内容、要求及有关事项。一般采用横式并列结构,将有关要求逐项说明,有的还需要列表。具体包括如下几个方面。

① 招标内容。一般要写明工程名称、建筑面积、设计要求、承包方式、交工日期等。如"工程名称和地址:如意里住宅小区,坐落于北海市东城区内城东北角。

工程总建筑面积:10.7万平方米。其中14层住宅楼7座,计7.85万平方米,砖混结构6层住宅楼5座,计2.25万平方米,其余为配套附属建筑,也为砖混结构。工程质量要求符合国家施工验收规范。承包方式:全部包工包料(建设单位提供三材指标)。设计及要求:见附件(略)。交工日期:2011年2月"。

② 写明投标单位资格及提交的文件。如"凡持有一、二级建筑安装企业营业执照的单位皆可报名参加投标。报名时应提交下列文件:A.投标单位概况表;B.技术等级证书(复印件);C.工商营业执照(复印件);D.外地建筑企业在本市参加投标许可证"。

③ 写明招标程序。如"招标程序如下:A.报名及资格审查;B.领取招标文件;C.招标交底会(交代要求及有关说明);D.接受标书;E.开标;F.交招标文件押金或购买招标文件"。

④ 写明招投标双方的权利和义务、双方签订合同的原则、组织领导以及其他事项等。

(3)结尾。写明招标单位名称、地址、联系人、电话、电报、邮政编码等,以便投标者参与。

3. 落款。由招标单位名称和成文日期构成。

阅读例文:

万源服装有限公司
修建服装样品展示楼招标公告

万源服装有限公司经上级主管部门批准,拟修建一座服装样品展示楼,从2010年1月20日起开始建筑招标。现将具体事宜告知如下:

1. 工程名称:万源服装有限公司服装样品展示楼。

2. 建筑面积:8 000平方米。

3. 施工地址:峨眉山市前进路191号。

4. 设计图纸及要求:见附件。(略)

5. 材料中钢材、木材、水泥三大材由招标单位供应,其余由投标人自行解决。所需材料见附件。(略)

6. 交工日期:2011年3月30日。

7. 凡愿投标的国有、集体建筑企业,只要有主管部门和开户行认可,具有相应建筑施工资质者均可投标。

8. 投标人可来函或来人索取招标文件。

9. 投标人请将报价单、施工能力说明书、原材料来源说明书以及上级主管部门的有关签证等密封投寄或派人送达我公司基建处招标办公室。

10. 招标截至2010年2月8日止(寄信以邮戳为准)。2月15日,在我公司办公楼会议室,在峨眉山市公证处公证下启封开标。

招标单位:万源服装有限公司

地址:峨眉山市前进路191号

联系人:马锦江

电话:69544434

邮政编码:614200

万源服装有限公司(印章)
二〇一〇年一月二日

例文评析:

这是一份招标公告,标题由招标单位名称、招标项目名称和文种三个要素构成。正文将招标单位名称、工程项目、建筑地点、建筑面积、建设工期、设计和质量要求等事项和要求逐条列出,简明扼要。结尾写明了招标单位名称、地址、联系人、电话、邮政编码,便于投标者参与。落款是招标单位署名、印章及日期。这份招标公告的结构模块为:标题(要素式)→正文:引言(说明式)→承启语(承上启下)→主体(并列式)→结尾(并列式)→落款(招标单位名称和成文日期)。格式完全符合一般工程项目招标书的要求。

(二) 招标邀请书

招标单位若采取邀请招标的方式邀请有关对象参加投标,需写招标邀请书。招标邀请书是书信体文书,由标题、主送单位、正文、落款四个部分组成。

1. 标题。通常以文种为标题,如《招标邀请书》,也可写作《招标邀请函》。

2. 主送单位。又叫抬头,即被邀请单位的名称,要顶格写。

3. 正文。写明招标的目的、依据及招标的事项。如另有招标公告,则不需就招标事项进行详细说明,只需说明随函邮寄即可。结尾处写明招标单位全称、地址、联系人、电话等。

4. 落款。由招标单位名称和成文日期构成。

阅读例文:

招标邀请书

金越建筑工程公司:

徽州大道与高铁南站衔接工程是我省2010年重点计划安排的项目。市建筑工程局决定采取招标办法进行发包。

贵公司多年来从事路桥工程建设施工,施工质量口碑很好。对此,我们表示赞赏。

随函邮寄"徽州大道与高铁南站衔接工程施工招标书"一份。如蒙同意,望于2009年11月10日光临蓝天招待所三楼8号房间领取"投标文件",并请按规定日期参加工程投标。

招标单位:马鞍山市建筑工程局招标办公室
地址:马鞍山市韶山路126号
联系人:魏金山
电话:13588665651
邮政编码:342000

马鞍山市建筑工程局招标办公室(印章)
二〇〇九年十一月四日

例文评析:

　　这是一份招标邀请书,由标题、主送单位、正文、落款四个部分构成。标题标明文种;主送单位写明被邀请单位的名称;正文写明招标的目的、依据及招标事项,并说明随函邮寄招标书;结尾写明招标单位名称、地址、联系人、电话、邮政编码。落款为招标单位名称和成文日期。这份招标邀请书的结构模块为:标题(文种名)→主送单位→正文:引言(说明式)→主体(递进式)→结尾(并列式)→落款(招标单位名称和成文日期)。全文主旨明确,结构完整,语言简明,格式规范。

(三) 招标说明书

　　招标说明书是对招标公告或招标邀请书内容的扩展,用来对有关招标事项做出具体的说明。一般由标题、正文、落款和附件四个部分组成。

　　1. 标题。由招标单位名称、招标事项和文种三个要素构成,如《北山钢铁公司外购大型设备招标说明书》。

　　2. 正文。包括开头、主体和结尾三个部分。

　　(1) 开头。简要写明招标的目的和依据(一般写招标单位主管部门的审批文号)、项目名称及招标单位的基本情况等。

　　(2) 主体。详细说明招标的有关内容和要求事项。主体部分一般应写明以下事项:招标项目的性质、数量、技术规格或技术要求;投标价格的要求及其计算方式;评标的标准和方法;交货、竣工或提供服务的时间;投标人应当提供的有关资格和资信证明文件;投标保证金的数额或其他形式的担保;投标文件的编制要求;提供投标文件的方式、地点和截止日期;开标、评标、定标的日程安排;合同格式及主要合同条款等。

　　(3) 结尾。写明招标单位全称、地址、联系人、电话等。

　　3. 落款。包括招标单位名称和成文日期。

4. 附件。附件是为了使正文简洁而把繁复的专门内容作为附件列于文后或作为另发的文件,如项目的具体内容、数量、工程一览表、设计勘察资料及有关的说明书等。

阅读例文:

天地大厦建筑安装工程招标说明书

为了提高建筑安装工程的建设速度,提高经济效益,经市建工局批准,天地集团公司对天地大厦建筑安装工程的全部工程进行招标。

一、招标工程的准备条件

本工程的以下招标条件已经具备:

1. 本工程已列入北京市建筑年度计划。

2. 已具有正式设计单位出具的施工图纸和概算。

3. 建设用地已经征用,障碍物已全部拆迁;现场施工的水、电、路和通讯条件已经具备。(以下略)

二、工程内容、范围、工程量、工期、地质勘察单位和工程设计单位(见附表)

三、工程可供使用的场地、水、电、道路等情况(略)

四、工程质量等级、技术要求、对工程材料和投标单位的特殊要求、工程验收标准(略)

五、工程供料方式和主要材料价格、工程价款结算办法(略)

六、组织投标单位进行工程现场勘察、说明和招标文件交底的时间、地点(略)

七、报名、投标日期、招标文件发送方式

报名日期:2011年5月4日至5月10日

投标期限:2011年5月26日至2011年6月10日

招标文件发送方式:(略)

八、开标、评标时间及方式、中标依据和通知

开标时间:2011年6月20日

评标结束时间:2011年6月30日

开标、评标方式:建设单位邀请建设工程主管部门,建设银行和公证处参与。

中标依据及通知:本工程评定中标单位的依据是工程质量优良,工期适当,标价合理,社会信誉好。最低标价的投报单位不一定能中标。所有投标企业的标价都高于标底时,如属标底计算错误,应按实况予以调整;如标底无误,通过评标剔除不合理的部分,确定合理标价和中标企业。评定结束后五日内,招标单位通过邮寄(或专人送达)方式将中标通知书送往中标单位,并与中标单位在一个月内签订天地大厦建筑安装工程承包合同。

九、其他

在招标过程中如发生争议，双方自行协商不成时，由负责招标管理工作的部门调解仲裁，对仲裁不服，可诉诸法律。

建设单位：天地集团公司

地址：北京市海淀区光明路5号

联系人：高叶华

电话：(010)62311678

天地集团公司（印章）
二〇一一年三月二十日

附件：施工图纸、勘察设计资料和设计说明书

例文评析：

这是一份建筑安装工程招标说明书，由标题、正文、落款和附件四个部分构成。标题由招标项目名称和文种两个要素构成。正文开头简要写明招标的目的和依据。主体部分从九个方面对招标的有关内容和要求事项作了详细的说明。结尾写明招标单位名称、地址、联系人及电话。落款包括招标单位名称和成文日期。最后，将施工图纸、勘察设计资料和设计说明书作为附件列在正文之后。这份招标说明书的结构模块为：标题(要素式)→正文：开头(目的式)→主体(并列式)→结尾(说明式)→落款(招标单位名称和成文日期)→附件。全文格式规范，内容全面，主旨明确，语言简洁。

小贴士：写作招标书要注意的问题

1. 周密严谨。招标书既是一种"广告"，也是签订合同的依据，具有一定的法律效力，因此在内容和措辞方面要周密严谨。

2. 简洁清晰。招标书只要把所要讲的内容有重点地讲清楚即可，切忌没完没了地胡乱罗列、堆砌一些似是而非的材料。

3. 注意礼貌。招标实际上也是一种商务交易活动，要遵守平等、诚恳的原则，既不要盛气凌人，也不要低声下气。

■ 投标书的写作

📖 项目目标

一、知识点
1. 投标书的含义和特点
2. 投标书的分类
3. 投标书的结构和写法
4. 写作投标书要注意的问题

二、技能要求
1. 能够分辨投标书的类型
2. 能够根据提供的材料写作投标书

📖 任务导向

一、投标书的含义和特点

（一）投标书的含义

投标书是投标者为了中标而按照招标书提出的项目、条件和要求，以求实现与招标者订立合同，而提供给招标者的承诺文书。投标书撰写得成功与否直接影响到能否中标。

（二）投标书的特点

1. 针对性。即主要针对招标书提出的项目、条件和要求进行写作。
2. 求实性。即实事求是地对投标项目进行分析，介绍己方，提出措施和承诺等。
3. 合约性。投标书以追求合作、签署合同为目的。投标单位对投标书提出的条件和要求作出承诺后，就要接受招标书的约束，投标书寄出后不能反悔或更改，如违背承诺将要承担法律责任。

二、投标书的分类

可以从不同的角度，按照不同的标准对投标书进行分类。

（一）按投标方人员组成情况分

可以分为个人投标书、合伙投标书、集体投标书、全员投标书和企业投标书等类型。

(二) 按性质和内容分

可以分为工程建设项目投标书、大宗商品交易投标书、选聘企业经营者投标书、企业租赁投标书、劳务投标书等类型。

三、投标书的结构和写法

投标书由标题、主送单位、正文、落款和附件几个部分组成。

(一) 标题

标题一般由投标单位名称、投标项目名称和文种三个要素构成,如《先锋建筑工程公司南方大学教学楼工程投标书》。也有由投标单位名称和文种两个要素构成的,如《三星电器公司厂房建筑投标书》。

(二) 主送单位

主送单位是对招标单位的称呼,在标题下空一行顶格写。

(三) 正文

正文包括引言、主体、结尾三个部分。

1. 引言。说明投标的依据、指导思想和投标意愿。
2. 主体。是投标书的核心部分,也是决定投标者能否中标的关键部分。主要写明三个方面的内容:一是具体写明投标项目的指标;二是实现各项指标、完成任务的具体措施;三是对招标单位提出希望配合与支持的要求。
3. 结尾。写明投标单位的名称、法人代表、联系人地址、电话号码和传真。

(四) 落款

落款由投标单位名称和成文日期构成。

(五) 附件

指不便在投标书中写明而独立成文附在投标书后面的材料。

阅读例文:

红山铜矿有限公司培训楼工程施工投标书

红山铜矿有限公司:

根据红山铜矿兴建培训楼工程施工招标书和设计图的要求,作为建筑行业的二级企业,我公司完全具备承包施工的能力与条件,决定对此项工程投标。具体说明如下:

一、综合说明

工程简况(工程名称、面积、结构类型、跨度、高度、层数、设备):培训楼一幢,建筑面积 10 700 m^2,主体 6 层,局部 2 层。框架结构:楼全长 80 m,宽 40 m,主楼高 28 m,二层部分高 9 m。基础系打桩水泥浇注,现浇梁柱板。外粉全部,玻璃马赛克贴面,内粉混合沙浆彩面涂料,个别房间贴壁纸。全部水磨石地面,教室呈阶梯形,个别房间设空调。

二、标价(略)

三、主要材料耗用指标(略)

四、总标价

总标价3 961 461元,每平方米造价370.23元。

五、工期

开工日期:2011年2月15日

竣工日期:2012年8月20日

施工日历天数:553天

六、工程计划进度(略)

七、质量保证

全面加强质量管理,严格操作规程;加强各分项工程的检查验收,上道工序不验收,下道工序决不上马;加强现场领导,认真保管各种设计、施工、试验资料,确保工程质量达到全优。

八、主要施工方法和安全措施

安装塔吊一台、机吊一台,解决垂直和水平运输;采取平面流水和立体交叉施工;关键工序采取连班作业,坚持文明施工,保障施工安全。

九、对招标单位的要求

招标单位提供临时设施占地及临时设施40间,我们将合理使用。

十、坚持勤俭节约原则,尽可能杜绝浪费现象(略)

投标单位:江达建筑工程公司

地址:湖南省株洲市黄鹤路123号

法人代表:李大江

电话:83598753　传真:98788746

江达建筑工程公司(印章)
二〇一一年一月四日

附件:江达建筑工程公司基本情况介绍

例文评析:

　　这是一篇工程建设项目投标书。由标题、主送单位、正文、落款和附件五个部分构成。标题由招标项目名称和文种两个要素构成。主送单位明确。正文开头采用根据式,说明投标依据,结句以承启语承上启下,转入主体写作。主体部分采用并列式结构,分十个方面介绍了工程简况、标价、耗材指标、工期、计划进度、质量保证等情况,对招标书中的问题作出了明确的回答。这可以说是投标单位的正式报价单,是评标决标的依据。另外,还有保证工程质量的措施和达到的等级、主要施工方法、安全措施和对招标单位的要求等。结尾写明了投标单位的名称、地址、法人代表姓名、联系电话和传真。文末附件为投标公司基本情况介绍,让招标单位对己方建立信心。这份投标书的结构模块为:标题(要素式)→主送单位→正文:开头(根据式)→承启语(承上启下)→主体(并列式)→结尾(说明式)→落款(投标单位名称和成文日期)→附件。这是一份写得较完整、较规范的投标书。

> 小贴士:写作投标书要注意的问题
> 1. 内容要紧扣招标书提出的要求。
> 2. 实事求是地说明己方的优势、特点。
> 3. 内容合理合法,承诺的内容须明确、具体、全面、周密,以免中标后发生纠纷。

技能训练

一、分析招标书、投标书的结构,根据提供的材料写作招标书、投标书

分析与写作 1:

南方职业技术学院对南校区学生公寓物业管理权进行公开招标,要选定物业管理企业对南校区学生公寓物业进行管理。管理范围包括:学生公寓(3 至 18 层)28 776.5 平米;周边道路、运动场 6 704 平米;绿化面积 1 171 平米。招标内容按招标单位提供的招标公告。凡达到广州市物业管理三级以上资质的物业管理公司或高校后勤服务公司(集团)均可参加投标。请根据以上材料为该院撰写一份招标公告。缺少的内容可根据写作格式的需要进行虚构。

互动与交流:
1. 应该选定什么文种写作? 标题怎样写才能显现主旨?
2. 正文应包括哪几个部分? 主体部分要写明哪几项内容?
3. 正文的结构模块是怎样的?
4. 结尾要写明哪些内容?

写作例文:

南方职业技术学院南校区学生公寓
物业管理招标公告

我院决定对南校区学生公寓物业管理权进行公开招标,选定物业管理企业对南校区学生公寓物业管理。现将具体事宜告知如下：

1. 招标项目：南方职业技术学院南校区学生公寓物业管理。
2. 项目规模：
(1) 学生公寓(3至18层)28 776.5平米。
(2) 周边道路、运动场6 704平米。
(3) 绿化面积1 171平米。
3. 招标内容：见我院提供的招标公告。
4. 投标条件：广州市物业管理三级以上资质的物业管理公司或高校后勤服务公司(集团)。
5. 报名时间、地点：2011年6月18日，上午8时30分至11时30分；下午3时至5时。南方职业技术学院办公楼2楼基建处(东201室)。
6. 报名时需提交的资料和交纳的费用：
(1) 营业执照、资质证书、法人代表证明书、法人代表委托书原件及复印件。
(2) 公司简介。
(3) 拟担任本项目的项目经理资质。
(4) 企业资信证明(包括ISO认证等)。
(5) 投标保证金10万元(以支票形式缴纳)。
(6) 报名费300元。

招标单位：南方职业技术学院
地址：广州市天目路341号
联系人：王明达
电话：15256795121

南方职业技术学院(印章)
二○一一年五月二十日

例文评析：

  这是一份招标公告，标题由单位名称、招标项目名称和文种三个要素构成。正文将项目名称、项目规模、招标内容、招标条件、报名时间和地点、需要提交的资料和交纳的费用等事项逐条列出。层次清楚，语言简洁。结尾写明了招标单位名称、地址、联系人及联系电话。落款是招标单位署名、印章和成文日期。这份招标公告的结构模块为：标题(要素式)→正文：引言(缘由式)→承启语(承上启下)→主体(并列式)→结尾(并列式)→落款(招标单位名称和成文日期)。全文内容简要，重点突出，符合招标公告的写作要求。

分析与写作 2：

　　泰兴集团公司拟投资的国和医药厂房建设项目已经上级主管部门批准,批准文号是苏泰发〔2008〕205 号。国和医药厂房拟建面积为 5 400 平方米、楼高为 5 层。该公司研究决定通过招标选择施工企业。招标单位地点:山东省泰安市颐和路 114 号;招标内容概述:该厂房建设的工期、质量要求等相关内容,详见招标公告。对投标单位的资格要求:凡国内具有独立民事责任能力、有良好的商业信誉和健全的财务制度、有履行合同所需设备和专业技术能力、具有省级安全技术防范系统(工程)设计施工一级(含一级)以上资质证书的企业,均可参加投标。在资质证明文件递交截止时间内,投标需提交以下资格证明文件:营业执照复印件(经过年检的);投标人税务登记证复印件;投标代表法人授权书原件;投标代表身份证复印件;产品质量承诺书原件;省级安全技术防范系统(工程)设计施工一级(含一级)以上资质证书。购买招标文件时间:2008 年 3 月 1 日至 2008 年 3 月 8 日(工作时间)。购买招标文件地点:泰兴集团公司统征办公室。招标文件售价为 300 元人民币,以现金方式直接到统征办购买,未购买招标文件的投标无效,招标文件售后不退。请根据以上材料代泰兴集团公司拟写一份招标公告。所缺的相关项目可根据写作格式的需要虚构和补充。

互动与交流：

　　1. 这份招标公告适合采用几个要素构成的标题？引言应该怎样写？
　　2. 对投标单位应该提出哪些要求？
　　3. 主体部分必须写明哪些内容？
　　4. 根据格式需要,结尾要虚构和补充哪些内容？

分析与写作 3：

　　山东铭固建筑工程公司看到泰兴集团公司发布的国和医药厂房建设项目招标公告后,经认真研究,决定参与竞标。包干形式:包工包料;总造价:400 万元;每平方米造价:400 元;工期:110 天;施工方法及选用施工机械:柱下钢筋混凝土地面施工方法、专业施工机械。该公司系山东省一级房屋建筑工程施工总承包企业,并具有房地产开发、商品房销售的资质。公司始建于 1998 年,现注册资本 7 000 万元,可承担总额不超过注册资本金 4 倍的房屋建筑工程的施工。公司成立以来,先后在武汉各地区承建了近百项工业与民用建筑工程。请代铭固建筑工程公司拟写一份投标书。所缺项目可根据写作格式的需要虚构。

互动与交流：

　　1. 这份投标书的结构由哪几个部分组成？主体部分要写哪几项内容？

2. 项目名称、进度、工程人工费和材料的种类、数量和价格等怎样表述？

3. 工程质量达到的等级、主要工程施工方法以及要求建设单位提供的配合条件等怎样表述？

4. 根据格式需要，结尾要虚构和补充哪些内容？

5. 怎样写才能和"分析与写作2"的招标公告对应起来？

二、综合测试

（一）填空

1. 招标书具有_____、_____和_____三个特点。

2. 投标书具有_____、_____和_____三个特点。

3. 招标书按性质和内容分类，有工程建设招标书、_____招标书、选聘企业经营者招标书、_____招标书、企业租赁招标书、劳务招标书、_____招标书、技术引进或转让招标书等类型。

4. 投标书按投标方人员组成情况分类，有_____投标书、合伙投标书、_____投标书、全员投标书和_____投标书等类型。

（二）名词解释

1. 招标书

2. 投标书

（三）简答

1. 招标公告的主体部分要写哪些内容？

2. 投标书的主体部分要写哪些内容？

（四）阅读分析

模仿任务导向中阅读例文的评析方法，对下面的招标书作全面评析：

厦安客车有限公司招标书

我公司是具有30多年生产经验的专业客车制造企业。目前生产的X644A型大客车和X644B型大客车畅销全国，已形成年产2 000台的生产能力。我公司新开发的产品——WH645型高级旅游车获2008年全国专用车、改装车新产品优秀奖。为了稳定地提高质量、降低成本，决定对部分外购外协配件公开招标。

一、招标专案

（一）零部件

1.门泵（包括三通阀、电磁阀、泵座）；2.离合器总泵、分泵；3.司机门锁；4.窗钩；5.钢板销；6.后骑马卡；7.前桥叙垫板螺栓；8.刮水器；9.烟灰盒；10.车用风扇。

（二）灯具

1.前大灯;2.前角灯;3.雾灯;4.后三色灯;5.内顶灯。

(三)橡胶件、橡塑件、尼龙件

1.前后挡风橡皮(2种);2.地板橡皮(2种);3.司机门橡皮(3种);4.乘客门橡皮(2种);5.侧窗橡皮(3种);6.挡泥板橡皮(1种);7.嵌条(1种);8.表板台;9.滑块、限位块;10.车门转轴球座。

(四)防水纤维板和各种铝型材

(五)部分装饰件镀铬、氧化

全国各地厂家,只要具有上述项目生产或设计能力,并具有法人资格的,均可前来投标。

二、投标日期

从2009年3月10日起至6月10日下午5时止,投标信函直送或挂号邮寄我公司招标办公室均可,邮寄以邮戳为准,逾期按废标处理。

三、开标日期

2009年8月24日至25日,按法律程序在我公司公布招标结果。

四、对招标项目的技术、质量和包装要求

详见《招标单位要求》和《技术、质量要求》。

五、投标条件、投标方法、招标管理、开标方法、开标程序、预中标的确定、中标的最后确定、签订合同及其他事项

详见《招标公告》和《投标企业须知》。

六、招标文件

1.《招标书》;2.《招标单位要求》;3.《招标公告》;4.《招标企业须知》;5.《技术质量要求》;6.《合同的条款和格式》。

七、招标的法律效力

招标文件对招标单位和投标单位具有法律效力。希望投标单位认真阅读以上文件,了解招标公告与附件和图纸,使招标工作能顺利进行。

厦安客车有限公司(印章)

二〇〇九年二月十一日

项目二十　经济仲裁文书的写作

■ 经济仲裁申请书的写作

📖 项目目标

一、知识点
1. 经济仲裁申请书的含义和用途
2. 经济仲裁申请书的特点
3. 经济仲裁申请书的结构和写法
4. 写作经济仲裁申请书要注意的问题

二、技能要求
1. 能够分析经济仲裁申请书的结构
2. 能够根据提供的材料写作经济仲裁申请书

📖 任务导向

一、经济仲裁申请书的含义和用途

（一）经济仲裁申请书的含义

经济仲裁申请书，是经济纠纷当事人的一方（即申请人或申诉人）为维护自己的合法权益，向仲裁机构提交的请求仲裁与他方当事人（即被申请人或被申诉人）的经济纠纷的申请文书。

（二）经济仲裁申请书的用途

经济仲裁申请书是带有法律特质的文书，是仲裁机构进行仲裁的主要依据之一。

各级工商行政管理局设立的经济仲裁委员会为经济仲裁机构。仲裁机构不行使经济审判权，不按司法程序解决争议。采用协商、调解方式处理经济纠纷。

二、经济仲裁申请书的特点

(一) 申述性
经济仲裁申请书陈述经济纠纷事实、申述理由的特性十分鲜明。

(二) 参证性
经济仲裁申请书提供的事实和理由,可作为仲裁机构进行协商、调解的重要参考依据。

(三) 启动仲裁程序性
经济仲裁申请书一经递交,仲裁程序就会启动,因此,经济仲裁申请书是产生仲裁程序的前提条件。

三、经济仲裁申请书的结构和写法

经济仲裁申请书由首部、正文、尾部三个部分组成。

(一) 首部
首部包括标题、当事人基本情况和案由三个要素。

1. 标题。首页居中写"仲裁申请书",也可以写作"经济仲裁申请书"。

2. 当事人基本情况。内容包括当事人的姓名、性别、年龄、职业、工作单位和住所,法定代表人的姓名、职务、电话等。

3. 案由。概括写明因为何事申请仲裁。

(二) 正文
正文包括仲裁请求、事实和理由两个要素。

1. 仲裁请求。即申请仲裁的具体事项、要求达到的最终目的。

2. 事实和理由。概括叙述经济纠纷的事实经过,说明请求仲裁的法律依据,同时要求写明有关证据、证据来源、证人姓名和住所等内容。

(三) 尾部
尾部包括仲裁机构名称、署名、签章和成文日期以及附件。

1. 呈送仲裁机构名称,按信函格式写"此致""×××仲裁委员会"。仲裁机构名称要顶格写。

2. 署名、签章和成文日期,写于尾部右下方。

3. 附件。写明:本仲裁申请书×份;书证×份;物证×份;证人姓名以及住址。

阅读例文：

经济仲裁申请书

申请人：浙江省第三建筑设计院
法定代表人：陈晓宇　职务：院长
地址及电话：浙江省嘉兴市湖北路245号　电话：55907691
被申请人：浙江浩天新能源股份有限公司
法定代表人：宋浩天　职务：董事长
地址：浙江省嘉兴市南广路212号　电话：51212282
案由：工程设计费纠纷
仲裁请求：

1. 依法裁决被申请人支付申请人的设计费余款合计拾肆万陆仟零贰拾陆元（146 026元）整。

2. 被申请人承担本案的仲裁费用。

事实与理由：

被申请人（发包人）委托申请人（设计人）设计其整体厂区工程，为此双方在2011年5月16日签订一份建设工程设计合同（专业建设工程设计合同）。对相关的设计依据、内容、费用及支付、争议解决条款等进行了约定。依据该合同第一条规定，双方商定，本合同的设计费为193 385元，第八条支付方式中8.2规定："每个单体建筑施工图交付给发包方时，发包人结清相应单体建筑的设计费，不留尾款。在设计费结算时，应根据每个单体建筑的实际图纸上标示的面积结算，设计收费标准应按照钢结构厂房6元/m^2、办公楼宿舍5元/m^2计算。"及第九条双方责任中9.1.3规定："发包人要求终止或解除合同，设计人已开始设计工作的，发包人应根据设计人已进行的实际工作量，不足一半时，按该阶段的设计费的一半支付；超过一半时，按该阶段设计费的全部支付。"

合同签订后，被申请人支付给申请人贰万元定金后，申请人就积极开始投入设计工作，但当申请人已经完成大部分设计任务后，被申请人却以厂房位置变更为由，对申请人设计的图纸不再使用，也不给相应的费用。根据申请人完成任务的情况，被申请人应该支付的设计费分别为：

1. 1号厂房13 230平方米，核算设计费每平方米为人民币6元，总计是79 380元，因未完成超半工作量，被申请人按规定应支付总费用的一半为39 690元；

2. 3号厂房8 100平方米，核算设计费每平方米为人民币6元，总计是48 600元，因未完成超半工作量，被申请人按规定应支付总费用的一半为24 300元；

3. 2号厂房11 591平方米，核算设计费每平方米为人民币6元，因全部完成

设计工作,总计是 69 546 元;

4. 倒班房(即合同中的宿舍楼)3 292 平方米,核算设计费每平方米为人民币 5 元,因全部完成设计工作,总计是 16 460 元;

5. 办公楼 6 412 平方米,核算设计费每平方米为人民币 5 元,因未完成超半工作量,被申请人按规定应支付总费用的一半为 16 030 元。

以上各项工程设计费用合计人民币 166 026 元。因为被申请人前期已预付定金 20 000 元,冲抵相应的设计费,故被申请人还应支付 146 026 元。申请人多次找被申请人协商解决此事,被申请人均不予理睬。对此,申请人依据设计合同第十一条仲裁条款的规定提起仲裁申请,请依据《中华人民共和国合同法》第一百零七条、第一百零九条及《中华人民共和国仲裁法》第七条等法律规定,支持申请人的仲裁申请。

此致
嘉兴市仲裁委员会

申请者:浙江省第三建筑设计院
二○一一年二月十一日

附件:1. 本仲裁申请书副本 2 份
　　　2.《建设工程设计合同》1 份

例文评析:

这是一份经济纠纷仲裁申请书,由首部、正文、尾部三个部分组成。首部包括标题、当事人基本情况和案由。标题标明了文种;当事人基本情况交代了申请人和被申请人的全称,法定代表人的姓名、职务、电话等;案由概括写明因为何事申请仲裁。正文包括仲裁请求、事实与理由两部分。仲裁请求明确、针对性强;事实和理由部分能注意抓住对方违约的事实和双方争议的焦点着墨,思路清晰,文字简练。尾部写明了呈送仲裁机构的名称,署名、签章和成文日期。附件包括仲裁申请书副本及书证份数。全文的结构模块为:首部(并列式)→正文:仲裁请求(并列式)→事实与理由(纵式、横式混合)→尾部(并列式)。全文结构完整,内容清晰,格式规范。

小贴士:写作经济仲裁申请书要注意的问题

1. 叙述事实纠纷要实事求是,条理清楚,准确简练,申请理由必须以事实为依据。
2. 仲裁请求应当合理合法,合情合理。
3. 语言得体,避免使用过激言语,以免进一步扩大矛盾。

■ 经济仲裁答辩书的写作

项目目标

一、知识点
1. 经济仲裁答辩书的含义
2. 经济仲裁答辩书的特点
3. 经济仲裁答辩书的结构和写法
4. 写作经济仲裁答辩书要注意的问题

二、技能要求
1. 能够分析经济仲裁答辩书的结构
2. 能够根据提供的材料写作经济仲裁答辩书

任务导向

一、经济仲裁答辩书的含义

经济仲裁答辩书是被申诉人为了维护自己的经济权益,针对申诉人在仲裁申请书中提出的要求及所依据的事实和理由,向仲裁机构作出答复和辩解的文书。

被申诉人又叫被申请人。申诉人又叫申请人。向仲裁机构提交仲裁答辩书有规定的期限。仲裁机构在收到被申诉人的答辩书后,开始审理仲裁。若被申诉人没有按期提交答辩书,仲裁程序也可以照常启动。

二、经济仲裁答辩书的特点

(一)使用对象的特定性

经济仲裁答辩书只能由被申诉人或委托代理人提交。

(二)答辩内容的针对性

经济仲裁答辩书答复和辩解的问题,都是申诉人所提出的事项和要求。

三、经济仲裁答辩书的结构和写法

经济仲裁申请书由首部、正文、尾部三个部分组成。

(一) 首部

首部包括标题、当事人基本情况和导言三个要素。

1. 标题。首页居中写"仲裁答辩书",也可以写作"经济仲裁答辩书"。

2. 当事人基本情况。写明答辩人(被申诉人)和申诉人的单位名称、法人代表及姓名、职务、通联地址等。

3. 导言。也称前言。简述因何人及因何事而进行答辩。

(二) 正文

正文阐明答辩的理由和意见。针对仲裁申请书中提出的事实、证据、理由,据理答复和进行辩解,表明观点,提出证据,作出对己方有利的陈述。

(三) 尾部

尾部包括仲裁机构名称、署名、签章和成文日期以及附件等。

1. 仲裁机构名称,用信函格式写"此致""×××仲裁委员会"。仲裁机构名称顶格写。

2. 署名、签章和成文日期,写于尾部右下方。

3. 附件要写明附件的名称、份数。如有证人,要写明证人的姓名和住址。

阅读例文:

<h3 style="text-align:center">经济仲裁答辩书</h3>

答辩人:合肥仁川液压动力有限公司

地址:合肥市经开区芙蓉路与习友路交叉口森隆工业园

法定代表人:吴勇(公司总经理)

申诉人:陶亮,男,38岁,合肥仁川液压动力有限公司职员

因劳动争议纠纷一案,申诉人陶亮向贵委提出仲裁,现答辩如下:

答辩人与申诉人解除劳动合同的理由:

1. 多次要求加薪。申诉人的薪资待遇远高于本市同岗位的薪资水平,但其仍然不满意,提出加薪要求,答辩人也按照他的要求予以加薪,但申诉人还是屡次以离职跳槽为要挟,提出不合理的加薪要求,且煽动其他职员要求加薪。

2. 申诉人在职期间,不遵守公司的劳动纪律,经常擅离工作岗位、早退、旷工,造成恶劣影响。

3. 申诉人在负责生产期间,严重缺乏责任心,致使生产秩序混乱(不履行员工请假制度)且造成大量直接经济损失。

综上所述,申诉人已严重违反答辩人公司规章制度,且给答辩人造成大量损失,故答辩人做出与申诉人终止劳动合同关系的决定。根据《劳动法》的规定,劳动者有下列情形之一的,用人单位可以解除劳动合同:……(二)严重违反劳动纪律或

者用人单位规章制度的;(三)严重失职,营私舞弊,给用人单位造成重大损害的……按照规定,我公司完全可以直接与申诉人解除劳动关系。

对于申诉人提出"要求答辩人支付未签订书面劳动合同的二倍工资差额36 300元"的问题,既然答辩人公司为申诉人办理了社会保险,就必然会签订书面劳动合同。此劳动合同虽为负责办理社保的人员代签,但签字之前已经过答辩人的同意,且劳动关系存续期间,答辩人从未提出异议。根据我国《民法通则》规定,如本人知道他人以自己的名义实施民事行为而不作出否认表示的,应视为同意。

关于"解除劳动关系的经济补偿6 600元"和"未提前一个月通知的补偿金3 300元",我公司根据申诉人以上严重违反公司劳动纪律且给公司造成重大经济损失的行为,完全可以直接解除劳动关系,不存在我公司需要支付补偿金的问题。

敬请仲裁委员会充分考虑我公司之答辩,驳回申诉人提出的所有申诉要求。

此致
合经区劳动人事争议仲裁委员会

答辩人:合肥仁川液压动力有限公司
二〇一一年十一月四日

附件:本经济仲裁答辩书副本2份

例文评析:

这是一份经济仲裁答辩书,由首部、正文、尾部三个部分组成。首部包括标题、当事人基本情况和导言。标题标明了文种;当事人基本情况交代了答辩人的全称、法定代表人的姓名、职务,以及申诉人的姓名、性别、年龄、职务;导言简述因何人及因何事而进行答辩。正文针对仲裁申请书中提出的事实、证据、理由,据理答复和进行辩解,提出了反驳证据,引用相关的法律,阐明答辩的理由和意见,要求驳回申诉人提出的所有申诉要求。尾部包括递交仲裁答辩书的机构、答辩单位名称、成文日期以及附件等。全文的结构模块为:首部(并列式)→正文:答辩理由和证据(纵式、横式混合)→尾部(并列式)。全文叙议结合,结构完整,内容具体,格式规范。

小贴士:写作经济仲裁答辩书要注意的问题

1. 针锋相对,有的放矢,不要游离于主题。
2. 以事实说明问题,要实事求是,合理合法,合情合理。
3. 既要使语言具有论辩色彩,又要掌握好措辞分寸,以免进一步扩大矛盾。

技能训练

一、分析经济仲裁文书的结构,根据提供的材料写作经济仲裁文书

分析与写作 1：

　　申请人中国农业银行股份有限公司商洛市商州支行(合同甲方)与被申请人商洛汽车运输公司职工李晓桓(合同乙方)于 2009 年 1 月 1 日签订了《房屋租赁合同》,约定甲方将位于商洛市北新街西段临街的宿舍办公楼门面房 5 间、办公用房 2 间出租,由乙方经营轮胎使用,租期一年,月租金 1 500 元。合同期满,乙方自行恢复原貌将房屋交回甲方,逾期交房,除照收房租外,每天应承担违约金 180 元整。合同期限满后,由于申请人上级商洛市农行修建临街办公楼之需要,将被申请人所承租的房屋整体置换给了商洛市农业发展银行,故双方未再签订租赁合同。经多次口头及书面通知被申请人,其仅于 2010 年 8 月 20 日腾空移交了一楼东边的 3 间门面房及 2 间办公房。西边二间门面房其虽然未再进行经营活动,但修理设备平衡机等,至今未能自动移走并向申请人彻底移交所租房屋。致使申请人的上级行不能向商洛市农发行全面履行置换协议,申请人单位受到上级批评。2010 年 8 月 19 日,申请人向被申请人送达的《关于立即腾空提交承租房屋的通知》中要求被申请人："务于 2010 年 8 月 22 日 24 时前腾空并向我行移交承租房屋、补交所欠租金、承担违约金。逾期,我行将向仲裁委员会商洛分会申请仲裁,一切法律后果由你方自负。"被申请人签收该通知后至今仍未全面履行其义务,再经屡次催促,仍无动于衷。请根据以上材料为中国农业银行股份有限公司商洛市商州支行代写一份仲裁申请书。

互动与交流：

　　1. 首部要写明哪些内容?
　　2. 当事人基本情况要写明哪些内容?
　　3. 正文部分要写明哪几项内容?各部分应当怎样写?
　　4. 尾部要写明哪些内容?
　　5. 全文的结构模块是怎样的?

写作例文：

<h3 style="text-align:center">经济仲裁申请书</h3>

　　申请人：中国农业银行股份有限公司商洛市商州支行
　　地址：商洛市中心广场西南角

法定代表人:梁根民,52岁,职务:行长

被申请人:李晓桓,男,汉族,48岁,商洛汽车运输公司职工,联系电话:13991003615

案由:房屋租赁费纠纷

请求事项:

1. 裁令被申请人立即移走设备,向申请人移交所租房屋,补交2010年7月以前的租金10 500元,并承担至完全移交之日止每天180元的违约金。

2. 仲裁费用由被申请人负担。

事实与理由:

申请人与被申请人于2009年1月1日签订了《房屋租赁合同》,约定申请人(合同甲方)将位于商洛市北新街西段临街的宿办楼门面房5间、办公用房2间出租由被申请人(合同乙方)经营轮胎使用,期限一年,月租金1 500元,合同期满,乙方自行恢复原貌将房屋交回甲方,逾期交房,除照收房租外,每天应承担违约金180元整。

合同期限满后,由于申请人上级商洛市农行修建临街办公楼之需要,将被申请人所承租的房屋整体置换给了商洛市农业发展银行,故双方未再签订租赁合同。经多次口头及书面通知被申请人,其仅于2010年8月20日腾空移交了一楼东边的3间门面房及2间办公房。西边2间门面房其虽然未再进行经营活动,但修理设备平衡机等,至今未能自动移走并向申请人彻底移交所租房屋。致使申请人的上级行不能向商洛市农发行全面履行置换协议,申请人单位受到上级批评。

2010年8月19日,申请人向被申请人送达的《关于立即腾空交还承租房屋的通知》中要求被申请人:"务于2010年8月22日24时前腾空并向我行移交承租房屋、补交所欠租金、承担违约金。逾期,我行将向仲裁委员会商洛分会申请仲裁,一切法律后果由你方自负。"被申请人签收该通知后至今仍未全面履行其义务,再经屡次催促,仍无动于衷。

综上所述,申请人认为,双方合同期限已经届满,被申请人负有向申请人腾空交还房屋的法律义务,因被申请人拒不履行,申请人故据《中华人民共和国合同法》第二百三十五条之规定,并依据《仲裁法》之规定,申请进行仲裁,敬请贵委公正裁决为盼。

此致
西安仲裁委员会商洛分会

申请人:中国农业银行商洛市商州支行

二〇一〇年十一月二十五日

附件:1.本仲裁申请书副本2份。
      2.书证《房屋租赁合同》1份。
      3.《关于立即腾空交还承租房屋的通知》1份。

例文评析:

这是一份经济仲裁申请书,由首部、正文、尾部三个部分组成。首部包括标题、当事人基本情况和案由。标题标明了文种;当事人基本情况交代了申请人的全称、法定代表人的姓名、年龄、职务,以及被申请人的姓名、性别、年龄、职务等;案由概括写明因为何事申请仲裁。正文包括请求事项、事实与理由两部分。请求事项简洁明了,事实和理由部分对被诉方毁约的背景和理由写得很具体,也有指认被诉方违约的具体法律依据,内容清晰,层次清楚。结尾符合仲裁申请书惯常的写法,要素齐全。全文的结构模块为:首部(并列式)→正文:请求事项、事实与理由(纵式、横式混合)→尾部(并列式)。

分析与写作 2:

由于上海宗源销售服务有限公司职员李益锋(申诉人)多次违反所在单位的劳动纪律,答辩人上海宗源销售服务有限公司在2011年2月15日作出对申诉人除名的决定。申诉人提出了仲裁申请,认为答辩人对自己除名不合情理;并且提出终止劳动合同,给予每年一个月工资的补偿;另外还要求答辩人支付2004年2月—2011年2月劳动保险。答辩人依据事实与法律,对申诉人的请求一一予以驳回。请根据以上材料,为答辩人上海宗源销售服务有限公司拟写一份仲裁答辩书。缺少的项目可根据格式需要虚构补出来。

互动与交流:

1. 经济仲裁答辩书由哪几个部分构成?
2. 首部需要写明哪些内容?
3. 正文部分要写明哪些内容?
4. 结尾有什么特点?
5. 全文的结构模块是怎样的?

写作例文:

经济仲裁答辩书

答辩人:上海宗源销售服务有限公司
地　址:上海市北京南路58号
法定代表人:王向阳　职务:经理
申诉人:李益锋　上海宗源销售服务有限公司职员

因申诉人李益锋诉答辩人劳动争议一案,答辩人现依据事实和法律答辩如下:

1. 申诉人严重违反公司的规章制度,答辩人依据《中华人民共和国劳动合同法》第三十九条之规定,作出对申诉人李益锋除名的决定是合法有效的。

申诉人于2000年起在答辩人的公司工作,从事答辩人的后勤主管方面的工作。在其工作期间曾多次因迟到、早退、旷工、上班打牌等违纪行为,受到主管领导批评(证据6)。由于申诉人的无故早退和旷工的违纪行为,直接导致后勤工作无法顺利进行。答辩人公司员工经常在加班后,由于找不到申诉人,公司员工只好在外就餐(证据4)。并且由于申诉人在外赌博欠债,很多债主来公司吵闹要债,严重影响了公司的正常经营和声誉形象(证据5)。

答辩人曾经于2010年11月9日让申诉人停职反省一个星期(证据3),希望申诉人能够浪子回头,改过自新。但是申诉人依然我行我素,不思悔改。

从申诉人的考勤签到表中可以看到,2010年11月份签到7次,12月份签到23次但有9次找不到人,2011年1月份签到12次有6次找不到人,2月份签到14次有6次找不到人(证据3)。答辩人在2011年2月14日上午开会再次重申要严肃劳动纪律(证据6),但是申诉人下午又再次消失。答辩人的《上海宗源销售服务有限公司员工奖惩管理办法补充规定》的规章制度中的第六条"离岗早退一小时视为旷工,月累计旷工三天以上者给予开除处分"(证据7)。答辩人在2011年2月15日经开会决定对申诉人作出除名的决定(证据2),并通知申诉人领取2月份的工资、2010年养老保险补助和考虑其家庭方面给予的一个月工资补贴,总计4 920元(证据9)。

鉴于以上事实,申诉人已严重违反公司的规章制度,如不处理,答辩人无法开展正常的经营管理活动。《中华人民共和国劳动合同法》第三十九条规定:"劳动者有下列情形之一的,用人单位可以解除劳动合同:(2)严重违反用人单位的规章制度的。"因此对于申诉人的除名决定是完全合情合理,并且合法的。申诉人诉请的开除无效、赔偿相应损失应予以驳回。

2. 申诉人诉请的终止劳动合同,给予每年一个月工资的补偿,缺乏法律依据。

《中华人民共和国劳动合同法》第四十六、四十七条明确规定用人单位向劳动者支付经济补偿情形,但答辩人是依据第三十九条作出的决定,不属于第四十六条的情形。因此申诉人的诉请于法无据。

3. 申诉人要求答辩人支付2004年2月—2011年2月劳动保险,缺乏事实依据。

答辩人提交的"上海市物资贸易中心参加改制职工养老保险费测算表"(证据8)已充分说明申诉人的劳动保险已经缴纳。对于申诉人要求,再支付一次劳动保险的无理诉请应当予以驳回。

对于以上答辩意见,请仲裁委予以充分考虑,申诉人的申请事项没有任何法律和事实的依据,请求仲裁庭依法驳回申诉人的全部诉请,以维护答辩人的合法权益。

此致

上海市劳动争议仲裁委员会

答辩人:上海宗源销售服务有限公司(公章)

法定代表人:王向阳(签章)

二〇一一年三月二十日

附件:1. 本仲裁答辩书副本2份
      2. 书证9份

例文评析:

这是一份仲裁答辩书,由首部、正文、尾部三个部分组成。首部包括标题、当事人基本情况和导言。答辩人、申诉人的基本情况齐全,导言点明引发答辩的事项。正文就申诉人要求给予每年一个月工资的补偿,以及支付劳动保险等问题,逐一进行了答复和辩解。在答辩过程中,注重与申诉人的意见针锋相对,注重事实真相和引用有利于己方的证据和法律规定,有理有据,富有较强的逻辑力量。尾部写法规范。全文的结构模块为:首部(并列式)→正文:答辩(纵式、横式混合)→尾部(并列式)。全文叙议结合,以议为主,内容清晰,结构完整,要点突出,值得借鉴。

分析与写作3:

2009年10月25日,王大新以机修工身份进入景德镇市某玻璃厂工作,月工资3 650元,至解除劳动关系时满一年仍未签订劳动合同。2010年6月24日上午,王大新在管制瓶车间修理2号机时,因电机两根三角皮带突然启动,致右食指挤压断离,当天即送入景德镇市第二人民医院抢救,共住院152天,花费医疗费29 538.29元(公司已付),因事故的发生,景德镇市某玻璃厂扣除了王大新同年8月份工资2 405元,当月实发工资1 245元。2010年12月14日,市劳动局认定王大新为工伤,并于同年12月18日鉴定为劳动能力伤残十级。王大新对此鉴定结论不服,于2010年12月29日向江西省劳动能力鉴定委员会申请再次鉴定,该委员会重新鉴定后认定王大新构成丧失劳动能力伤残九级,王大新于2011年3月17日签收该鉴定结论通知书。王大新于2010年12月27日与景德镇市某玻璃厂解除劳动关系,该厂未依法为申请人缴纳工伤保险。为维护自己的合法权益,王大新请求该厂支付上述费用。请根据以上材料,为王大新拟写一份经济仲裁申请书。缺少的项目可根据需要虚构。要求结构完整,内容清晰,格式规范。

互动与交流:

1. 仲裁申请书应包括哪几个部分?

2. 首部怎样写？包括哪些项目？
3. 正文由哪几部分构成？各部分要写明哪些内容？
4. 尾部有什么特点？
5. 这份仲裁申请书呈现的结构模块是怎样的？

二、综合测试

（一）填空

1. 经济仲裁申请书具有_____、_____和_____三个特点。
2. 经济仲裁申请书的正文包括_____和_____两个部分。
3. 仲裁机关主要采取_____和_____的方式处理经济纠纷。
4. 经济仲裁答辩书具有_____和_____两个特点。

（二）名词解释

1. 经济仲裁申请书
2. 经济仲裁答辩书

（三）简答

1. 经济仲裁申请书的结构由哪几部分组成？
2. 经济仲裁申请书的写作要注意哪些问题？
3. 经济仲裁答辩书的答辩意见部分一般写哪些内容？
4. 经济仲裁答辩书的写作要注意哪些问题？

项目二十一　经济诉讼文书的写作

■ 经济纠纷起诉状的写作

项目目标

一、知识点

1. 经济纠纷起诉状的含义
2. 经济纠纷起诉状的特点
3. 经济纠纷起诉状的结构和写法
4. 写作经济纠纷起诉状要注意的问题

二、技能要求

1. 能够分析经济纠纷起诉状的写作结构
2. 能够根据提供的材料写作经济纠纷起诉状

任务导向

一、经济纠纷起诉状的含义

经济纠纷起诉状，是经济纠纷案件的原告认为自己的权益受到侵犯而向法院陈述纠纷事实、阐明起诉理由、提出诉讼请求的书状。

起诉状分为民事起诉状和刑事起诉状。经济纠纷起诉状属于民事起诉状。

二、经济纠纷起诉状的特点

（一）请求诉讼性

任何国家机关、社会团体、企事业单位和公民个人或其法定代理人向人民法院递交经济纠纷起诉状便是提出了诉讼请求。

（二）适用范围的特定性

经济纠纷起诉状针对的是归人民法院管辖而未被审理过的案件。

（三）处理案件的参证性

经济纠纷起诉状本身就是一种处理案件时的证据。

三、经济纠纷起诉状的结构和写法

经济纠纷起诉状由首部、正文、尾部三个部分组成。

（一）首部

首部包括标题、当事人基本情况。

1. 标题。标明"起诉状"，也可写作"经济纠纷起诉状"。

2. 当事人基本情况。按先原告后被告的顺序分别列写。当事人是公民的，应依次写明姓名、性别、出生年月、民族、职业、工作单位和住址、邮政编码。当事人如果是法人，应写明法人全称、住所及其法定代表人姓名、职务。如系其他组织，应写明全称、住所，主要负责人姓名、职务。如果原告不止一人，按享受权利的大小分别列写；被告不止一人的，则依其应尽义务大小列写。

当事人如果有委托代理人，另起一行写明代理人的姓名和基本情况。如果有第三人，则列写第三人姓名（或单位名称）和基本情况，并说明与原告、被告的关系。

（二）正文

正文包括请求事项、事实和理由、证据三个部分。

1. 请求事项。写明原告人在有关民事权益争议中的要求，如赔偿损失、清偿债务、履行合同、归还产权等。诉讼请求事项应当写得明确、具体，切忌笼统、含糊；提出要求要合法、合情、合理。

2. 事实和理由。事实和理由是民事起诉状的核心内容，一般要分开叙写。

（1）事实部分。事实是提起诉讼、实现诉讼请求的基础和依据，也是人民法院进行裁判的基础和依据。应写明原告、被告民事法律关系存在的具体事实，以及当事人双方权益争执的具体内容，包括时间、地点、涉及的人物、起因、发展过程、造成的结局以及双方争执的焦点等。原告如在争执中也有一定过错和责任，应实事求是地写清楚。叙述事实一般以时间为顺序，突出主要情节和关键部分。在叙述事实的同时或在叙述事实以后，要提供相应的证据如物证、书证等，以及证据的来源和证人的姓名、职业、住址等。

（2）理由部分。根据民事权益争执的事实和证据，写明提出请求事项的理由和法律依据。要论证严密，说理中肯，恰当地引用法律条文。理由是对事实的概括与评说，应当依事论理，写明被告实施的侵权行为或者双方发生争议的权益的性质、已经造成的后果以及应当承担的民事责任等，然后依法论理，写明原告提起诉讼所援引的法律条款。

3. 证据和证据来源。证据是证明案件事实的真实性、可靠性的依据。证据对于能否胜诉具有决定性作用。

（三）尾部

尾部包括诉状递交的人民法院名称、落款和附件。

1. 写明本诉状所递交的人民法院名称，要顶格写。
2. 落款。包括起诉人签名盖章，具状的年月日。
3. 附件。写明起诉状副本的份数，提交证据的名称和数量等。

阅读例文：

经济纠纷起诉状

原告：牡丹江市联想鱼粉厂，地址：牡丹江市长椿街街312号，邮政编码：157000，电话0453—69511281

法定代表人：杜枫，男，1960年出生，职务：厂长

委托代理人：冯强，男，1965年出生，职务：副厂长

驻沈阳联系人：胡长云，沈阳和平旅社302房间，电话：87675754（下达传票等文书，由胡传递）

被告：沈阳市丰农养鸡场，场址：沈阳市朝阳区江海路，电话：45765432

请求事项

索要货款4万元，并由被告偿付利息。利息按银行贷款利率计算，每月为312元。

事实与理由

2009年7月，被告与原告签订了购销鱼粉合同。合同规定，被告向原告购买国产鱼粉20吨，总货款为4万元，货到付款。7月20日，鱼粉送到后，被告则不履行合同规定，以"现有钱款急于买饲料，暂欠几日，卖完鸡蛋即还"为理由，不付货款。原告因生产急需资金，故派人常驻沈阳索要，但被告均以同样理由一再拖欠，原告为了维护正常生产，不得不支付利息到银行贷款。至2010年7月13日，被告以效益不好，连年亏损，现已转为个人承包为理由写下一纸欠据，企图继续赖账。被告既然无钱，为什么能去购买饲料？为什么能扩建场舍，修筑院墙？既然连年亏损，付不起鱼粉钱，为什么还要和鱼粉厂签订购销鱼粉的合同，转嫁亏损于他人？被告无理抵赖货款，同时，不顾他人利益，利用他人资金，扩大生产，为己赚钱，缺乏经营道德。原告系集体企业，靠贷款和职工集资生存，被告占用原告大量生产资金，使原告生产陷入危机，已无法忍受，故诉至法院，请求人民法院依照《合同法》第35条和《民法通则》第84条第2款规定，判令被告一次性

偿付货款 4 万元。
　　此致
沈阳市朝阳区人民法院

起诉人:牡丹江市联想鱼粉厂(章)
法定代表人:杜枫(章)
委托代理人:冯强(章)
二○一○年七月十七日

　　附件:1. 起诉状副本 1 份
　　　　2. 购销合同复印件 1 份
　　　　3. 被告人欠条复印件 1 份

例文评析:

　　这是一份经济纠纷起诉状,由首部、正文、尾部三个部分组成。首部包括标题和当事人的基本情况两个项目。正文写明请求事项、事实与理由。请求事项具体、明确;发生纠纷的来龙去脉交代得非常清楚,重要事实以及争执的焦点写得明明白白;指明被告抵赖货款违反了国家的有关法律和法规,为实现诉讼请求奠定了基础,提供了依据。正文呈现的结构模块为:请求事项(叙述式)→诉讼事实与理由(叙述与议论结合)→证据及证据来源(说明式)。尾部写明本诉状所递交的人民法院名称,以及起诉人签名盖章、具状的年月日,附件写明了起诉状副本的份数和提交证据的名称和数量。

小贴士:写作经济纠纷起诉状要注意的问题

　　1. 请求事实要具体、全面,数字必须准确无误。
　　2. 诉讼理由以充分的证据和明确清楚的事实为基础,案件事实与理由的因果关系清楚。
　　3. 引用的法律条文要准确、完备。
　　4. 注意人称的一致性。叙述的人称要前后一致,如用第三人称时要称原告与被告。
　　5. 语言做到准确、严谨,表述富有逻辑性。

项目二十一　经济诉讼文书的写作

经济纠纷答辩状的写作

项目目标

一、知识点
1. 经济纠纷答辩状的含义
2. 经济纠纷答辩状的特点
3. 经济纠纷答辩状的结构和写法
4. 写作经济纠纷答辩状要注意的问题

二、技能要求
1. 能够分析经济纠纷答辩状的写作结构
2. 能够根据提供的材料写作经济纠纷答辩状

任务导向

一、经济纠纷答辩状的含义

经济纠纷答辩状,指被告针对原告的起诉状,或被上诉人针对上诉人的上诉状向人民法院递交的进行辩护、反驳或答复的书状。

二、经济纠纷答辩状的特点

（一）使用对象的特定性

经济纠纷答辩状只能由被告或被上诉人提出。

（二）答辩内容的针对性

经济纠纷答辩状只围绕经济纠纷起诉状或上诉状的内容进行答辩。

（三）行文方式的论辩性

经济纠纷答辩状通过摆事实、讲道理,运用有利的证据、有关的法律条文进行论辩和反驳。

三、经济纠纷答辩状的结构和写法

经济纠纷答辩状由首部、正文和尾部三个部分组成。

（一）首部

首部包括标题、答辩人基本情况和案由。

1. 标题。写"答辩状"或"经济纠纷答辩状"字样。如属二审程序的答辩,要写明"上诉答辩状"或"经济纠纷上诉答辩状"字样。

2. 答辩人基本情况。这部分具体写法与起诉状中的当事人基本情况的要求相同。需要注意的是,不同审级的答辩状,此栏目所写的要求不同,一审答辩状只写答辩人个人基本情况,不写被答辩人。二审答辩状,除了写明答辩人个人基本情况外,还应写明被答辩人的个人基本情况,并注明他们在原审中的诉讼地位。

3. 案由。概括地写明对何单位或对上诉的何案进行答辩。一般写"答辩人于××××年×月×日收到××法院转交来原告人(或上诉人)因××一案的起诉状(或上诉状),现答辩如下"。

(二) 正文

正文是答辩状的核心内容,主要写明答辩理由和答辩意见。

1. 答辩理由。明确回答原告人或上诉人所提出的诉讼请求,阐明本方对争议事实的主张和理由。一般来说,答辩理由可从以下几个方面提出:

(1) 针对所写事实不实进行反驳。事实是判断是非的基础,人民法院审理案件必须以事实为依据。起诉状、上诉状叙述的事实可能有三种情况:其一,全部事实都是真实的;其二,全部事实都是虚假的;其三,部分事实真实、部分事实虚假。叙写答辩状应当针对上述三种情况,有所侧重地摘引对方的原话,据实答复,用事实进行反驳。

(2) 针对适用法律不当进行反驳。无理的诉讼请求难免在说理过程中出现语言逻辑混乱、观点与材料相矛盾、违背人情常理等问题。答辩状只要能够准确地指出这些问题,就可以反驳对方的主张,使对方陷入被动。

(3) 针对原告人(或上诉人)违反法定程序进行反驳。如已超过诉讼时效或不具备起诉条件等。

2. 答辩意见。在充分阐明答辩理由的基础上,提出对本案的处理意见,请求人民法院予以合理地裁决。

(三) 尾部

尾部包括递交的人民法院名称、落款和附件,写法与起诉状相同。

阅读例文:

经济纠纷答辩状

答辩人:香港恒冠置业有限公司,地址:香港沙田区弥敦街89号

法定代表人:顾秀恒,男,52岁,董事长

委托代理人:周小勇,顺通律师事务所律师

被答辩人:广东省汕头市海晨房地产开发有限公司,住所地址:汕头市南昌路

191号

法定代表人：赵树良，男，48岁，总经理

答辩人就被答辩人诉请返还双方在合作开发西河花园项目所产生的欠款人民币5.4亿元一事，提出如下答辩意见：

一、答辩人对起诉状中有关双方合作开发西河花园的事实没有异议；对起诉状中有关双方于2008年9月6日签订的《合作开发西河花园合同书》约定的双方的权利和义务的内容没有异议。

二、答辩人对起诉状中的下列内容有异议

（一）关于案情部分

答辩人对起诉状中有关答辩人擅自处分西河花园房产的事实有异议。由于双方的合作开发行为未经政府有关主管部门批准，只有被答辩人才是名义上的开发商，答辩人根本无法自行处分西河花园的房产。根据双方于2008年9月签署的《会谈纪要》，被答辩人同意将西河花园交由答辩人包销，包销价为每平方米15 000元，包销价低于实际销售价的差额，属于答辩人所有，由答辩人负责纳税，包销价高于实际销售价，双方以包销价进行结算。随后，被答辩人向答辩人提供了盖有被答辩人公司公章的空白售房合同供答辩人售房使用，因此，被答辩人称答辩人擅自处分西河花园房产不符合事实。

（二）关于诉讼请求部分

1. 关于请求理由。被答辩人诉请答辩人返还欠款人民币5.4亿元，理由是该款是西河花园的售房款，不能由答辩人独占。答辩人认为，该款实际上是西河花园包销价与实际销售价的差额，并非答辩人对被答辩人的欠款。根据答辩人与被答辩人签署的《会谈纪要》约定，该款属于答辩人所有，是答辩人的合法所得，故答辩人不同意被答辩人的诉讼请求。

2. 关于证据。被答辩人只向法院提供了双方签订的《合作开发西河花园合同书》，以及答辩人与购房者签订的《房屋买卖合同》，而没有向法院提供双方签订的《会谈纪要》，答辩人对此有异议，答辩人认为，《会谈纪要》是本案的重要书证，特向法院提供双方签订的《会谈纪要》复印件，请法院予以认定。

3. 关于请求依据。被答辩人请求的依据是《中华人民共和国民法通则》第92条的规定，该条是有关不当得利的规定。答辩人认为，答辩人取得的5.4亿元包销差价款，有双方签署的《会谈纪要》为据，答辩人的行为不属不当得利，而是有合法的依据，根据《中华人民共和国民法通则》第72条的规定，以及《汕头市关于房地产包销的若干规定》第248条的规定，该5.4亿元包销差价款应属答辩人所有。

答辩人还认为，本案答辩人与被答辩人之间除了签订《合作开发西河花园合同书》,双方还签订了《会谈纪要》,因此,双方除了有合作开发的法律关系外,还有包销的法律关系,现被答辩人故意隐瞒双方的包销关系,目的是为自己谋取不当利益,答辩人在此请求法院全面查清本案的事实。

综上所述,答辩人认为,被答辩人的起诉缺乏事实和法律依据,请法院驳回其诉讼请求。

此致
广东省高级人民法院

答辩人:香港恒冠置业有限公司(印章)
二〇一〇年一月九日

附件:1. 本答辩状副本1份
   2. 书证4份

例文评析:

这是一份经济纠纷答辩状,由首部、正文、尾部三个部分组成,格式和语言都极为规范。首部包括标题、当事人基本情况和案由。标题标明了文种名称;答辩人、被答辩人的基本情况包括了单位的全称、地址,法定代表人的姓名、性别、年龄、职务等;案由写明对何案进行答辩。正文紧扣案由,答辩部分有理有据,重点突出,语言简明,条理清楚,而且运用法律准确,反驳有力,论辩性很强。在充分阐明答辩理由的基础上,提出对本案的处理意见,请求人民法院予以合理的裁决。正文的结构模块为:答辩理由(说明式)→答辩意见(叙述与议论结合,并列式结构)。尾部写明答辩状致送的人民法院名称、落款、日期和附件。

小贴士:写作经济纠纷答辩状要注意的问题

1. 据理反驳。抓三个环节:一是抓住对方陈述的错误事实或引用法律条文的错误予以反驳;二是列举事实反驳论据;三是经过分析论证,推出合乎逻辑的结论。

2. 抓准关键。即找准争执的焦点问题的要害。

3. 注意答辩时限。我国民事诉讼法规定,被告在收到起诉状副本10天内提交答辩状;被上诉人在收到上诉状副本15日内提交答辩状。

经济纠纷上诉状的写作

项目目标

一、知识点
1. 经济纠纷上诉状的含义和用途
2. 经济纠纷上诉状的特点
3. 经济纠纷上诉状的结构和写法
4. 写作经济纠纷上诉状要注意的问题

二、技能要求
能够分析经济纠纷上诉状的写作结构

任务导向

一、经济纠纷上诉状的含义和用途

（一）经济纠纷上诉状的含义

经济纠纷上诉状指经济纠纷诉讼当事人或其法定代理人不服人民法院的第一审判决或裁定，向上一级人民法院提起上诉，请求撤销、变更原审裁判，或重新审判而提出的诉状。

（二）经济纠纷上诉状的用途

经济纠纷上诉状是第二审法院受理案件，并进行审理的依据。第二审法院通过上诉状了解上诉人不服第一审裁判的理由。

二、经济纠纷上诉状的特点

（一）提起上诉的直接性

诉讼当事人或其诉讼权利承担人、法定代表人、特别授权委托代理人都可以直接提出上诉书状。

（二）针对性

经济纠纷上诉状要直接指出第一审法院判决认定事实的错误、原判理由的不充足或适用法律的错误。

（三）时限性

经济纠纷上诉状必须在法院规定的有效时间内上诉，超过规定的时间则会被视作服从一审判决。

三、经济纠纷上诉状的结构和写法

上诉状由首部、正文、尾部三个部分组成。

（一）首部

首部包括标题、当事人基本情况、案由。

1. 标题。写明"上诉状"或"经济纠纷上诉状"。

2. 当事人基本情况。写明上诉人和被上诉人的身份等内容，其写法与起诉状中当事人基本情况的要求相同。但在上诉人和被上诉人后面要分别用括号注明他们在原审中的地位。如上诉人（原审原告）×××、被上诉人（原审被告）×××。

3. 案由。即不服第一审判决或裁定的原由。

这是由一段叙述上诉原因的固定格式文字组成的，内容包括罪名、原审人民法院名称、判决或裁定的时间、文书名称、编号以及上诉表述等。具体表述为："上诉人因×××一案，不服×××人民法院于20××年×月×日×法民初字第×号的判决（或裁定），现提出上诉。"

（二）正文

正文包括上诉请求和上诉理由。

1. 上诉请求。概括写明请求第二审法院撤销或变更原审判决或裁定，或请求重新审理。如："请求撤销×××人民法院于××××年×月×日（201×年）×字第×号××民事判决，宣告上诉人未违反法律规定。"

2. 上诉理由。这是上诉状的关键所在。可从四个方面写明理由：

（1）针对原审判决和裁定对事实的认定有错误、出入和遗漏，或证据不足，而提出纠正或否定之的事实和证据。

（2）针对原审判决或裁定对事实的定性不当，而提出恰当的定性判断。

（3）针对原审判决或裁定引用的法律条文不准、不正确，而提出正确适用的法律根据。

（4）针对原审判决或裁定不合法定程序，而提出纠正的法律依据。

（三）尾部

尾部包括上诉状递交的人民法院名称、落款和附件，写法与起诉状相同。

> **小贴士**：写作经济纠纷上诉状要注意的问题
> 1. 要有针对性，要有的放矢。
> 2. 语言要明晰、简洁，条理清楚，逻辑性强。
> 3. 在法定限期内将上诉状递交上一级人民法院。经济纠纷判决的上诉期限为15天，逾期上诉无效。

■ 经济纠纷申诉状的写作

项目目标

一、知识点
1. 经济纠纷申诉状的含义
2. 经济纠纷申诉状的特点
3. 经济纠纷申诉状的结构和写法
4. 写作经济纠纷申诉状要注意的问题

二、技能要求
能够分析经济纠纷申诉状的写作结构

任务导向

一、经济纠纷申诉状的含义

经济纠纷申诉状指经济案件的当事人或法定代理人，认为已经产生法律效力的判决或裁定有错误而向原审人民法院提出申诉，请求复查纠正或重新审理的书状。

经济纠纷申诉状递交人民法院后，并不能停止已生效的判决或裁定的执行。

二、经济纠纷申诉状的特点

（一）不受限制性

不论是否经过上诉，裁判是否执行完毕，都可以提交申诉状。提交申诉状不影响判决或裁定的执行。

（二）效应难测性

申诉状只是能否引起重新审判的参考材料，不一定就能引发重新审理程序的启动。

三、经济纠纷申诉状的结构和写法

经济纠纷申诉状的结构和写法与上诉状基本相同，不同之处主要有以下五点：

（一）标题

标题应写明"申诉状"或"经济纠纷申诉状"。

（二）当事人基本情况

当事人基本情况可不写"被申诉人"一项。

（三）尾部

尾部致送的人民法院为原审人民法院名称，要顶格写。

（四）落款

落款要用"申诉人"的身份。

（五）附件

要附上原审判决书或裁定书的原件复印件。

小贴士：写作经济纠纷申诉状要注意的问题

1. 对申诉的事实务必求全、求真。
2. 要实事求是。对原审裁定中正确的、属实的处理，应承认其恰当而不应反驳。
3. 尽量列示例证。以实证服人，最好能提供新证。

技能训练

一、分析经济诉讼文书的结构，根据提供的材料写作经济诉讼文书

分析与写作 1：

原告伍玉霞与被告伍玉贵是兄妹关系，二人的母亲早年去世。2008年3月15日，二人的父亲伍祥明去世，留下位于沧州市城关区邮政路15号的两居室住房一套、存款十万元，未留下遗嘱。被告伍玉贵擅自将父亲的存款十万元据为己有，并把父亲遗留的住房过户至自己名下，租给水果摊贩秦发明居住。当原告向被告要求共同分配父亲遗产时，被告拒绝返还原告应得的遗产份额。原告索要多次，被告

均置之不理。原告认为,自己对父亲伍祥明尽到了赡养义务,请求人民法院根据事实和法律,保护妇女合法地位和正当权益,依法判令被告返还原告应继承的合法遗产。请根据以上材料,代原告伍玉霞拟写一份经济纠纷起诉状。

互动与交流:
 1. 首部要写明哪些内容?
 2. 当事人基本情况要写明哪些内容?
 3. 案由如何写?要写明哪些法律依据?
 4. 尾部应当如何写?

写作例文:

经济纠纷起诉状

原告:伍玉霞,女,38岁,河北省沧州市化工产品经销处职工,住址:沧州市陵园区兴林街14号。

原告委托代理人:余辉,天平律师事务所律师。

被告:伍玉贵,男,42岁,河北省沧州市轮机厂职工,住址:沧州市陵园区兴安路52号。

诉讼请求

1. 判决被告返还原告应继承的存款遗产5万元。
2. 判决被告返还原告应继承的沧州市陵园区邮政路15号两居室住房的一半产权(或判决被告返还原告应继承的沧州市陵园区邮政路15号两居室住房一半产权的市场折合价30万元)。
3. 判决被告支付本案诉讼费。

事实与理由

原告伍玉霞与被告伍玉贵是兄妹关系,二人的母亲早年去世。2008年3月15日,二人的父亲伍祥明又因病去世,去世后留有位于本市陵园区邮政路15号的两居室住房一套、存款十万元,未留下遗嘱。被告伍玉贵擅自将父亲的存款十万元据为己有,并把父亲遗留的住房过户至自己名下,租给水果摊贩秦发明居住。当原告向被告要求共同分配父亲遗产时,被告以原告已出嫁,结婚时父亲已陪付嫁妆八千元为由,拒绝返还原告应得的遗产份额。原告索要多次,被告均置之不理。

原告认为,自己对父亲伍祥明尽到了赡养义务。原告结婚以后,每月都给予父亲400元生活费,并经常回家看望父亲;在父亲病重期间,原告整日守在医院看护父亲。上述事实原告和被告的叔父伍仁明已经作出了书面证明。

根据《中华人民共和国继承法》第9条和第10条规定,男女享有平等的继承权,且子女同属一个继承顺序,有平等的继承权。被告无视法律,侵犯原告的合法继承权。故请求人民法院根据事实和法律,保护妇女合法地位和正当权益,依法判令被告返还原告应继承的合法遗产,以实现原告之诉讼请求。

此致

沧州市中级人民法院

起诉人:伍玉霞
二〇〇九年一月二十日

附件:1. 本诉状副本 1 份

2. 书证 4 份。

例文评析:

　　这是一份有关遗产纠纷的起诉状,由首部、正文、尾部三个部分组成。首部包括标题、当事人基本情况。当事人基本情况按先原告后被告的顺序分别列写,依次写明了姓名、性别、年龄、工作单位、职业和住址。正文包括诉讼请求、事实与理由。诉讼请求明确、具体;事实与理由部分对纠纷发生的来龙去脉、重要的事实情节如遗产、赡养等情况以及争执焦点,都交代得清楚明白,而且证据确实,理由充分。接着明确指出被告不让原告继承父母遗产的做法已违反有关法律规定,为实现诉讼请求奠定了基础。正文呈现的结构模块为:请求事项(说明式)→诉讼事实与理由(叙述与议论结合)→证据及证据来源(说明式)。尾部写明递送起诉书的人民法院名称、落款、成文日期和附件。全文项目齐全,格式规范。

分析与写作 2:

　　根据以下材料,先为原告北流市 505 户村民撰写一份完整的经济纠纷起诉状,然后再根据经济纠纷起诉状,有针对性地写一篇完整的答辩状。缺少的项目根据需要可以虚构补出来。

原告人:北流市 505 户村民

被告人:北流市种子供应站

被告人:北流市水稻研究所原种场

　　2010 年 12 月 2 日,北流市种子供应站将从原种场购买的 10 080 公斤湘花一号早稻种子,分别销售给了北流市 505 户农民播种。用种户按照原种场随种子提供的技术资料,对种植在 1 344 亩责任田里的早稻实施田间管理,结果出现了抽穗不齐和早熟现象。经北流市农业局高级农艺师核实:用种户的早稻亩产量只能达到 240 公斤,比原种场的技术资料中提供的最低亩产量数据少 209 公斤,减产损失达 18 万余元。经调查,原种场提供给种子供应站的 10 080 公斤湘花一号稻种,是区域小面积试种品系,未经省农作物品种审定委员会审定。种子供应站称,稻谷出现抽穗、成熟不齐的现象后,种子供应站曾 7 次电告原种场派人来处理,但原种场均以种种借口未到现场处理。原种场称,505户村民使用的湘花一号稻种,是原种场培育的新品种,因为今年气候反常,505户村民未能采取相应的栽培措施,以致水稻减产。《种子管理条例农作物种子实施细则》第30条规定:"未经审定或未审定通过的品种不得经营、生产推广、报奖和广告";第40条规定:"生产商品种子实行《种子生产许可证》制度。"

互动与交流:
    1. 起诉状的结构模块是怎样的?
    2. 写作起诉状的核心部分要注意哪些问题?
    3. 答辩状的结构模块是怎样的?
    4. 写作答辩意见要关注哪些问题?
    5. 起诉状和答辩状的各个组成部分在哪些方面有所不同?

二、综合测试

(一)填空

    1. 经济纠纷起诉状具有_____、_____和_____三个特点。
    2. 起诉状的事实和理由主要包括_____、_____、_____和法律依据等几项内容。
    3. 经济纠纷答辩状具有_____、_____和_____三个特点。
    4. 经济纠纷答辩状必须运用充分的_____和有关法律条文进行论辩。
    5. 经济纠纷上诉状是第____审人民法院受理案件,并进行审理的依据。
    6. 经济纠纷上诉状的关键所在是_____。
    7. 经济纠纷申诉状具有_____和_____两个特点。

(二)名词解释

    1. 经济纠纷起诉状
    2. 经济纠纷答辩状
    3. 经济纠纷上诉状
    4. 经济纠纷申诉状

(三)简答

    1. 经济纠纷起诉状的结构包括哪几个部分?
    2. 写作经济纠纷起诉状要注意哪些问题?
    3. 经济纠纷答辩状的答辩理由可以从哪几方面提出?
    4. 写作经济纠纷答辩状要注意哪些问题?
    5. 经济纠纷上诉状写上诉理由时,通常要考虑哪些方面的问题?

项目二十二　毕业论文的写作

项目目标

一、知识点

1. 毕业论文的含义和特点
2. 毕业论文的写作过程
3. 毕业论文的选题原则
4. 毕业论文的结构
5. 毕业论文常用的论证方法

二、技能要求

1. 能够结合专业特点选择论题和收集材料
2. 能够运用常见的论证方法写作毕业论文

任务导向

一、毕业论文的含义和特点

（一）毕业论文的含义

毕业论文是高等院校即将毕业的学生在教师的指导下，针对本专业领域的某一具体问题，综合运用自己所学专业的基础理论、专门知识和基本技能撰写而成的有一定学术价值的文章。它是高等院校毕业生的一次综合性的独立作业，是大学生从事科学研究的最初尝试，也是学校检验学生掌握知识的程度、分析问题和解决问题基本能力的一份综合答卷。从广义看，毕业论文属于学术论文。一般说来，本、专科毕业论文大致可以算作学术论文的初级阶段。中国科学院原院长卢嘉锡曾说过："一个只会创造不会表达的人，不能算一个真正合格的科学工作者。"写作毕业论文既是高等院校一个重要的教学实践环节，也是为学生毕业后走向社会或将来从事科学研究工作打下基础。

（二）毕业论文的特点

毕业论文作为学术论文的一种形式，具有学术性、科学性和创新性等学术论文的一般特点。但与正规学术论文相比，毕业论文也有自身的特点。

1. 被指导性。毕业论文作为大学生毕业前的最后一次大作业，离不开教师的帮助和指导。教师在启发引导学生独立完成写作论文的同时，应指导学生如何进行科学研究，如何确定题目，为学生指定相关参考文献和调查线索，审定论文的提纲，解答疑难问题，审阅论文，提出修改意见，等等。

2. 习作性。毕业论文是高等院校教学全过程的重要实践环节，是展示学生所学专业学业专长、研究能力和研究水平的总结性大作业。写作毕业论文的目的是为了培养学生具有综合运用所学知识分析和解决实际问题的能力。它实际上是一种习作性的学术论文。

3. 低层次性。大学生撰写毕业论文由于其本身既缺乏论文写作经验，科研能力还处在培养、形成之中，要在有限的时间内写出高质量的论文是比较困难的。因此，与学术论文相比，毕业论文在文章的质量方面要求相对低一些。

二、毕业论文的写作过程

完成一篇毕业论文一般都要经过以下几个步骤：确定选题，确定论点；搜集资料，阅读参考文献；研究、评价、整理材料；撰写提纲；起草；加注；反复修改；定稿。

（一）确定毕业论文的选题

选题是撰写毕业论文的第一步，也是影响毕业论文成败的具有决定性意义的关键一步，需在导师的指导下确定。所谓选题，就是选择毕业论文的论题，即在写作毕业论文之前，选择确定所要研究、论证的问题。选题并非仅仅给文章定个题目和简单地规定个范围，选择毕业论文题目的过程，就是初步进行科学研究的过程。通过选题，可以大体看出作者的研究方向和学术水平。爱因斯坦曾经说过，在科学面前"提出问题往往比解决问题更重要"。提出问题是解决问题的第一步，选准了论题，就等于完成了论文写作的一半。大学生的毕业论文可以从以下几个方面进行选题：

1. 从学习强项或兴趣出发选择论题。
2. 从实习、社会调查或社会实践中所发现的问题中选择论题。
3. 从有必要进行补充或纠正的课题中选择论题。
4. 从生产、生活中发现问题，以及所学学科的现状、发展前沿性问题中选择论题。

（二）收集与毕业论文选题有关的材料

选题离不开材料的收集和整理。收集材料通常可以通过图书馆、资料室查阅，还可以到网上搜寻。文科学生可以通过问卷调查、访问调查、座谈会调查等方法,工科学生可以通过实地考察或科学实验和科学观察的方法,获得第一手事实材料。有了充分的材料以后,要按真实、新颖、典型的原则,做好阅读、整理、分类和筛选工作。

(三) 编制毕业论文写作提纲

编制写作提纲是毕业论文起草前不可缺少的一项重要工作。通过拟写提纲,实现以下目的:

1. 初步确定论文的标题。
2. 确定论文的中心思想,写出主题句子。
3. 确定论文的总体框架,安排各分论点的次序。
4. 确定大的层次段落,确定每个段落的段旨句。
5. 确定每段选用的材料,标出材料名称、页码、顺序。

编制毕业论文写作提纲一般可以采取标题法或句子法。

标题法,即以标题形式把论文所要阐述的内容概括出来。

句子法,即以句子形式概括各部分内容。一个句子概括一个部分的内容。

(四) 撰写毕业论文初稿、修改和定稿

毕业论文写作提纲经过指导教师同意后,方可开始论文初稿的撰写。初稿完成后,还要在教师的指导下进一步修改,达到规定要求后定稿。

三、毕业论文的选题原则

(一) 重视选题的实用价值和理论价值

毕业论文的题材十分广泛,社会生活、经济建设、科学文化事业的各个方面、各个领域的问题,都可以成为论文的题目。

1. 注意选题的实用价值。选择的论题,应是与社会生活密切相关、为千百万人所关心的问题,特别是社会主义现代化建设事业中亟待解决的问题。这类问题反映着一定历史时期和阶段社会生活的重点和热点,是与广大人民群众的利益息息相关的。运用自己所学的理论知识对其进行研究,提出自己的见解,探讨解决问题的方法,这是很有意义的。这不仅能使自己所学的书本知识得到一次实际的运用,而且能提高自己分析问题和解决问题的能力。有现实意义的选题大致有三个来源:一是社会主义现代化建设事业中亟待回答的重大理论和实践问题,如建立现代企业制度,抑制通货膨胀,精神文明建设,和谐社会构建,民主法制建设,加强廉政建设等等。二是本地区、本部门、本行业在工作实践中遇到的理论和现实问题。三是作者本人在工作实践中提出来的理论和现实问题,如职工的思想政治工作问题、领导方法和领导艺术问题、职业道德教育问题,等等。

2. 注意选题的理论价值。我们强调选题的实用价值,并不等于急功近利的实用主义,也绝非提倡选题必须有直接的效益作用。作为毕业论文,无论是形式还是内容都和工作总结、调查报告有着区别。毕业论文由论点、论据、论证三大要素构成,文章要以逻辑思维的方式为展开的依据,在事实的基础上展开严谨的推理过程,得出令人信服的结论。它着重探讨和研究事物发展的客观规律,阐述自己对这些规律的了解与认识,给人以认识上的启迪。因此,选择现实性较强的选题,还要考虑其有无理论和认识上的价值,即有无普遍性的意义,能否进行理论的分析和综合,从个别上升到一般,从具体上升为抽象。

(二) 重视收集、分析材料,力求有新的创意

毕业论文成功与否、质量高低、价值大小,很大程度上取决于文章是否有新意。所谓新意,即论文中表现自己的新看法、新见解、新观点。有了较新颖的观点(即在某一方面或某一点上能给人以启迪),文章就有了灵魂,有了存在的价值。对文章的新意,可以从以下几个方面着眼:

1. 从观点、题目到材料直至论证方法全是新的。这类论文写好了,价值较高,社会影响也大,但写作难度大。选择这一类题目,作者须对某些问题有相当深入的研究,且有扎实的理论功底和写作经验。对于毕业论文来讲,限于条件,选择这类题目要十分慎重。

2. 以新的材料论证旧的选题,从而提出新的或部分新的观点、新的看法。如职工思想政治工作这个题材,是前些年研究的热点问题之一,已出了大量的研究成果,可以说是老题材了。可有的人敏锐地抓住了企业实行股份制后,职工思想出现的波动和变化,收集了大量新的第一手材料,写出了《股份制企业职工思想政治工作的特点及方法》一文,读后使人有耳目一新之感。

3. 对已有的观点、材料、研究方法提出质疑,虽然没有提出自己新的看法,但能够启发人们重新思考问题。

以上三个方面并不是对"新意"的全部概括,但只要能做到其中一点,就可以认为文章的选题有了新意。要发现有新意的选题,首先,要善于观察。社会生活就像一个变化无穷的"万花筒",各个领域、各个方面的事物及其矛盾都在不断地运动、变化、发展着,旧的矛盾解决了,新的矛盾又产生。在当前社会主义现代化建设事业中,我们面临新旧体制转换、市场经济发展、党风和社会风气存在的许多新情况新问题,不仅原有的理论要再认识、再发展,而且需要创立许多新的理论。我们要善于观察,勤于思索,从大处着眼、小处入手,在事物的运动、发展中寻找适合自己撰写的具有新意的毕业论题。其次,要善于积累和分析材料。过去已经形成的理论,包括教科书上的一些观点,随着实践的发展,研究的深入,还可以进行再认识。这就要求我们平时注意收集材料、积累材料、分析材料。对有关方面的问题要弄清

楚别人写过什么东西,有些什么论点,有何争论及分歧的焦点是什么,等等。在深入研究已有成果的基础上,将收集到的材料作一番加工、整理工作,把别人认识的成果作为自己的起点,在前人和他人认识的基础上写出有自己见解的毕业论文。

(三)量力而行,选择有能力完成的论题

写作毕业论文是对学生的学识和能力进行综合性考核的实践环节。选题的方向、大小、难易程度都应与自己的知识积累、分析问题和解决问题的能力及写作经验等相适应。

知识和能力的积累是一个较长的过程,不可能靠一次毕业论文的写作就得到突飞猛进。所以选题时要量力而行,客观地分析和估计自己的能力。如果理论基础比较好,又有较强的分析概括能力,那就可以选择难度大一些、内容复杂一些的选题,对自己定的标准高一些,这样有利于锻炼自己,增长才干。如果自己觉得综合分析一个大问题比较吃力,那么题目就应定得小一些,便于集中力量抓住重点,把某一问题说深说透。其次,要充分考虑自己的特长和兴趣。应当看到,大学生的学识水平是有差距的。在选题时,要尽可能选择那些能发挥自己的专长,学有所得、学有所感的选题。同时还要考虑到自己的兴趣和爱好。兴趣浓厚,研究的欲望就强烈,内在的动力和写作情绪就高,成功的可能性也就越大。

要选好毕业论文的论题,量力而行的原则是很重要的。首先,题目的难易程度要适中。选题既要有知难而进的勇气和信心,又要做到量力而行。许多同学在选择毕业论文论题时,跃跃欲试,想通过论文的写作,将自己几年来的学习所得充分地反映出来,因此着眼于一些学术价值较高、角度较新、内容较奇的选题。这种敢想敢做的精神是值得肯定的,但如果难度过大,超过了自己所能承担的范围,一旦盲目动笔,很可能陷入中途写不下去的被动境地,而且也容易使自己失去写作的自信心。反之,如果自己具备了一定的能力和条件,却将论文选题选得过于容易,这样既不能反映出自己真实的水平,而且也达不到通过撰写毕业论文锻炼自己、提高自己的目的。

其次,题目的大小要适度。一般来说宜小不宜大,宜窄不宜宽。选题太大把握不住,难以深入细致,容易泛泛而论。因为大题目需要掌握大量的材料,不仅要有局部的,还要有全局性的,不仅要有某一方面的,而且还要有综合性的。而写作毕业论文的时间有限,业余学习的学生还要受到工作、家务等牵累,要在短时间内完成大量的材料收集工作是比较困难的。另外,大学的几年学习,对学生来讲还只是掌握了一些基本知识,而要独立地分析和研究一些大问题,还显得理论准备不足。再加上缺乏写作经验,对大量的材料的处理也往往驾驭不了,容易造成材料堆积或过于散乱,写得一般化。

当然,题目大小的区分也是相对的,并无绝对的、一成不变的界限。大题可以

小作,小题也可以大作,这要根据作者的实际情况来加以确定。

四、毕业论文的结构和写法

毕业论文通常由标题、署名、内容摘要、关键词、正文、注释与参考文献等六个部分构成。

(一) 标题

标题通常是文章的中心论点。标题应简明、扼要、醒目,或点明论题,或概括论点,或提问设疑。总之,要能反映毕业论文的主要内容或基本论点。

(二) 署名

标题下一行写明作者的专业、班级和姓名。

(三) 内容摘要

即正文之前对全文内容进行概括性陈述的部分。它要求用精练的语言说明毕业论文的主要论点、论据与论证方法,特别是要指出论文的创新之处。摘要的字数一般为150字左右。

(四) 关键词

又称主题词。即在论证中起关键作用,反映论文核心内容的名词或名词性词组。一篇毕业论文一般有3~6个关键词。

(五) 正文

这是毕业论文最重要的组成部分,一般包括绪论、本论和结论三个部分。

1. 绪论。又称前言、引言、引论等。主要说明全文要论述的问题,论述该问题的目的和社会意义等。

2. 本论。即论文的主体部分,是对要论述的问题展开分析,对其中的观点加以证明,全面、详尽、集中地表述研究成果的部分。它在层次或段落之前,或使用小标题,或使用数码标示。采用的结构形式通常有以下三种:

(1) 并列式,也称横式结构。即围绕总论点并列设立几个分论点,从不同角度、不同侧面对总论点进行阐释、论证的结构形式。毕业论文大多采用这种结构形式。

(2) 递进式,也称纵式结构。即由浅入深,一层一层地对总论点进行阐释、论证的结构形式,后一个层次是前一个层次的深化,后一部分是前一部分的发展。毕业论文较少采用这种结构形式。

(3) 混合式,也称纵横式或综合式结构。即综合运用并列结构形式和递进结构形式。或者大层次为并列结构形式,在一些层次中又采用递进结构形式;或者大层次为递进结构形式,而一些层次中又采用并列结构形式;或者并列结构形式和递进结构形式分散用在本论的不同地方。混合式有一定难度,毕业论文一般不要采用这种结构形式。

4. 结论。又叫结尾。一般要以相对独立的段落对本论中的主要观点作出高度概括,表明作者总的看法和意见。结论是对本论的必然延伸。结论应写得简明扼要。

(六) 注释和参考文献

注释指在文后列出文章中引文的出处。一般包括作者、篇名(或书名)、出版社(或刊物名)、页码等。毕业论文一般不要求有注释这一项。参考文献指在毕业论文写作过程中,自己借鉴和使用了哪些作者的哪些作品,这是对正文必要的补充,也是作者产生创见的根据。参考文献一般包括作者姓名、书名(或篇名)、出版社(或刊物名)以及出版时间、版次(或期刊号)。

五、毕业论文常用的论证方法

(一) 例证法

例证法,又叫举例法。运用归纳推理进行论证的一种方法,即用典型的事例作论据来直接证明论点的议论方法。

(二) 引证法

引证法,又叫引用法。即引用一些权威性的理论、经典作家的言论、党和政府的文件、科学的定义、格言、谚语等作论据来证明论点的方法。

(三) 比喻法

比喻法,即用容易理解的浅显具体的事物、道理作比喻,来说明不易理解的深奥抽象的事物或道理的方法,例如"调查就像'十月怀胎',解决问题就如'一朝分娩'"。

(四) 比较法

即通过事物之间的比较来证明论点的方法。有比较才有鉴别,这种方法可以使论点更加鲜明突出,文章更有说服力。

(五) 因果法

因果法,即通过分析,揭示论点和论据之间的因果关系以证明论点正确的方法。可由因及果,也可由果溯因。

(六) 归谬法

归谬法,即先假定对方的论点是正确的,接着以之为前提,进行合乎逻辑的推理,但只能引出荒谬的结论,从而证明对方论点错误的证明方法。

一篇毕业论文不可能只用一种论证方法,通常是几种论证方法有机地综合在一起运用。

阅读例文：

公告与启事的应用域辨析

徐四海

内容摘要：公告和启事虽然都是公开告知公众有关信息的应用文书，但它们的性质、特点、应用域、语言风格等方面均有很大的差异。公告宣告的庄严性、作者的限定性、事项的重要性、传播的广泛性、发布的权威性、执行的约束性、语言的庄重性是启事所不具备的，而启事内容的事务性、作者的多样性、应用的灵活性、发布的期待性、响应的自主性、语言的诚恳性，也是公告所没有的。使用文书时必须慎重选择文种，不可随意混用。

关键词：公告；启事；性质；特点；应用域

公告与启事是两种不同性质的应用文书，各有自己的应用域，然而，在实践中许多机关、团体、企事业单位，甚至个人无限地扩大公告的应用域，把本该用启事公开的事情用公告来发布，像这类文种使用混乱的现象十分普遍。笔者随手翻阅了2009年11月12日的《扬子晚报》，发现上面刊载的所有启事都误用了公告的形式。例如，《江苏省溧水县国有建设用地使用权挂牌出让公告》、《江苏爱涛拍卖有限公司拍卖公告》、《拍卖公告》（江苏省天衡拍卖有限公司发布）、《注销公告》（南京平江大酒店有限公司发布）、纪念堂搬迁公告（南京市秦淮区房产管理局集体土地征地拆迁安置办公室发布）、《减资公告》（南通安迪手套有限公司发布，内容为原注册资本300万美元减至150.2968万美元）、《江苏省洪泽县面向全国公开招聘优秀人才公告》、《售房公告》（张先生发布）等。本文拟从公告、启事的性质、特点、结构等方面进行比较辨析，指出其各自的应用域。

一、公告的性质、特点、应用域与写作结构

据《现代汉语规范词典》，公告有两个义项，一为名词，指"以政府或团体名义向国内外宣布重要事项的文告"。二为动词，指"公开宣布"，如"特此公告"。[1]作为法定公文，2000年8月24日国务院发布的《国家行政机关公文处理办法》指出："公告适用于向国内外宣布重要事项或者法定事项。"宣布重要事项的如：《国务院公告》（内容是"为表达全国各族人民对四川汶川大地震遇难同胞的深切哀悼，国务院决定2008年5月19日至21日为全国哀悼日"）、《中华人民共和国财政部公告》（内容为"发行2009年记账式贴现〔二十三期〕国债"）、《中华人民共和国全国人民代表大会公告》（内容为公布选举结果"胡锦涛为中华人民共和国主席、习近平为中华人民共和国副主席"）；宣布法定事项的如：《北京市人民代表大会常务委员会公告》（内容为公布《北京市制定地方性法规条例修正案》）。

公告具有以下几个主要特征,一是发布主体规格高。公告由国家领导机关或最高权力机关发布,如国务院、全国人民代表大会及其常务委员会。新华社受权可向国外发布公告。二是事项的重要性。公告公布的是国家"重要事项"或者"法定事项"(省级权力机关人民代表大会及其常务委员会也用于公布"法定事项"),非重要事项、非法定事项不宜用公告。三是传播的广泛性。公告告知的地域范围是国内或国外,利用的传播媒介常常是报纸、广播、电视等,一般不利用杂志和网络,也不采用张贴的方式。四是多数具有较强的约束力和一定的强制性。公告的法定事项必须遵照执行,不需要商量,也没有商量的余地。[2]此外,公告在一定程度上还具有新闻的特点,发布形式也具有新闻性特征。

公告主要用于国家领导机关或最高权力机关向公众公布政策法令,说明采取重大行动的目的,宣布禁止妨害国家和公共利益的行为的有关规定,以及其他需要公众了解的重要事项。例如,公布国家领导机构的选举结果;宣布党和国家主要领导人出访;公布重要领导人或人士逝世的消息;宣布重要会议的召开或所形成的重要决议或决定;公布各级立法机构颁布的法律、法令、法规;宣布涉及国内外、有关方面重要规定和重大行动,答谢国外有关部门和人士对我国重大政治活动的祝贺等。国家有关部门经授权也可以发布公告。而级别较低的国家行政机关、团体、企事业单位,则不宜使用公告。[3]

公告的结构一般包括标题、正文、落款三个部分。标题,主要有三种形式。其一,发文机关 + 事项 + 文种。如《国务院办公厅关于夏时制的公告》。其二,发文机关 + 文种,省去发文事项。如《中华人民共和国全国人民代表大会公告》。其三,只写"公告"二字,省去发文机关和发文事项。正文,包括公告依据、公告事项、公告结语三项内容。公告事项是公告的核心部分。公告的内容不同,写法也因文而异。有时用贯通式写法,有时分条列出。公告结语一般用"特此公告"的格式化用语。也有专用一个自然段来写执行要求结尾的,或既不写执行要求,也不用"特此公告"结语,事完文止的。落款,包括公告机关名称和日期两项。如果标题中已写明公告机关名称,则可以省略公告机关名称。

写作公告要符合权限要求,明确应用范围。要注意条理清楚,用语准确,简明庄重。语气要不容置疑。

二、启事的性质、特点、应用域与写作结构

"启事"一词最初见于晋代典籍。"启"有"陈述"、"告诉"的意思。"事"即"事情"。启事,就是公开陈述事情。《三国志·魏书·董卓传》:"召呼三台尚书以下,自诣卓府启事。""启事"后来由动词转化为名词,指陈述事情的书函。《晋书·山涛传》:"涛所奏甄拔人物,各为题目,时称山公启事。"在现代汉语中,"启事"是名词,指一种日常应用文体。《现代汉语规范词典》解释,启事是"为了说明某事而公开发表的文字"。[4]地方各级行政机关、企事业单位、团体或个人凡有事需要向公众说明情况并期待公众关心、帮助、协作、支持或参与办理某事的,都可以应用启事这一文体。启事通常在公共场所张贴或利用报刊、广播、电视、网络等媒体向公众广而告之。

启事的文体特点是:其一,内容的事务性。几乎任何一类事项都可以用启事向公众陈述。[5]其二,作者的广泛性。地方各级行政机关、企事业单位、社会团体、个人都可以使用启事。其三,发布的期待性。发布者希望有更多的公众了解公布的事项,并积极支持、帮助或参与告知的事项。其四,没有约束力。启事不是法定公文,因此不具有强制公众承担某种责任或义务的作用。其五,响应的自主性。公众有响应、参与或不响应、不参与的自主性。

启事应用范围十分广泛,种类繁多。根据启事者的身份,可分为公务启事和私人启事两大类。根据启事的形式,可以分为张贴启事、报刊启事、广播启事、电视启事、网络启事五大类。根据内容,可划分为告知类启事、找寻类启事和征求类启事三大类。[6]

告知类启事用于向社会公众说明情况,并希望引起公众注意、关心或参与。例如,开业、庆典、停业、迁址、更名、更正、换证、改期、通联信息变更、票证遗失或作废、致歉、致谢等常用这类启事。找寻类启事用于找寻丢失的钱物、资料等,或因有人走失、下落不明而期待公众协助找寻等。例如,寻人、寻物常用这类启事。征求类启事用于请求公众关照、配合或参与。例如,招聘、招工、招标、招商、招租、招领、征订、征稿、征婚、征地、征兵等常用这类启事。

启事的结构一般包括标题、正文、附启和落款四个部分。标题的写法有五种。其一,事项+文种,如《搬迁启事》、《寻人启事》、《招领启事》等。其二,单位名称+事项+文种。例如,《××中学建校60周年校庆启事》、《××集团公司更名启事》、《××酒店招聘公关部经理启事》、《××晚报社征订启事》等。其三,单位名称+文种。例如,《××电信局启事》、《××有限责任公司启事》等。其四,只写"启事"二字。其五,如果内容重要或紧急,可在文种前加上相关说明,如《重要启事》、《××股份有限公司紧急启事》等。[7]正文,主要说明启事的事项,是启事的核心部分。不同类型的启事有不同的结构。一般包括两个部分。一是说明启事的目的、意义或缘由。必要时还可对启事者作一简单介绍。二是启事的事项。应具体说明提请公众了解、关注、支持或参与的事项,操作方式,以及起止时间、地点、条件、要求、特征、声明、致意或酬谢等。启事没有格式化的结语,某报社发布一则与某传媒有限公司的协议到期的"启事",竟以"特此公告"作结语,混淆公告与启事两种文体的写作结构,这是非常不应该的(详《扬子晚报》2009年12月5日A8版)。附启,在正文之下,主要写联系地址、联系人姓名、联系电话、有效时间等。落款,包括署名和日期。在附启的右下方写上启事者的名称或姓名,在名称或姓名下写上发布时间。

写作启事应尽量从公众的角度考虑,使公众既能获取自己所需的信息,又便于参与和操作,因此应该说明全面,交代具体,措辞准确。同时用语要热情、恳切、文明、实事求是。只有态度诚恳、语言有礼貌、言辞恳切、不讲空话、假话,才能使公众产生信任感,激起参与的欲望,最终达到启事的目的。

三、公告与启事的主要区别

明确了公告和启事的性质、特点、应用域和写作结构后,我们再来比较一下它们之间的主要区别。

1. 使用者地位不同。公告是法定公文,发布的权力被限制在高层行政机关。公告多以国家的名义向国内外宣布重要事项或法定事项。一些国内外公众普遍关心的事项也使用公告宣布。某些国家部门经授权,也可以代表国家向国内外发布公告。启事是一般的应用文书,既可以用于处理公务,也可以用于处理个人私事。地方各级行政机关、企事业单位、社会团体及个人需要公众周知某些具体事项,而又不必或不能以通知、通告、公告等文种行文时,均可应用启事这一文种。

2. 事项重要程度不同。公告内容涉及国家重要法规、重大决定、重大事件或重要新闻。有些事项是专门对国外发布的,如新华社受权公告。启事公开的多为事务性的内容或个人的表白,或者是发布者希望得到公众帮助、支持、参与或谅解的请求。

3. 约束力与强制性不同。公告重在"告",具有庄重、严肃的特点和应该了解的要求或必须执行的力量。它要告诉公众某些重要事项或公布法定事项,希望广大公众知道告知的内容,或希望公众明白告知的内容并遵照实行,尤其是禁管性公告有极强的约束力。启事重在"启",也就是说明事项、陈述请求或表白自己。启事只能以说明、动员的方式期待公众的支持、配合或参与,对公众没有任何支配和约束作用。[8]

4. 写作结构与人称不同。国家质量技术监督局于1999年12月27日发布的《国家行政机关公文格式》(国家标准GB/T 9704—1999)是我国目前公告写作格式的唯一标准。启事的格式没有统一的国家标准,内容不同,写作结构也随之变化。公告采用第三人称写作;启事既可以采用第一人称,也可以用第三人写作,有较大的灵活性。

5. 传播方式与范围不同。公告是面向国内或国外发布的,主要借助报纸、广播、电视等大众媒介传播。公告的应用域比较狭小,但传播的范围十分广泛。启事的传播方式十分灵活,张贴、信函、电视、广播、报纸、杂志、网络等都可以作为传播媒介。启事的应用域非常广泛,但通常只在某一区域或更小的范围内发布,因此传播范围相对狭小。

6. 语言风格不同。公告发布者的高层性决定了公告语言庄重严肃的特点;事项的重要性决定了公告语言严谨规范的特点;执行的强制性决定了公告语言不容置疑的特点;传播的广泛性决定了公告语言简洁明了的特点。启事内容的事务性,事项的表白性,诉求的期盼性,决定了启事语言平易、恳切、真诚的特点。

四、结语

综上所述,公告和启事虽然都是公开告知公众有关信息的应用文书,但它们的性质、特点、写作结构和应用域均有较大的差异。公告宣告的庄严性、作者的限定性、事项的重要性、传播的广泛性、发布的权威性、执行的约束性是启事所不具备的。而启事内容的事务性、作者的多样性、应用的灵活性、发布的期待性、响应的自主性,也是公告所没有的。

在应用文书写作实践中,把重要事项和法定事项用启事发布的很难见到,把事务启事和私人启事用公告发布的则非常普遍,这除了写作者对公告和启事各自的性质、特点、应用域缺乏了解外,最主要的原因可能是一些写作者的攀高和崇上心理作祟。这种借公告来提高信息的权威性,强调事项的重要性,增加参与的影响力的做法是不可取的。我们希望写作应用文书时必须慎重选择文种,不可随意混用。

参考文献:

[1][4]李行健.现代汉语规范词典[M].北京:外语教学与研究出版社,语文出版社,2004:451,1023.

[2]姬瑞环,卢颖,崔德立.商务文书写作与处理(第2版)[M].北京:中国人民大学出版社,2008:76.

[3]郑秀珍,陈桂华,洪涛.应用写作[M].武汉:华中科技大学出版社,2006:20~22.

[5]张玲莉,张丽莉,郭春燕.秘书国家职业资格培训教程——五级秘书·国家职业资格五级[M].北京:中央广播电视大学出版社,2006:145~147.

[6]周冠生.应用文写作[M].北京:机械工业出版社,2008:183.

[7]杨文丰.高职应用写作[M].北京:高等教育出版社,2006:167.

[8]叶坤妮.新编实用文体写作教程[M].长沙:中南大学出版社,2006:108~109,132.

(本文原载《应用写作》2010年第2期)

例文评析:

这篇学术论文紧紧围绕论题展开论述,标题告诉读者文章论述的主要内容;内容摘要概括了文章的主要论点、论据与论证方法;关键词反映文章的核心内容。正文绪论部分提出文章将要分析的问题、分析论证的方法,以及分析研究这一问题的实用价值与理论价值;本论部分采用并列式即横式结构,围绕主题,从三个方面对提出的问题展开分析,并用小标题反映各部分的内容;结论部分照应绪论提出的问题,指出两种应用文书尤其是公告经常被误用的主客观原因,强化了主要论点。参考文献是对正文必要的补充,作者把注释和参考文献合二为一,书写格式规范。

技能训练

一、正确选择毕业论文选题,全面评析毕业论文的结构和论述方法

分析与写作 1:

著名科学家爱因斯坦曾经说过:"提出一个问题往往比解决一个问题更重要,因为解决问题也许仅是一个数学上或实验上的技能而已,而提出新的问题,却需要有创造性的想象力,而且标志着科学的真正进步。"提出问题是科学发现的起点,选择有一定价值的论题是写作毕业论文重要的起始环节。学生经过指导教师的指点,一般都能做到正确选择毕业论文选题。而缺乏指导的毕业论文选题,往往会给作者带来困扰,结果是劳而无功。

互动与交流:

1. 文化产业管理专业王同学的毕业论文选题是《浅谈亦舒小说的语言艺术》。
2. 一位财会专业的同学经过反复考虑,确定了毕业论文的选题《试论我国经济可持续发展的趋势》。
3. 工商管理专业李同学的毕业论文选题是《浅谈东屏县城东4S店的员工招聘策略》。

以上几个毕业论文选题合适吗?为什么?指导教师会同意他们写作吗?

教师评析:

文化产业管理专业王同学的毕业论文选题是汉语言文学专业的选题,不符合文化产业管理专业的要求;财会专业这位同学的选题太大,肯定没有能力完成;工商管理专业李同学毕业论文的选题过小,无法展开写作。以上几位同学的毕业论文选题都不合适,指导教师是不会同意他们写作的。

分析与写作 2:

遵循毕业论文的选题原则,正确选择符合专业要求、有一定实用价值、自己感兴趣又有能力完成的毕业论文选题,是写作毕业论文的重要前提。写作毕业论文必须熟悉毕业论文的各个项目以及各个项目的写作要求,熟悉毕业论文的论证方法。

互动与交流:

1. 毕业论文对标题有什么要求?
2. 毕业论文完成后提炼内容摘要有哪些要求?
3. 正文包括哪几个部分?本论的结构有几种形式?

4. 毕业论文对注释和参考文献的呈现有哪些要求?

写作例文:

我国会计准则国际化进程刍议

张红蕾

内容摘要: 会计准则的国际化是目前世界各国所共同面临的一个重要课题,会计准则国际化是必然趋势。我国一直保持积极的态度促进我国会计准则的国际化,尽管取得一些成绩,但与国际会计准则仍有不小的差距。因此,我们应不断完善我国市场经济体制,强化会计监督体系,提高会计人员素质,从而推进我国会计准则国际化的进程。

关键词: 会计;准则;国际化;进程

当今世界会计准则国际化是大势所趋,是时代潮流。近年来,会计准则国际化在我国备受关注,在国际上也是一个重要课题。我国会计准则在国际化的道路上究竟走多远?今后应向什么方向努力?这样的努力预期能带来什么样的效益?这些问题一直是会计准则制订机构以及相关监管机构思考的问题。

一、会计准则国际化是必然趋势

1. 会计准则国际化是协调分配世界经济资源的最佳途径。"经济人"假设是西方主流经济学的核心概念之一,按照这种假设,人是通过深思熟虑地权衡和计算来追求最大利益的人,人们的基本行为方式是在既定的约束与限制下追求自身的福利,当面对能带来不同福利效果的种种方案的选择时,人们更愿意选择那些能够给自己带来较多好处的方案。

其实,国家也是通过深思熟虑的权衡和计算来追求最大利益的组织,如果有可能,每个国家都愿意把世界上的所有资源都聚集到本国之中。但按照资源稀缺性假设,相对于经济人"多多益善"的需要来说,资源的数量较少。于是,资源的配置存在竞争性。这样,寻求更多资源使用的经济人在资源稀缺的限制下,就发生了资源如何分配和依靠什么样的机制分配的问题。可以说,会计准则国际化是协调分配世界经济资源的最佳途径。

2. 会计准则国际化是经济全球化和信息技术革命的内在要求。随着国际贸易、国际投资、跨国公司的迅猛发展,国际融资活动的日益频繁,国际资本市场不断发展扩大,国与国之间会计准则的巨大差异日益成为国际资本合理流动、国际企业正确投资的障碍,使得国际筹资成本日益提高。因此,这些会计环境变化方面的新动向,对会计发展方向和会计准则的制订产生着深远影响。

(1) 经济日益全球化要求会计准则国际化。世界贸易的飞速发展和全球资本市场的流动及其巨大的交易量和影响力,将世界上任何国家都有意无意地纳入到了世界经济一体化进程中。而会计作为国际通用的商业语言,在经济全球化过程中自然扮演着越来越重要的角色,市场的各个参与者也对其提出了越来越高的要求。相应的,会计信息质量(尤其是会计信息的透明度和可比性)的高低也就直接影响着市场交易质量的高低,影响着全球资源的有效配置。

(2)信息技术革命为会计和会计准则国际化提供了技术支持。20世纪下半叶掀起的信息技术革命,对会计信息的输入、加工、处理、传递、使用产生了深远影响,尤其是互联网的迅速普及和应用,使得会计信息超越国界,在全球范围内传递和共享已经成为现实。最近,美国在国际会计准则委员会等多方的支持下,开发成功了一种基于互联网的新型财务报告语言——可扩展的企业报告语言。按照这种语言,会计信息使用者不仅可以根据自己的需要加工、处理在网上获得的财务报告信息,而且可以将按照世界各国会计准则编制的财务报告信息转换成按照国际会计准则或者本国会计标准编制的财务报告信息,从而为实现会计成为国际通用商业语言这一目标迈出可喜的一步。因此,可以说,信息技术革命为会计和会计准则的国际化提供了有力的技术支持,而且加速了会计的国际化进程。

(3)国际或区域性组织推动会计准则国际化。随着世界经济的日益全球化,国际或者区域性组织在国际协调中发挥着越来越重要的作用,同样的,它也日益成为推动会计准则国际化的一支重要力量。近年来,世界贸易组织、证监会国际组织、世界银行等纷纷发表声明,希望各国证监会、银行、企业等采用国际会计准则,欧盟则准备建立欧洲统一会计市场,并在2005年之前,要求所有在欧盟国家证券市场上上市的企业都必须采用国际会计准则编制合并会计报表,而非本国的会计准则。

毫无疑问,在当今世界上,随着经济的日益全球化和信息技术革命的加速,会计准则的国际化已是大势所趋,潮流所向,是不容回避的客观事实。

二、我国会计准则国际化进程中存在的问题

我国从1992年以来一直保持积极的态度促进我国会计准则的国际化,取得了一定成绩,但与国际会计准则仍有不小的差距,且在国际协调过程中仍然存在许多问题,阻碍着我国协调的进程。因而,会计准则的国际化是一项系统工程,是不可能一蹴而就的。

1.我国市场经济体制不完善,资本市场发育不成熟。现行国际会计准则主要是以发达的市场经济环境为基础制定的,而我国作为经济转型国家市场经济发展的时间还不长,某些领域缺乏规范而且活跃的市场,我国上市公司多为国有企业改制而成,国有资产占控股地位或主导地位,且上市公司还存在治理机构和机制不完善的问题。由于资本市场的发展状况与我国会计准则的发展存在着较大的相关性,我国资本市场存在诸多不完善的情况,在一定程度上制约了我国会计准则的完善程度。

2. 我国的会计监督机制不健全,会计信息严重失真。我国的会计监督包括单位内部会计监督、国际监督和社会监督三位一体的会计监督体系。目前我国企业由于自身或外部因素的促动,没有按照适用于一般商业行为环境下的会计规则、方法来提供会计信息,对会计准则的规定采取各取所需的做法,没有有效执行会计准则,有的甚至公然作假,人为操纵经营业绩,导致会计信息失真,其原因首先由于企业监督机制不健全,企业内部会计监督弱化,难以发挥监管功能。其次,国家监督方面依然存在监督乏力、监管手段缺乏的现象,另外证券监管、财政、税务等部门都有权监管会计信息的真实性和可靠性,但各部门缺乏配合,没形成有效和相互补充的监管机制。最后,社会监督也存在诸多问题,事务所执业人员素质良莠不齐,严重影响执业质量。

3. 会计人员业务水平与职业素质不高,缺乏独立判断能力。会计准则最终是靠会计人员来执行的,会计人员的素质高低,直接影响到会计准则的实施。建国以来,会计工作在一段时期内一度受到轻视,会计人员的教育和培训没能很好开展。改革开放后,政府重视了对会计人员的培训,广大会计人员的水平有所提高,但与发达国家会计从业人员比,我国会计人员素质和职业判断能力仍然偏低,整个会计队伍素质层次不齐,缺乏通晓国际会计管理的高素质人才。

三、加快我国会计准则国际化进程的几点建议

1. 完善我国市场经济体制,培育有效的资本市场。要推动我国会计准则的国际协调,当前首要任务是完善我国的市场经济环境、推动资本市场的发展,为国际协调的顺利进行创造良好环境。一方面要加快我国的经济体制改革,转换企业经营机制,把企业推向市场,推动企业实施现代企业制度的建设和法人治理结构的建设。另一方面应尽快培育有效的资本市场体系,通过发展证券市场,分散股权结构,从而尽快建立起有效的资本市场,通过培养理性的投资者群体,促使有效会计信息市场的形成,从而加快会计准则国际化的进程。

2. 强化会计监督体系,提高会计信息质量。在逐步建立完善会计准则的同时,要强化会计监督体系。我们要严格按照《会计法》以及其他有关法规的规定,搞好各项会计监管机制的建设:强化单位内部监督、社会监督和政府监督制度,发挥会计监督三位一体的整体功效;界定清楚财政、审计、证券、金融、税务、会计等监管的职能和范围,合理分工、落实责任、形成合力;做到执法必严、违法必究,加大对会计违法行为处罚力度,以真正起到惩戒作用等。

3. 提高会计人员素质,完善会计教育。会计准则是具体会计工作的基本准绳,会计准则的贯彻实施很大程度上依赖于会计人员的自身素质。如果从事会计

实务的会计人员业务操作技能的熟练程度高、专业知识丰富扎实，就能很好地理解和使用会计准则，为企业的所有者、主管经营者和债权人提供有用的信息。进行我国会计改革，实现我国会计准则的国际协调，需要与之相适应的会计人才队伍作保证，而我国整个会计人员队伍素质尚不能满足会计改革和进行会计协调的需要，提高会计人员的素质在当前显得尤为重要。

同样，要对会计工作切实起到监督作用，相关监督人员就应该对所要监督的内容有深刻的认识和理解，只有这样才能发现问题，实现真正意义上的监督，从而使会计准则在社会和经济发展中真正发挥其基础性作用。

4. 加快对会计准则的概念框架的研究，为会计准则建设提供理论支撑。国际会计准则和大多数发达国家在制订会计准则时，均有一个概念框架作为参照，以起到指导作用。但我国目前还没有这样一个概念框架，对于采用成文法体系的我国来说，应借鉴国际惯例，参照IASC的概念框架，结合我国的经济发展的现状，对有关会计要素和其他一些会计概念进行科学界定，建立一个独立框架，并在此基础上，构建中国会计准则体系，从而为我国会计准则国际化奠定良好的基础。

5. 结合我国国情参与国际协调，正确处理国际化与国家化之间的关系。会计准则的国际协调和会计准则的中国特色是矛盾的对立统一体，可以说会计准则发展中的国际化与国家化并存及其之间的相互矛盾运动是不依人们的意志为转移的，其实只是不同利益主权国之间政治经济发展水平互补平衡的一种反应。因此，我们应正确处理好国际化与国家化之间的关系。一方面，会计首先是为本国经济服务的，然后才是协调化的问题，各国在采用IASC时均以不与本国会计准则相冲突为前提。如果会计失去了为本国经济服务这个起码的前提，即便是百分之百的国际化，也没有什么实际意义。另一方面，在国际经济互相合作、互利互惠的发展过程中，也不能只注重会计准则的中国特色，而要不断借鉴国外和国际上的先进理论和先进经验，推进我国会计准则国际化，缩小我国会计准则与国际会计准则之间的差距。一味照搬西方或过分强调中国特色，都可能会在有意无意中丢掉会计为我国经济服务这个根本，所以我国会计准则应当是在为我国经济服务这个框架内实现国际协调化。

四、结语

会计是"国际通用的商业语言"。在这个日益开放和全球化的时代，会计准则走向统一是历史的必然。我国将建立起与经济发展水平和资本市场的完善程度相适应的，与国际会计惯例相协调的具有中国特色的会计准则体系。会计信息市场供求双方既是利益关系人，又是矛盾的统一体，他们站在各自的经济利益立场决定取舍，作出选择。因此，要想解决信息供给和需求的矛盾，必须由政府和市场共同作用和协调。在市场面前，企业最安全有效的办法是苦练内功，自觉按市场规则行事,提高公司业绩和市场竞争力,在会计信息市场需求与供给的博弈中提高信息质量和企业信誉。

参考文献:
[1] 李孟顺.谈中国会计的国际化[J].会计研究,2002(1).
[2] 冯淑萍.中国对于国际会计协调的基本态度与所面临的问题[J].会计研究,2004(11).
[3] 刘玉廷.关于会计中国特色的思考[J].会计研究,2000(8).
[4] 葛家澍,林志军.现代西方会计理论[M].厦门:厦门大学出版社,2002.
[5] 赵保卿.审计案例研究[M].北京:中央广播电视大学出版社,2004.

例文评析:
这是一篇财会专业的学术论文,标题显示了专业特点和学术论文的特征,并告诉读者文章论述的主要内容。内容摘要提出了论文的论点和分析研究这一问题的重要意义。关键词反映了论文的核心内容。正文的绪论提出论文将要分析的中心问题;本论采用并列式即横式结构,围绕论题分三个部分展开分析论述,第一部分论述"会计准则国际化是必然趋势";第二部分联系我国会计准则的实践分析比较"我国会计准则国际化进程中存在的问题";第三部分在前两部分论述的基础上提出"加快我国会计准则国际化进程的几点建议"。结论部分照应绪论提出的问题,强化了"会计准则国际化是必然趋势"的论点。文章围绕我国会计准则的实践提出问题,分析问题,解决问题,对推进我国会计准则国际化具有一定的参考价值。参考文献是对正文必要的补充,格式规范。

二、综合测试

(一) 填空
1. 毕业论文的选题要注重_____价值和_____价值。
2. 毕业论文的正文一般由_____、_____和_____三个部分组成。
3. 毕业论文的内容摘要要求用精练的语言说明毕业论文的主要_____、_____与_____方法,特别是要指出论文的创新之处。

(二) 解释名词
1. 关键词
2. 本论
3. 并列式
4. 例证法

(三) 简答
1. 如何理解毕业论文选择论题要量力而行的原则?
2. 编写毕业论文写作提纲是为了要实现哪些目的?

3. 毕业论文参考文献有什么作用？参考文献包括哪些项目？

(四) 阅读分析

模仿任务导向中阅读例文的评析方法，自选一篇财经论文作全面评析。

附　录

一、国家行政机关公文处理办法

国发〔2000〕23 号
(2000 年 8 月 24 日国务院发布)

第一章　总　　则

第一条　为使国家行政机关(以下简称行政机关)的公文处理工作规范化、制度化、科学化,制定本办法。

第二条　行政机关的公文(包括电报,下同),是行政机关在行政管理过程中形成的具有法定效力和规范体式的文书,是依法行政和进行公务活动的重要工具。

第三条　公文处理指公文的办理、管理、整理(立卷)、归档等一系列相互关联、衔接有序的工作。

第四条　公文处理应当坚持实事求是、精简、高效的原则,做到及时、准确、安全。

第五条　公文处理必须严格执行国家保密法律、法规和其他有关规定,确保国家秘密的安全。

第六条　各级行政机关的负责人应当高度重视公文处理工作,模范遵守本办法并加强对本机关公文处理工作的领导和检查。

第七条　各级行政机关的办公厅(室)是公文处理的管理机构,主管本机关的公文处理工作并指导下级机关的公文处理工作。

第八条　各级行政机关的办公厅(室)应当设立文秘部门或者配备专职人员负责公文处理工作。

第二章　公文种类

第九条　行政机关的公文种类主要有:
(一)命令(令)

适用于依照有关法律公布行政法规和规章;宣布施行重大强制性行政措施;嘉奖有关单位及人员。

（二）决定

适用于对重要事项或者重大行动做出安排,奖惩有关单位及人员,变更或者撤销下级机关不适当的决定事项。

（三）公告

适用于向国内外宣布重要事项或者法定事项。

（四）通告

适用于公布社会各有关方面应当遵守或者周知的事项。

（五）通知

适用于批转下级机关的公文,转发上级机关和不相隶属机关的公文,传达要求下级机关办理和需要有关单位周知或者执行的事项,任免人员。

（六）通报

适用于表彰先进,批评错误,传达重要精神或者情况。

（七）议案

适用于各级人民政府按照法律程序向同级人民代表大会或人民代表大会常务委员会提请审议事项。

（八）报告

适用于向上级机关汇报工作,反映情况,答复上级机关的询问。

（九）请示

适用于向上级机关请求指示、批准。

（十）批复

适用于答复下级机关的请示事项。

（十一）意见

适用于对重要问题提出见解和处理办法。

（十二）函

适用于不相隶属机关之间商洽工作,询问和答复问题,请求批准和答复审批事项。

（十三）会议纪要

适用于记载、传达会议情况和议定事项。

第三章　公文格式

第十条　公文一般由秘密等级和保密期限、紧急程度、发文机关标识、发文字号、签发人、标题、主送机关、正文、附件说明、成文日期、印章、附注、附件、主题词、抄送机关、印发机关和印发日期等部分组成。

（一）涉及国家秘密的公文应当标明密级和保密期限，其中，"绝密"、"机密"级公文还应当标明份数序号。

（二）紧急公文应当根据紧急程序分别标明"特急"、"急件"。其中电报应当分别标明"特提"、"特急"、"加急"、"平急"。

（三）发文机关标识应当使用发文机关全称或者规范化简称；联合行文，主办机关排列在前。

（四）发文字号应当包括机关代字、年份、序号。联合行文，只标明主办机关发文字。

（五）上行文应当注明签发人、会签人姓名。其中，"请示"应当在附注处注明联系人的姓名和电话。

（六）公文标题应当准确简要地概括公文的主要内容并标明公文种类，一般应当标明发文机关。公文标题中除法规、规章名称加书名号外，一般不用标点符号。

（七）主送机关指公文的主要受理机关，应当使用全称或者规范化简称、统称。

（八）公文如有附件，应当注明附件顺序和名称。

（九）公文除"会议纪要"和以电报形式发出的以外，应当加盖印章。联合上报的公文，由主办机关加盖印章；联合下发的公文，发文机关都应当加盖印章。

（十）成文日期以负责人签发的日期为准，联合行文以最后签发机关负责人的签发日期为准。电报以发出日期为准。

（十一）公文如有附注（需要说明的其他事项），应当加括号标注。

（十二）公文应当标注主题词。上行文按照上级机关的要求标注主题词。

（十三）抄送机关指除主送机关外需要执行或知晓公文的其他机关，应当使用全称或者规范化简称、统称。

（十四）文字从左至右横写、横排。在民族自治地方，可以并用汉字和通用的少数民族文字（按其习惯书写、排版）。

第十一条 公文中各组成部分的标识规则，参照《国家行政机关公文格式》国家标准执行。

第十二条 公文用纸一般采用国际标准 A4 型（210 mm×297 mm），左侧装订。张贴的公文用纸大小，根据实际需要确定。

第四章 行文规则

第十三条 行文应当确有必要，注重效用。

第十四条 行文关系根据隶属关系和职权范围确定，一般不得越级请示和报告。

第十五条　政府各部门依据部门职权可以相互行文和向下一级政府的相关业务部门行文;除以函的形式商洽工作、询问和答复问题、审批事项外,一般不得向下一级政府正式行文。

部门内设机构除办公厅(室)外不得对外正式行文。

第十六条　同级政府、同级政府各部门、上级政府部门与下一级政府可以联合行文;政府与同级党委和军队机关可以联合行文;政府部门与相应的党组织和军队机关可以联合行文;政府部门与同级人民团体和具有行政职能的事业单位也可以联合行文。

第十七条　属于部门职权范围内的事务,应当由部门自行行文或联合行文。联合行文应当明确主办部门。须经政府审批的事项,经政府同意也可以由部门行文,文中应当注明经政府同意。

第十八条　属于主管部门职务范围内的具体问题,应当直接报送主管部门处理。

第十九条　部门之间对有关问题未经协商一致,不得各自向下行文。如擅自行文,上级机关应当责令纠正或撤销。

第二十条　向下级机关或者本系统的重要行文,应当同时抄送直接上级机关。

第二十一条　"请示"应当一文一事;一般只写一个主送机关,需要同时送其他机关的,应当用抄送形式,但不得抄送其下级机关。

"报告"不得夹带请示事项。

第二十二条　除上级机关负责人直接交办的事项外,不得以机关名义向上级机关负责人报送"请示"、"意见"和"报告"。

第二十三条　受双重领导的机关向上级机关行文,应当写明主送机关和抄送机关。上级机关向受双重领导的下级机关行文,必要时应当抄送其另一上级机关。

第五章　发文办理

第二十四条　发文办理指以本机关名义制发公文的过程,包括草拟、审核、签发、复核、缮印、用印、登记、分发等程序。

第二十五条　草拟公文应当做到:

(一)符合国家的法律、法规及其他有关规定。如提出新的政策、规定等,要切实可行并加以说明。

(二)情况确实,观点明确,表述准确,结构严谨,条理清楚,直述不曲,字词规范,标点正确,篇幅力求简短。

(三)公文的文种应根据行文目的、发文机关的职权和与主送机关的行文关系确定。

（四）拟制紧急公文，应当体现紧急的原因，并根据实际需要确定紧急程度。

（五）人名、地名、数字、引文准确。引用公文应当先引标题，后引发文字号。引用外文应当注明中文含义。日期应当写明具体的年、月、日。

（六）结构层次序数，第一层为"一、"，第二层为"（一）"，第三层为"1."，第四层为"（1）"。

（七）应当使用国家法定计量单位。

（八）文内使用非规范化简称，应当先用全称并注明简称。使用国际组织外文名称或其缩写形式，应当在第一次出现时注明准确的中文译名。

（九）公文中的数字，除成文日期、部分结构层次序数和在词、词组、惯用语、缩略语、具有修辞色彩语句中作为词素的数字必须使用汉字外，应当使用阿拉伯数字。

第二十六条　拟制公文，对涉及其他部门职权范围内的事项，主办部门应当主动与有关部门协商，取得一致意见后方可行文；如有分歧，主办部门的主要负责人应当出面协调，仍不能取得一致时，主办部门可以列明各方理据，提出建设性意见，并与有关部门会签后报请上级机关协调或裁定。

第二十七条　公文送负责人签发前，应当由办公厅（室）进行审核，审核的重点是：是否确需行文，行文方式是否妥当，是否符合行文规则和拟制公文的有关要求，公文格式是否符合本办法的规定等。

第二十八条　以本机关名义制发的上行文，由主要负责人或者主持工作的负责人签发；以本机关名义制发的下行文或平行文，由主要负责人或者由主要负责人授权的其他负责人签发。

第二十九条　公文正式印制前，文秘部门应当进行复核，重点是：审批、签发手续是否完备，附件材料是否齐全，格式是否统一、规范等。

经复核需要对文稿进行实质性修改的，应按程序复审。

第六章　收文办理

第三十条　收文办理指对收到公文的办理过程，包括签收、登记、审核、拟办、承办、催办等程序。

第三十一条　收到下级机关上报的需要办理的公文，文秘部门应当进行审核。审核的重点是：是否应由本机关办理；是否符合行文规则；内容是否符合国家法律、法规及其他有关规定；涉及其他部门或地区职权的事项是否已协商、会签；文种使用、公文格式是否规范。

第三十二条　经审核，对符合本办法规定的公文，文秘部门应当及时提出拟办意见送负责人批示或者交有关部门办理,需要两个以上部门办理的应当明确主办部门。紧急公文,应当明确办理时限。对不符合本办法规定的公文,经办公厅(室)负责人批准后,可以退回呈报单位并说明理由。

第三十三条　承办部门收到交办的公文后应当及时办理,不得延误、推诿。紧急公文应当按时限要求办理,确有困难的,应当及时予以说明。对不属于本单位职权范围或者不宜由本单位办理的,应当及时退回交办的文秘部门并说明理由。

第三十四条　收到上级机关下发或交办的公文,由文秘部门提出拟办意见,送负责人批示后办理。

第三十五条　公文办理中遇有涉及其他部门职权的事项,主办部门应当主动与有关部门协商;如有分歧,主办部门主要负责人要出面协调,如仍不能取得一致,可以报请上级机关协调或裁定。

第三十六条　审批公文时,对有具体请示事项的,主批人应当明确签署意见、姓名和审批日期,其他审批人圈阅视为同意;没有请示事项的,圈阅表示已阅知。

第三十七条　送负责人批示或者交有关部门办理的公文,文秘部门要负责催办,做到紧急公文跟踪催办,重要公文重点催办,一般公文定期催办。

第七章　公文归档

第三十八条　公文办理完毕后,应当根据《中华人民共和国档案法》和其他有关规定,及时整理(立卷)、归档。

个人不得保存应当归档的公文。

第三十九条　归档范围内的公文,应当根据其相互联系、特征和保存价值等整理(立卷),要保证归档公文齐全、完整,能正确反映本机关的主要工作情况,便于保管和利用。

第四十条　联合办理的公文,原件由主办机关整理(立卷)、归档,其他机关保存复制件或其他形式的公文副本。

第四十一条　本机关负责人兼任其他机关职务,在履行所兼职务职责过程中形成的公文,由其兼职机关整理(立卷)、归档。

第四十二条　归档范围内的公文应当确定保管期限,按照有关规定定期向档案部门移交。

第四十三条　拟制、修改和签批公文,书写及所用纸张和字迹材料必须符合存档要求。

第八章 公文管理

第四十四条 公文由文秘部门或专职人员统一收发、审核、用印、归档和销毁。

第四十五条 文秘部门应当建立健全本机关公文处理的有关制度。

第四十六条 上级机关的公文,除绝密级和注明不准翻印的以外,下一级机关经负责人或者办公厅(室)主任批准,可以翻印。翻印时,应当注明翻印的机关、日期、份数和印发范围。

第四十七条 公开发布行政机关公文,必须经发文机关批准。经批准公开发布的公文,同发文机关正式印发的公文具有同等效力。

第四十八条 公文复印件作为正式公文使用时,应当加盖复印机关证明章。

第四十九条 公文被撤销,视作自始不产生效力;公文被废止,视作自废止之日起不产生效力。

第五十条 不具备归档和存查价值的公文,经过鉴别并经办公厅(室)负责人批准,可以销毁。

第五十一条 销毁秘密公文应当到指定场所由二人以上监销,保证不丢失、不漏销。其中,销毁绝密公文(含密码电报)应当进行登记。

第五十二条 机关合并时,全部公文应当随之合并管理。机关撤销时,需要归档的公文整理(立卷)后按有关规定移交档案部门。

工作人员调离工作岗位时,应当将本人暂存、借用的公文按照有关规定移交、清退。

第五十三条 密码电报的使用和管理,按照有关规定执行。

第九章 附 则

第五十四条 行政法规、规章方面的公文,依照有关规定处理。外事方面的公文,按照外交部的有关规定处理。

第五十五条 公文处理中涉及电子文件的有关规定另行制定。统一规定发布之前,各级行政机关可以制定本机关或者本地区、本系统的试行规定。

第五十六条 各级行政机关的办公厅(室)对上级机关和本机关下发公文的贯彻落实情况应当进行督促检查并建立督查制度。有关规定另行制定。

第五十七条 本办法自2001年1月1日起施行。1993年11月21日国务院办公厅发布,1994年1月1日起施行的《国家行政机关公文处理办法》同时废止。

二、行政公文特定用语简表

1	起首用语	主要用于文章开头,表示发语、引据	根据、依据、遵照、按照、奉、为、为了、由于、鉴于、兹定于、兹介绍、兹因、由于、接
2	称谓用语	用于表示人称或对单位的称谓	第一人称:我、我县、本人、本院、我们、敝公司 第二人称:你、你局、贵公司、贵方 第三人称:他、该公司、该项目、该同志
3	递送用语	用于表示文、物递送方向	上行:报、呈 平行:送 下行:发、颁发、颁布、发布、印发、下达
4	引叙用语	用于复文引据	悉、接、顷接、据、欣悉、收悉、敬悉、获悉
5	拟办用语	用于审批、拟办	拟办、责成、交办、试办、办理、执行
6	经办用语	用于表明进程	经、业经、已经、兹经、前经、通过、经过
7	过渡用语	用于承上启下	鉴于、为此、对此、为使、对于、关于、如下
8	期请用语	用于表示期望请求	上行:请、恳请、拟请、特请、报请 平行:请、诚请、特请、务请、如蒙、即请、切盼 下行:希、望、尚望、切望、请、希予、勿误
9	结尾用语	用于结尾表示收束	上行:当否,请批示;可否,请指示;如无不当,请批转;如无不妥,请批准;特此报告;以上报告,请批转;以上报告,请审核 平行:此致敬礼、为盼、为荷、特此函达、特此证明、尚望函复 下行:为要、为宜、为妥、希遵照执行、特此通知、此复、为……而努力、……现予公布
10	谦敬用语	用于表示谦敬	承蒙惠允、不胜感激、鼎力相助、蒙、承蒙
11	表态用语	用于上级对下级来文的处理	照办、准予、可行、不可行、同意、原则同意、不同意、准予备案
12	征询用语	用于征请、询问对有关事项的意见、态度	当否、妥否、可否、是否妥当、是否同意、如无不当、如无不妥、如果可行

参考文献

[1] 杨文丰.现代应用文书写作(修订本)[M].北京:中国人民大学出版社,2003.
[2] 杨文丰.实用经济文书写作(第二版)[M].北京:中国人民大学出版社,2006.
[3] 叶坤妮.新编实用文体写作教程[M].长沙:中南大学出版社,2006.
[4] 胡萍,刘凤兰.新编应用文写作[M].长沙:中南大学出版社,2004.
[5] 牛殿庆,潘莉.公文与日常应用文写作训练[M].北京:机械工业出版社,2009.
[6] 张元忠,张东风.公务应用文写作与评析[M].武汉:华中科技大学出版社,2007.
[7] 张达芝.应用写作教程[M].杭州:浙江大学出版社,2001.
[8] 王春泉,孙硕.应用文写作范例大全[M].西安:三秦出版社,2004.
[9] 彭祝斌,梅文慧.经济应用文写作[M].长沙:湖南大学出版社,2004.
[10] 杨文丰.高职应用写作[M].北京:高等教育出版社,2006.
[11] 吴歌,于力.应用文写作教程[M].北京:中国人事出版社,1995.
[12] 杨润辉.财经写作[M].北京:高等教育出版社,2001.
[13] 刘池清,潘桂枝.现代应用文写作教程[M].长沙:中南工业大学出版社,1998.
[14] 韩国海.现代应用写作教程[M].杭州:浙江大学出版社,2002.
[15] 郑秀珍,陈桂华,洪涛.应用写作[M].武汉:华中科技大学出版社,2006.
[16] 丁晓昌,冒志祥.应用写作学[M].苏州:苏州大学出版社,2002.
[17] 王桂清等.经济应用文书[M].北京:机械工业出版社,2004.
[18] 娄永毅,杨宏敏.经济应用文写作教程[M].上海:立信会计出版社,2004.
[19] 张秉钊.新编应用文写作[M].广州:中山大学出版社,2005.
[20] 邱宣煌.财经应用文写作训练[M].大连:东北财经大学出版社,2008.
[21] 李敏.财经应用文[M].上海:立信会计出版社,2007.
[22] 范瑞雪,刘召明.财经应用文写作[M].北京:经济科学出版社,2005.
[23] 徐艳兰.经济应用文写作[M].北京:经济科学出版社,2009.
[24] 钟文斌,赵乾坤.财经应用文写作[M].北京:北京工业大学出版社,2007.